LA VIE ET LE CULTE

DE

SAINT CLAIR

ABBÉ

DE SAINT-MARCEL DE VIENNE

(EN DAUPHINÉ)

Publiés par l'Abbé M. BLANC

d'Ollioules (Var)

AVEC LE CONCOURS DE NOMBREUX COLLABORATEURS

TOME SECOND

TULLE
IMPRIMERIE J. MAZEYRIE
M DCCC XC VIII

AVIS

Prix de chaque volume chez l'auteur : 4 francs ; par poste, ou colis postal en gare : 5 francs.

Les deux volumes, colis postal à domicile : 7 fr. 80.

A titre gracieux le prix de faveur est maintenu pour mes zélés Souscripteurs et mes dévoués Collaborateurs ; mais le port est à la charge des acheteurs.

*Droit de Traduction et de Reproduction réservé.
Les exemplaires exigés par la Loi ont été déposés.*

LA VIE ET LE CULTE

DE

SAINT CLAIR

TOME SECOND

Droit de traduction et de reproduction réservé.
Les exemplaires exigés par la Loi ont été déposés.

Planche I.

RUINES DE LA CHAPELLE SAINT-CLAIR
A LA VALETTE-DU-VAR (Var)

LA VIE ET LE CULTE

DE

SAINT CLAIR

ABBÉ

DE SAINT-MARCEL DE VIENNE

(EN DAUPHINÉ)

Publiés par l'Abbé M. BLANC

d'Ollioules (Var)

AVEC LE CONCOURS DE NOMBREUX COLLABORATEURS

TOME SECOND

TULLE

IMPRIMERIE J. MAZEYRIE

M DCCC XC VIII

ÉVÊCHÉ
DE
FRÉJUS ET TOULON
—

Fréjus, le 27 avril 1898.

Mon cher Monsieur le Curé,

Monseigneur me charge de vous remercier de l'envoi de votre premier volume sur la Vie et le Culte de saint Clair. Sur le point de partir en tournée de Confirmation, Sa Grandeur n'a pas eu le temps de le parcourir ; mais Elle espère que vos savantes et pieuses recherches contribueront à faire mieux honorer Celui dont le nom est resté populaire au milieu de nous. En vous transmettant les remerciements et la bénédiction de notre vénéré Prélat, je me permets de vous offrir mes félicitations les plus sincères.

MARTHÉ, *vicaire général.*

ARCHEVÊCHÉ
D'AVIGNON
—

Avignon, le 15 mai 1898.

Monsieur le Curé,

J'ai reçu des mains de M. Redon votre beau volume — La Vie et le culte de saint Clair. Je lirai ce volume avec le plus grand intérêt et avec profit, je n'en doute pas. Je vous remercie, Monsieur le Curé, d'avoir eu la pensée de me l'adresser. Je vous en suis très reconnaissant. Puisse-t-il se répandre parmi nos populations et contribuer à mieux faire connaître les Saints de nos contrées. Avec mes remerciements,

Veuillez agréer, Monsieur le Curé, l'assurance de mes sentiments tout dévoués en Notre-Seigneur.

L. FRANÇOIS, *archev. d'Avignon.*

ÉVÊCHÉ
D'ANNECY

Annecy, le 3 mai 1898.

L'Evêque d'Annecy, avec ses vifs remerciements et ses sincères félicitations pour ce beau travail sur notre saint Clair.

ÉVÊCHÉ
DE GAP

Gap, le 7 mai 1898.

L'Evêque de Gap avec ses bien sincères félicitations.

ÉVÊCHÉ
DE
SAINT-JEAN-DE-MAURIENNE

Monseigneur Rosset, Évêque de Maurienne, nous faisait l'honneur de nous adresser, le 12 mai 1898, sa carte de visite exprimant les mêmes sentiments que les deux vénérés et distingués Prélats d'Annecy et de Gap.

PRÉFECTURE
DU VAR

Draguignan, le 11 mai 1898.

BUREAU DES ARCHIVES

MONSIEUR LE CURÉ,

Je suis informé de l'envoi que vous avez bien voulu faire aux Archives départementales d'un exemplaire du 1er volume de *La Vie et le Culte de saint Clair*, dû à vos érudites recherches.

Je vous remercie au nom du dépôt du don d'une publication historique qui intéresse le passé d'un grand nombre de localités du département.

Recevez, Monsieur le Curé, l'assurance de ma considération très distinguée.

Pour le Préfet du Var :
Le Secrétaire Général,
F. CECCALDI.

Monsieur l'Archiviste en chef du Var nous écrivait le 25 avril 1898 :

Monsieur le Curé et très honoré Confrère,

J'ai reçu le paquet que vous avez bien voulu m'adresser de votre beau volume *La Vie et le Culte de saint Clair*.

Permettez-moi, Monsieur le Curé de vous offrir tous mes remerciements.

C'est un véritable monument d'érudition, élevé par vos patientes mains à la gloire de saint Clair et à son culte et qui a pris, sous l'effort de vos persévérantes investigations, des proportions inattendues. De toute façon l'œuvre fait grand honneur à vos soins, à votre savoir et à votre talent et mérite les félicitations que je suis heureux de vous renouveler (1).

Mireur.

ARCHIVES DÉPARTEMENTALES
DES
BOUCHES-DU-RHONE

Marseille, le 21 *mai 1898.*

Nous avons reçu deux lettres, l'une de Monsieur l'Archiviste en chef, et l'autre de M. J. Fournier.

1. — Louis Blancard, *Correspondant de l'Institut, Archiviste en chef des Bouches-du-Rhône*, a reçu un exemplaire de la Vie et du Culte de saint Clair. Il s'empresse d'adresser à l'auteur de ce bel ouvrage ses remerciements les plus empressés, en même temps que ses félicitations pour l'érudition dont il a fait preuve au cours de ce consciencieux travail.

Louis Blancard.

(1) M. Mireur, le distingué archiviste du Var, dont chacun loue l'exquise urbanité et la profonde science, nous écrivait précédemment : « Votre œuvre, Monsieur le Curé, paraît très complète, et accuse de longues informations, des recherches variées. Vous avez puisé à toutes les sources, à toutes les bonnes sources, et telle correspondance que vous citez suffirait, avec les flatteuses approbations obtenues, à vous recommander au public des érudits, si vous ne vous recommandiez pas vous-même par la méthode et le savoir. Je veux parler notamment des lettres (une surtout bien remarquable) du regretté et savant chanoine Albanès, dont la moindre opinion en matière d'histoire ecclésiastique est à retenir, à enchâsser. Être d'accord avec lui — et j'ai vu que vous l'étiez — est déjà une forte présomption qu'on est dans le vrai. » — 12 septembre 1897.

II. — Monsieur le Curé,

Vous avez droit à de bien vives félicitations ; car ce n'est pas un mérite ordinaire de mener à bonne fin une entreprise aussi considérable lorsqu'on est éloigné des instruments de travail, des bibliothèques, des archives et que, en outre, on a, comme vous, la charge du ministère paroissial.

J'ai été vivement intéressé par tout ce que vous dites sur saint Clair ; presque tout est absolument neuf et je suis émerveillé de la quantité prodigieuse de données sur le culte de ce saint en Provence et en Dauphiné — deux provinces qui me sont chères — que vous avez accumulées avec tant de patience et mis en œuvre avec tant de conscience.

Merci donc, merci encore, et à bientôt le tome II.

J. FOURNIER.

VILLE
DE VIENNE
(ISÈRE)

Musées et Bibliothèque

Vienne, le 15 août 1898.

Monsieur le Curé,

Je vous prie instamment de vouloir bien m'excuser du long retard que j'ai apporté à vous remercier de l'ouvrage important ayant pour titre *La Vie et le Culte de saint Clair*, que vous avez offert à la Bibliothèque de Vienne.

Je me suis empressé dès le premier jour de le lire en partie et j'y ai admiré en même temps le grand savoir que vous y avez développé, les nombreuses recherches auxquelles vous vous êtes livré et enfin la foi profonde qui vous a inspiré.

De tout cela est née une œuvre de mérite qui sera sans doute très appréciée à Vienne, dans le Dauphiné, et d'Annecy jusqu'aux dernières limites de la Provence.

Veuillez agréer, Monsieur le Curé, avec mes remerciements personnels et au nom de la Bibliothèque, pour ce Ier volume, et en attendant le IIe qui sera accueilli avec non moins d'empressement.

BIZOT, *bibliothécaire*.

Nous avons reçu aussi, avec les accusés de réception, les remerciements et les félicitations de Monsieur l'Adjoint délégué aux Beaux-Arts de la ville de Marseille et de Monsieur le Bibliothécaire de cette ville ; nous avons aussi les lettres laudatives des Bibliothécaires des villes de Grenoble et de Chambéry.

Toulon (Var), 25 avril 1898.

L'abbé Tortel, archiprêtre, curé de Sainte-Marie, s'empresse d'offrir à M. l'abbé Blanc ses remerciements et ses félicitations.

Fréjus (Var), 29 avril 1898.

C'est une œuvre de patience, un vrai travail de Bénédictin.

F. LONG.

Figanières (Var), 2 mai 1898.

BIEN CHER AMI,

Il me faut d'abord vous féliciter de la juste distinction de la Société d'Etudes de Draguignan qui en vous nommant membre correspondant a récompensé en vous le travailleur et l'érudit. — Tous vos confrères applaudissaient déjà au succès de votre Vie de saint Clair. Aujourd'hui ils se réjouissent de la voir consacrée par cette société d'Etudes, si remarquable par ses travaux scientifiques. — Vous nous avez donné à tous un grand exemple de la puissance de la volonté, qui parvient toujours à ses fins envers et contre tous.

ALLARY, *curé*.

Saint-Bon (Savoie), 4 mai 1898.

J'admire le soin et le travail intelligent que vous avez apportés pour rendre votre œuvre aussi parfaite que possible.

A. BLANC, *curé*.

Romans (Drôme), 7 mai 1898.

J'ai reçu votre beau et bon volume, que je ne manquerai pas de signaler dans notre Bulletin d'Archéologie. Je souhaite le meilleur succès à votre publication.

U. CHEVALIER, *chanoine*.

X

Vienne (Isère), 10 mai 1898.

Je vous loue et je vous blâme. Je vous loue pour vos recherches, pour votre érudition ; mais je ne puis m'empêcher de vous blâmer pour le développement que vous avez cru devoir leur donner. Vous avez assumé une lourde charge. Puissiez-vous obtenir le succès que vous méritez !

M. J. PRA, *prélat de Sa Sainteté,*
curé de Saint-Maurice.

Lyon, 13 mai 1898.

Avec tous ses remerciments pour l'envoi de son remarquable travail sur la Vie et le Culte de saint Clair.

Alexandre JULLIEN.

Bettonnet (Savoie), 20 mai 1898.

Une grave maladie m'a seule empêché de vous adresser mes chaudes et loyales félicitations pour votre bel ouvrage ; c'est un monument d'hagiographie, un vraie musée d'archéologie chrétienne, qui a dû vous coûter beaucoup de patience et de travail.

L'impression en est très soignée, d'un goût excellent.

Saint Clair, je l'espère, saura bénir et récompenser tout ce que vous avez tenté et exécuté pour sa gloire.

Fs. BUTTIN, *curé.*

Gignac (Vaucluse), 21 mai 1898.

J'ai reçu votre bel ouvrage, votre œuvre immortelle.

Fs. RIPERT, *curé.*

La Murette (Isère), 8 juin 1898.

Laissez-moi vous remercier bien vivement de votre belle Vie de saint Clair ; c'est une œuvre de Bénédictin et un beau monument élevé à la gloire de ce grand saint.

E. BOURGEAT, *curé.*

Tréminis, par Mens (Isère), 27 juillet 1898.

Je vous félicite de tout cœur de votre Monument à saint Clair. Oui, c'est un vrai Monument qui contient tout ce qu'on peut trouver concernant le patron de votre paroisse... A l'heure de votre mort, saint Clair, en souvenir de ce que vous avez fait pour lui, ne manquera pas de venir à votre rencontre et de vous introduire dans le Ciel.

CHAPUIS, *curé*.

Saint-Clair-sur-Rhône (Isère), 24 août 1898.

Tous ceux qui vous ont lu ont été vivement intéressés et admirent vos nombreuses recherches.

J.-B. RABILLOUD, *curé*.

Dès 1897, nombre de lettres m'apportaient, avec des éloges, de précieux encouragements. Je cite les suivantes :

Annecy, 11 mai 1897.

Je suis impatient d'apprendre que vous avez trouvé assez de souscripteurs pour entreprendre sans crainte la publication de votre œuvre. Je continue de faire chaque jour une prière à saint Clair pour cet objet, et j'espère bien qu'il ne permettra pas que le travail que vous avez entrepris à sa gloire reste enseveli dans vos cartons.

Que Dieu vous accorde force, santé et courage pour mener à bonne fin l'œuvre que sa grâce vous a inspirée !

P.-M. LAFRASSE,
Professeur au Grand-Séminaire.

ŒUVRE MILITAIRE PAROISSIALE
DE
VIENNE

Vienne (Isère), 11 juin 1897.

J'ai lu avec intérêt les premières pages de votre *Saint Clair*. Elles ne peuvent que donner le désir de connaître la suite de l'ouvrage.

Soyez félicité et remercié, Monsieur le Curé, d'avoir consacré vos laborieuses et intelligentes veilles à nous donner un livre qui fera votre éloge et fera revivre l'une des gloires de l'Eglise de Vienne.

C. CIAVATTY, *aumônier*.

Saint-Jean-de-Maurienne (Savoie), 24 juin 1897.

Je n'ai pas encore lu beaucoup de votre beau et bon livre. C'est le plaisir qu'il m'a donné dès les premières pages, qui m'a fait suspendre la lecture jusqu'à ce que j'en ai assez pour ne pas être obligé de la couper en si petits fragments. Permettez-moi de vous faire toutes mes félicitations.

S. TRUCHET, *chanoine*,
Président de la Société d'Histoire et d'Archéologie
de la Maurienne.

Saint-Maximin (Var), 31 décembre 1897.

Je vous félicite de vos goûts studieux ; vous avez mené à bien une œuvre, qui a dû vous donner pas mal de peine, mais aujourd'hui la récompense arrive et la moisson est proche. 1898 vous procurera la joie de voir votre travail apprécié, comme il mérite, et votre première œuvre contentera tous ceux qui vous liront.

F. CORTEZ,
Correspondant du Ministère de l'Instruction publique
pour les questions historiques.

On lit dans l'*Écho de Notre-Dame de la Garde*, de Marseille, du 8 mai 1898 :

« C'est une étude consciencieuse, bien documentée et des plus édifiantes qui intéresse tous les amis de l'histoire religieuse de Provence. Ce tome premier, illustré de plusieurs gravures, contient la vie du saint, une dissertation sur les autres saints du même nom, l'histoire de son culte dans les divers diocèses, de ses reliques, des confréries placées sous son vocable. Saint Clair était très anciennement honoré dans notre diocèse aux Accoules, à Gémenos, Cassis, Aubagne ; Cuges l'honorait dès le XIIe siècle, et Allauch, au commencement du XIVe.

« Dans la Préface, l'auteur rend hommage à M. Payan d'Augery, au docte M. Albanès, qui lui a fourni des documents précieux, à M. Jules Maurel, le regretté curé d'Auriol, qui lui a donné bien des renseignements. »

La Croix du Var du mercredi 11 mai 1898 s'exprime ainsi :

« Nous avons eu déjà l'occasion d'annoncer le magistral ouvrage que M. l'abbé Blanc préparait sur saint Clair, un des saints les plus populaires de la Provence.

« Nous avons été empêchés, par la coïncidence de la campagne électorale, de faire savoir à nos lecteurs que le premier volume de cette étude hagiographique, qui est dans son genre un monument d'érudition, venait d'être mis en vente.

C'est un magnifique volume in-$8°$ plein de documents, de faits et de renseignements et qui ne contient pourtant que la moitié des riches matériaux patiemment recueillis par notre savant compatriote.

« Il est divisé en deux parties. Dans la première M. l'abbé Blanc nous raconte la vie du Saint ; dans la seconde il fait l'historique de son culte, nous en montre l'ancienneté, passe en revue les divers diocèses dans lesquels il florissait, énumère les documents liturgiques, missels, bréviaires qui témoignent de son existence, raconte de quelle façon la fête du Saint était solennisée, nous entretient de ses reliques, de ses pèlerinages, des confréries érigées sous son vocable, des fêtes civiles célébrées en son honneur, etc., etc. Le tout appuyé de documents du plus haut intérêt et rehaussé d'illustrations des mieux réussies.

« C'est un ouvrage qui fait le plus grand honneur à M. l'abbé Blanc et qui lui vaudra les félicitations de tous ceux qui s'intéressent à l'histoire ecclésiastique de notre pays, et les bénédictions des innombrables clientes du Patron des couturières. »

L'Express de Lyon du jeudi 26 mai 1898, écrit ce qui suit :

« La vie d'un saint comprend deux parties bien distinctes : $1°$ la vie proprement dite et $2°$ le culte qu'on lui rend. Cette seconde partie, quoique plus importante et plus intéressante que la première avait toujours été négligée jusqu'à présent.

« Lorsque les Bollandistes ont entrepris leur remarquable travail au XVIIe siècle, ils n'ont pu passer dans les campagnes où des anciennes coutumes ont persisté depuis des siècles, dont on ne trouve plus de traces dans les villes. C'est ce qu'a fait M. l'abbé Blanc avec l'aide de collaborateurs dans les dix-huit diocèses où saint Clair est vénéré.

« M. Paul Richard qui a entrepris d'écrire l'histoire des saints de Lyon, a bien voulu se charger de ce diocèse. Il a relevé des traces du culte de saint Clair dans près de quatre-vingts paroisses, toutes situées dans les provinces de Lyonnais, Beaujolais et Forez, dans la Bresse et la principauté de Dombes et dans la partie du Dauphiné qui était comprise dans la limite de l'ancien diocèse de Lyon. — Son travail doit paraître en tête du IIe volume. »

On trouve dans le numéro du 18 juin 1898 de la *Revue religieuse de Cahors et de Roc-Amadour*, page 640 :

« Nous avons sous les yeux le tome premier de l'important ouvrage de M. l'abbé Blanc et nous attendons le tome second pour juger son œuvre en pleine connaissance de cause.

« Ce que nous trouvons dans ce premier volume nous donne déjà une grande idée de son travail consciencieux et plein d'érudition.

« On peut dire que rien ne lui a échappé de ce qui concerne la vie et le culte de saint Clair, l'un des saints les plus populaires du midi de la France, patron d'un grand nombre d'églises, de confréries et d'associations religieuses.

« Nous recommandons cet ouvrage, et en souhaitons la diffusion. »

Sous la signature de P. G., *Les Annales des Alpes* de mai-juin 1898, à la page 309, s'expriment de la sorte :

« Le culte de saint Clair était très populaire avant 1790, et il est encore fort répandu en Dauphiné, Provence, Savoie et ailleurs. Pour nous en tenir à notre région seulement, saint Clair était, à Embrun, le patron de la corporation des maîtres tailleurs (t. I, p. 253). On connaît à Champsaur, paroisse de La Fare, la source de Saint-Clair, qui coule près de la chapelle de Notre-Dame de Beauvert, ou mieux Beauvoir, *Nostra Domina de*

Bello Videri, ainsi que s'exprime un document du 21 juil. 1609 (G. 1604) et que rappelle justement M. l'abbé Blanc (p. 310 et 345). Ajoutons que, dans l'ancien diocèse de Gap, diocèse actuel de Digne, la paroisse de Melve était sous le vocable de Notre-Dame de Beauvoir (*de Bello Videri*) ou de saint Clair, le 22 juin 1585 (G. 1317), et qu'on y conserve encore une relique authentique de ce saint (Blanc, p. 247). L'ouvrage que nous signalons, fruit de recherches multiples et très étendues, peut être donné comme un modèle. »

Voici ce que dit de notre travail M. S. Buy, à l'article Bibliographie, dans la *Semaine religieuse* du diocèse de Lyon, du 22 juillet 1898 :

« Saint Clair est un des saints dont le nom est le plus connu dans notre région du sud-est de la France. Mais connaît-on aussi bien ce qu'il fut pendant sa vie, et quel développement a pris son culte dans la suite des âges ? Il est permis d'en douter.

« En tout cas, après l'importante et intéressante monographie que vient de publier M. l'abbé Blanc, on peut dire que le sujet est traité à fond. Les matériaux pourtant étaient rares, les légendes peu explicites ou chargées de détails à éliminer. L'érudit auteur a su faire la part des choses et tirer de son sujet tout ce qu'il pouvait donner.

« De nombreux collaborateurs ont apporté leur contribution à cette œuvre de patience, vrai labeur de Bénédictin. Leur correspondance a été insérée intégralement, et c'est par là peut-être que nous trouverions le côté faible du livre. L'assimilation manque un peu ; le style personnel des correspondants se laisse trop voir, parfois même avec une pointe de familiarité. Mais ces grains de poussière ne sont rien en regard du religieux plaisir qu'on trouve à parcourir ces pages érudites. Rohrbacher n'a-t-il pas procédé ainsi, et qui songe sérieusement à lui en faire un reproche ?

« Ce premier volume, d'un si haut intérêt, n'est que la moitié de l'ouvrage. Nous espérons bien que le dévoué panégyriste de saint Clair, ne tardera pas à nous procurer la lecture du second.

« De telles œuvres sont la gloire de leur auteur, et, ce qui vaut mieux encore, l'édification des fidèles. A lire ces livres qui éclairent les points obscurs de notre histoire ecclésiastique locale, on s'instruit sans peine, on devient meilleur, et on glorifie Dieu, admirable en ses saints.

« S. Buy. »

La *Semaine religieuse de la Savoie*, du jeudi 25 août 1898, annonçant l'apparition du 1er volume de *La Vie et le Culte de Saint Clair*, ne parle presque pas différemment que la *Semaine religieuse* du diocèse de Lyon, dont elle reproduit les huit premières lignes.

Un confrère du diocèse de Fréjus nous communique la suite du n° 37 de l'*Ami du Clergé* du 15 septembre 1898; nous y lisons à la page 846 :

« On compte jusqu'à douze saints du nom de Clair : saint Clair, premier évêque de Nantes, saint Clair, évêque d'Alby et martyr, saint Clair, prêtre et martyr, en Normandie, etc.

« Celui dont s'occupe le présent volume est saint Clair, abbé de Saint-Marcel de Vienne au VIIe siècle. C'est un des saints dont le nom est le plus connu dans le sud-est de la France. M. Blanc vient d'explorer à fond tout ce qui regarde sa vie et son culte. Les matériaux étaient rares, les légendes peu explicites ou chargées de détails à éliminer. L'érudit auteur a tiré de son sujet tout ce qu'il pouvait donner.

« De nombreux collaborateurs ont apporté leur contribution à cette œuvre de patience, vrai labeur de bénédictin. Leur correspondance a été insérée intégralement. On peut trouver qu'il eût été préférable de la mieux fondre dans le texte, et que l'assimilation manque un peu. Mais d'autre part, cette manière de procéder nous vaut une exquise variété de styles, avec de délicieuses pointes de familiarité.

« Ce n'est qu'un premier volume. Espérons que le second ne tardera pas trop à compléter l'œuvre. »

D'autres journaux et revues se sont contentés d'annoncer l'apparition de notre premier volume, se réservant d'en parler plus au long, après la publication du second.

TABLE DES MATIÈRES

CONTENUES DANS LE SECOND VOLUME

TROISIÈME PARTIE

LES SUPPLÉMENTS

	Pages
I. Supplément de l'ancien Diocèse de Lyon. Préface.	7
Anse, Belmont, Biziat.	9
Le Bois-d'Oingt, Brignais.	10
Bully-sur l'Arbresle.	19
Chalain-le Comtal, Chandieu.	20
Charnoz.	21
Chavannes, Chazelles-sur-Lyon.	22
Chénas	23
Civrieux-d'Azergues, Clementia, Cogny	24
Collonges-sur-Saône.	25
Condrieu, Cosances, Courzieu.	26
Curciat, Dagnieu.	31
Echalas, Ecotay, Epercieux.	32
Francheville-le-Haut.	33
Gorevod, Gronieu.	34
Grézieu-le-Marché, Grigny.	35
Lay.	36
Lentilly, Lérigneux, Lissière	39
Lyon-Ville : § 1. La Primatiale Saint-Jean, les Cordeliers de Saint-Bonaventure, etc.	40
§ 2. Recluseries et Chapelles.	41
§ 3. Paroisse de Saint-Clair.	47
Maclas.	50
Marnand, Marols	51
Montbrison, Montfavrey.	52
Montrond.	53
Néty	55

TABLE DES MATIÈRES

	Pages
Neuville-sur-Saône	56
Neyrolles (Les), Noailly, Pavezin	57
Perreux, Poleymieux	59
Pollionay	60
Randans	61
Riorges	62
Ronno	63
Saint-Amour, Saint-Bonnet-le-Courreau	64
Saint-Chamond, Saint-Clair : Hameau de Ville-sur-Jarnioust	65
Saint-Clair-sous-Sainte Foy	71
Sainte-Colombe-lès-Vienne, Sainte-Croix-en-Jarez	75
Saint-Cyr de Favières	76
Saint-Didier de Chalaronne, Saint-Etienne-la-Varenne	77
Saint-Lager-en-Beaujolais, Saint-Olme-en-Dombes	78
Saint Priest, Saint-Remy-en-Dombes	79
Saint-Rirand, Solaise	80
Trévoux	81
Vandeins, Vaux	82
Veauche, Vendranges, Veyziat	83
Villars-les-Dombes	84
Villefranche-sur-Saône, Villeneuve, Vimy	85
Foires de Saint-Clair dans la région du Rhône et départements limitrophes	86
II. SUPPLÉMENT AU DIOCÈSE D'ANNECY. Notes générales sur le culte de Saint Clair, au diocèse d'Annecy	87
La nouvelle chapelle de Saint-Clair, à Dingy-Saint-Clair	91
Reprise du Pèlerinage au Sanctuaire de Saint-Clair, à Dingy-Saint-Clair	97
Notes sur quelques paroisses, où saint Clair a été, ou est encore spécialement honoré : Annecy, Dingy-Saint-Clair, Evian-les-Bains	100
Feigères, Magland	101
Marlens, Minzier, Saint-Jean-de-Tholome, Saint-Sigismond, Samoëns	102
III. SUPPLÉMENT AU DIOCÈSE DE SAINT-JEAN-DE-MAURIENNE	105
Bessans, La Chambre	109
Saint-Jean-d'Arves, Saint-Jean-de-Maurienne	111
Saint-Martin-d'Arc	112
Valloires	113
APPENDICE. — Chambéry, Chazay-d'Azergues	114
Feissons-sous-Briançon, La Cadière	115
Le Lavandou-Saint-Clair	116
§ 1. Les Prieurs de Saint-Clair	117
§ 2. Ermites de Saint-Clair décédés à Bormes	118
Pont-de-Beauvoisin (Savoie)	118
Saint-Clair-sur-Rhône, Tavernes	119

TABLE DES MATIÈRES

Pages

Saint-Clair-d'Apt. 121
Statuts des Maîtres Tailleurs d'habits de la ville de Marseille. 127
Délibération du 5 mars 1732, en addition des Statuts. 137

QUATRIÈME PARTIE

DOCUMENTS INÉDITS ET PIÈCES JUSTIFICATIVES

I. DOCUMENTS INÉDITS. — Saint-Geoire (Isère) 145
    Saint-Antonin (Bouches-du-Rhône). 154
    Office de Saint-Clair. 156
    Capitaines du Castellet de 1645 à 1708. 157
    Le Castellet (Var) : Indulgences 158
    Samoëns : La Confrérie Saint-Clair. 159
    Le Castellet (Var) : Autel de Saint-Clair 170
    Les Abbés de la Jeunesse. 171
II. PIÈCES JUSTIFICATIVES. — Cassis : Relique de Saint-Clair. . . 173
    Condrieu : La fête de Saint-Clair 174
    Marseille : Paroisse de la Trinité. 180
    Précis de la Convention entre les Dames d'Hyères et le Curé de Gémenos pour Saint-Clair 182
    Mandement de Mgr l'Evêque de Grenoble prescrivant le rétablissement de la Liturgie romaine dans son diocèse. . . . 183
    Extrait d'une lettre écrite par l'abbé Delacour à l'abbé Chalvet. 185
    La Murette : Authentique de relique 186
    Marseille-Saint-Cannat : Authentique de relique. 187
    Melve : Authentique de relique 189
    Saint-Clair-sur-Rhône : Authentique de relique. 190
    Minzier : Authentique de relique. 191
    De la Danse. 192
    Lettre du pape Innocent IV 195
    Embauchage et concurrence 197
    Taux des ouvrages des Tailleurs et Tailleuses d'habits. . . 199
    Délibération du Corps des Maîtres-Marchands Tailleurs d'habits de Marseille. 200
    Doléances des Corps et Communauté des Maîtres-Marchands Tailleurs d'habits de Marseille. 205
    Délibération du Corps des Marchands-Tailleurs d'habits, d'un don patriotique à la Nation : 1er octobre 1789. 209

TABLE DES MATIÈRES

	Pages
TABLE BIBLIOGRAPHIQUE	213
TABLE GÉOGRAPHIQUE	233

GRAVURES HORS TEXTE

PLANCHE I. — Ruines de la chapelle Saint-Clair à La Valette-du-Var (Var) . . . . Frontispice

PLANCHE II. — La nouvelle église de Saint-Clair, à Lyon, cours d'Herbouville. — Projet de la façade principale 49

PLANCHE III. — Chapelle et vallon de Saint-Clair, à Dingy-Saint-Clair (Haute-Savoie) 91

PLANCHE IV. — Intérieur de la chapelle de Saint-Clair, à Dingy-Saint-Clair (Haute-Savoie) 97

TROISIÈME PARTIE

LES SUPPLÉMENTS

I. SUPPLÉMENT
DE
L'ANCIEN DIOCÈSE DE LYON

PRÉFACE

Comme partout, le culte de saint Clair a dû se répandre rapidement dans le diocèse de Lyon, où on le suit, pour ainsi dire, pas à pas. Entre Vienne et Lyon, il y avait des paroisses sous son vocable de chaque côté du Rhône; notre ville de Lyon, elle-même, était encadrée entre deux chapelles de Saint-Clair, placées l'une en aval et l'autre en amont du cours de ce fleuve. Puis remontant le Rhône, le culte se répandit en Bresse et dans la Principauté de Dombes (1).

Remontant également la Saône, on trouvait aussi des traces du culte de saint Clair à Collonges, Neuville,

---

(1) Il est nécessaire de donner ici une courte explication sur la formation de l'ancien diocèse de Lyon, dans lequel étaient compris les deux archiprêtrés de Morestel et de Meyzieu dans le Dauphiné. Ce dernier archiprêtré s'étendait même jusqu'à y compris le bourg de Saint-Symphorien-d'Ozon. Il comprenait aussi la Bresse et la principauté de Dombes. Ces deux provinces, qui font partie actuellement du département de l'Ain, n'ont été détachées du diocèse de Lyon qu'en 1823, époque où le diocèse de Belley fut reformé avec la totalité du département de l'Ain. C'est pourquoi, nous comprendrons dans le culte de notre saint toutes les paroisses de l'ancien diocèse, comme si par le fait elles venaient de n'en être pas détachées.

Trévoux, Anse et Villefranche, d'où il se répandit dans tout le Beaujolais.

Dans le Forez, les anciennes paroisses ou prébendes sous le vocable de Saint-Clair étaient plus clairsemées, mais il y en avait un peu partout et principalement en descendant le cours de la Loire, à Montrond, Randans, Epercieux, Grenieu, etc.

Les visites pastorales ont été la base de nos recherches, nous nous sommes rendu compte, autant que possible sur place, de l'état actuel du culte qui est malheureusement bien tombé.

Nous avons consulté certains ouvrages spéciaux, comme la *Topographie historique du département de l'Ain*, par M. Guigue, archiviste du Rhône, qui nous a facilité dans notre travail en l'abrégeant considérablement.

PAUL RICHARD,
Membre de la Société d'Archéologie de France,
de la Société littéraire de Lyon
et de « la Diana » de Montbrison.

Anse

(Département du Rhône. — Diocèse de Lyon.)

Nous extrayons le passage suivant du procès-verbal d'une visite pastorale de Mgr Camille de Neuville, archevêque de Lyon, en 1657 : « Du costé de l'Évangile, l'autel qui est proche de la porte par où l'on passe de la chapelle au chœur est dédié à saint Clair et saint Antoine et est sacré. Il y a une prébende fondée d'une rente noble, le curé en est pourvu. »

Dans la nouvelle église paroissiale d'Anse, siège d'un archiprêtré du Beaujolais, il n'y a plus d'autel de Saint-Clair.

Belmont

(Département de la Loire. — Diocèse de Lyon.)

Saint Clair était vénéré dans l'ancienne église paroissiale de Belmont, siège d'un archiprêtré de la Loire, où il est invoqué pour la conservation de la vue (1).

Biziat

(Département de l'Ain. — Diocèse de Belley.)

Pouillé du xiiie siècle. Dans l'archiprêtré de Sandrans *ecclesia de Bisias (prioratus), nomen patroni, abbas Trenorcii.*

Dans le pouillé du xive siècle, l'église de Biziat est cotée 20 livres de dîme ; dans celui du xve, le patron est l'abbé d'Ainay ; de même dans celui du xvie au xviie ; mais une variante du pouillé de cette époque

---

(1) Communication de M. l'abbé Manin, chapelain de N.-D. de Fourvière.

mentionne comme patron : *abbas Trenolchii ob prioratum loci unitum.*

Dans le pouillé général du diocèse, de la fin du xviii° siècle, Biziat fait toujours partie de l'archiprêtré de Sandrans, le patron est l'abbé de Tournus, le vocable est Saint-Clair.

En outre de l'orthographe relevée dans les pouillés, voici celle employée dans les chartes anciennes : *In villa Busiaco, Bisiacum, prioratus Bisyaci, Bisias, Bisiac.*

En 842, l'empereur Lothaire, à la prière du comte Matfred, donna à Immon, son vassal, sept mas et une chapelle situés dans le village de Biziat. Les religieux de Tournus y possédaient un prieuré, dont l'église était distincte de la paroissiale. Le revenu de la cure consistait dans la sixième partie de la dime des gros fruits et dans le produit d'une vigne (1).

Cette paroisse fait actuellement partie du diocèse de Belley, archiprêtré de Châtillon-sur-Chalaronne.

Le Bois d'Oingt
(Département du Rhône. — Diocèse de Lyon.)

Contre le mur d'une basse nef de la nouvelle église de cette paroisse, siège d'un archiprêtré du Haut-Beaujolais, il y a une statue moderne de saint Clair. Il est représenté tenant un livre d'une main, puis une coupe ou un plateau de l'autre, sur lequel sont placés deux yeux.

Brignais
(Département du Rhône. — Diocèse de Lyon.)

Pouillé du xiii° siècle (2). *In archipresbyteratu de*

---
(1) Guigue. *Topographie historique du département de l'Ain.*
(2) Pour la désignation des pouillés, nous nous en sommes rapportés à Aug. Bernard, à la fin du II° volume du *Cartulaire de Savigny et d'Ainay.*

Jaresio. Ecclesia de Brignayes, le patron est le chapitre de Saint-Just (Brinhaies) (1).

Pouillé du xiv⁰ siècle. *Ecclesia de Brignays*, coté 25 livres de dîme (Brignez, Brignaes, Brignies).

Pouillé du xv⁰, *ecclesia de Brignays* (Brignes).

Pouillé du xvi⁰ et xvii⁰ siècle. *Ecclesia de Brignais cum annexa de Vourles* (Brigneys).

Dans le pouillé général du xviii⁰ siècle, Brignais ne fait plus partie de l'archiprêtré de Jarez, mais de celui de Mornant qui n'en est qu'une subdivision.

L'acte le plus ancien, concernant Brignais, qui mérite d'être cité, est la donation qu'en fit le pape Innocent IV aux chanoines-barons de Saint-Just de Lyon, en reconnaissance d'avoir été hébergé, pendant six ans, (1244-1250) dans leur cloître, pour se soustraire aux persécutions de l'empereur d'Occident Frédéric II (2). A cette époque le curé de Brignais était qualifié seulement de chapelain.

Le second événement important concernant Brignais est tristement célèbre dans l'histoire.

C'est la fameuse bataille des Tard-Venus qui, après avoir pris le bourg, anéantirent une armée royale commandée par Jacques de Bourbon, gouverneur du Languedoc, et son fils ; ils y furent blessés à mort (6 février 1362). Au nombre des prisonniers se trouvaient Renaud, comte de Forez, Louis de Beaujeu, Jean de Melun, comte de Tancarville, véritable chef de l'armée vaincue, etc. etc.

Nous n'entreprendrons pas de décrire ce triste épisode de la guerre de Cent ans qui a été relaté impar-

---

(1) Nous mettrons entre parenthèses, les différences d'orthographes relevées par nous.

(2) Voir aux *Pièces justificatives*.

faitement par les chroniqueurs contemporains, Froissant et Matteo Villani (1).

Il nous est impossible de savoir à quelle époque remonte le culte de saint Clair à Brignais. La visite pastorale de 1658 mentionne saint Martin, mais Saint-Clair devait être second vocable, car il y a une foire le 2 janvier, qui est très suivie. Elle est connue sous le nom de foire de Saint-Clair, et son établissement doit remonter à la plus haute antiquité. Vers 1680 les actes des registres paroissiaux sont accompagnés de la mention « dans l'église Saint-Clair de Brignais ». Vers cette époque l'offrande de Saint-Clair se montait à 24 livres par commune année. Il y avait de plus 40 messes basses données en son honneur pendant l'année.

« A la suite de la peste de 1628 qui fit tant de ravages à Lyon et aux environs, les habitants de Brignais avaient pris l'engagement pour eux et leurs successeurs, de s'abstenir de toute œuvre manuelle les dimanches et jours de fête solennelle, sous peine d'une amende de cinq livres, applicable par moitié aux pauvres et au luminaire de l'église (2). »

Nous trouvons dans les registres paroissiaux la mention de deux curés enterrés dans l'église. Ce sont : Anselme Monin, décédé à l'âge de 60 ans (1710), et

---

(1) C'est de nos jours seulement que les études remarquables de M. G. GUIGUE, archiviste en chef du département du Rhône, ont dévoilé les principaux événements de ce triste entr'acte de la guerre de Cent ans dans le Lyonnais. M. GUIGUE a même rétabli dans une dissertation irréfutable la date exacte de cette bataille. M. le docteur Humbert MOLLIÈRE, membre de l'Académie de Lyon, s'est aussi livré sur place à une étude consciencieuse pour fixer certains détails topographiques, négligés jusqu'à présent, et pour connaître l'emplacement véritable qui fut témoin des différentes phases de la lutte.

(2) ALLUT, p. 35.

Morandin, à l'âge de 49 ans (1732). A celui-ci succéda Esparran qui eut successivement 21 vicaires sous sa direction (1732-1767), parmi lesquels il y en eut un du prénom de Clair. Il eut un long procès à soutenir contre les chanoines de Saint-Just, ainsi qu'il l'explique dans les registres paroissiaux.

Nous devons à l'obligeance de M. l'abbé Chambeyron, curé de Brignais, les détails suivants que nous résumons d'après des notes manuscrites, laissées par M. l'abbé Rival, un de ses prédécesseurs (1846-1867)(1).

« L'église de Brignais, qui s'élève aujourd'hui dans l'enceinte du vieux château, n'était à l'origine qu'une simple et modeste chapelle. Elle dut à sa destination religieuse de survivre, comme beaucoup d'autres, à toutes les ruines de cette forteresse, et quand maîtres et seigneurs l'eurent abandonnée, elle continua d'ouvrir ses portes aux catholiques qui vivaient à l'entour. A mesure qu'ils se multipliaient, la chapelle fut agrandie, mais toujours sans proportion de forme et sans régularité de style. Tantôt on l'allongeait par le chœur et le portail, tantôt on l'élargissait par les bas-côtés pour faire de l'espace. C'était là tout ce qu'on avait obtenu jusqu'en 1826. A cette époque, on fit un dernier agrandissement qui lui donna, pour deux mille habitants, 450 mètres de superficie. Tel était depuis vingt ans l'état de l'édifice, lorsqu'en 1846, M. l'abbé Rival fut nommé curé de la paroisse.

« Il fut alors évident qu'une pareille église ne suffisait plus à la population. On avait beau, chaque dimanche, entasser les fidèles dans les coins et recoins,

---

(1) M. l'abbé RIVAL fut nommé ensuite archiprêtre de Saint-Genis-Laval, où il est décédé en 1879. Ses confrères l'avaient demandé pour être leur doyen.

beaucoup d'entre eux n'y trouvaient plus de place pour entendre la messe. De là résultaient un malaise habituel et des causeries fréquentes dans le lieu saint.

« A ce mal qui croissait toujours avec la population, il fallait sans plus tarder un remède. Le découvrir n'était pas difficile, le point laborieux c'était de l'appliquer. Devait-on recourir encore à des demi-mesures, comme on l'avait fait en 1780 et en 1826, ou faire une construction régulière et définitive? Le premier parti offrait sans doute des économies, mais aussi des difficultés insurmontables du côté de l'art. Qu'on se figure, en effet, un carré long de 28 mètres, divisé en trois nefs par deux séries de quatre piliers carrés, celle du milieu ayant à peine 4 mètres 65 centimètres de largeur ; qu'on s'imagine encore sur cet étroit couloir du milieu une voûte en demi-rond, et sur les deux autres un simple plafond, on aura l'église d'alors. M. Bossan, le plus distingué des architectes de Lyon, fut d'avis de tout raser et de rebâtir à neuf. »

M. Rival explique ensuite les difficultés de toutes sortes qui ne lui ont pas manqué et qu'il a surmontées patiemment.

La République de 1848 n'était pas favorable à la reconstruction des églises, puis le conseil municipal ne comprenait pas comment un bâtiment, pour lequel on avait dépensé 40.000 francs, 22 ans auparavant, avait besoin d'être reconstruit à neuf. Une mission donnée en 1854 en fit mieux ressortir l'insuffisance. Le cardinal de Bonald proclama en pleine chaire la nécessité d'une reconstruction complète et promit de venir lui-même consacrer le nouvel édifice. Sa parole fut le signal de l'opposition, d'où naquirent les difficultés.

La première fut dans le choix de l'architecte qui ne devait cependant être qu'un prête-nom de garantie, car M. le curé avait les plans tout prêts depuis longtemps (1).

Les dates parleront d'elles-mêmes par la lenteur des opérations : En 1852, placement des fonds de la première souscription. En 1857, commencement de l'approbation des devis après l'achat des terrains opéré depuis longtemps ; puis en 1859 les fondations furent creusées. La bénédiction de l'église eut lieu néanmoins au 1ᵉʳ novembre 1862, après plusieurs changements d'entrepreneurs ayant nécessité des procès ruineux. Les vitraux ne furent placés qu'après ; ceux de la chapelle de Saint-Clair ont été offerts par les cinq fabriciens, qui ont puissamment contribué, par leurs dons généreux, à la construction du sanctuaire.

Le symbolisme religieux de cette église est expliqué dans la petite brochure de M. Rival qui, après trente ans, se donne encore aux paroissiens. Elle peut leur tenir lieu, pour ainsi dire, de catéchisme.

La chapelle de Saint-Clair, qui fait pendant à celle de la Sainte-Vierge, est un vrai petit bijou : « Cette chapelle a la même forme d'architecture que celle de la sainte Vierge. Ce qui en fait la différence, c'est le changement complet de l'idée religieuse. Tout dans l'une proclame les vertus, les grandeurs et les prérogatives de la sainte Vierge, tout dans l'autre expose aux regards la sainteté, les prodiges des moines et en particulier de saint Clair. Les vitraux de cette cha-

---

(1) L'architecte fut Clair Tisseur qui écouta peu les inspirations de son pasteur, en cette circonstance. Il fut même cause de nombreuses difficultés, trop longues à énumérer ici ; elles sortiraient du cadre de notre étude.

pelle sont les plus estimés, sans contredit, de toute l'église, pour la perfection des couleurs et du dessin. Ils représentent, en seize médaillons, les principaux traits de la vie et des miracles de saint Clair. On sait qu'il était fils unique d'une vertueuse veuve des environs de Vienne et que sa mère le menait, tout jeune encore, en pèlerinage aux tombeaux des saints martyrs, dont cette ville était richement dotée. C'est le tableau que représente le premier médaillon, nous laissant voir au loin l'abbaye de Saint-Ferréol. Un jour que l'enfant revenait un peu tard de cette abbaye, en compagnie de sa mère, il s'éleva sur le Rhône une si furieuse tempête qu'elle allait engloutir l'embarcation. Tout à coup l'enfant se jette à genoux, se recommande à saint Ferréol dont il venait de visiter le tombeau, et voici que, grâce à sa prière, le vent s'apaise, les flots se calment et la barque passe tranquillement à l'autre bord. C'est le sujet du deuxième médaillon. Dans le troisième, il reçoit l'habit religieux des mains de l'archevêque saint Cadéold ; puis il est choisi pour aumônier du monastère de Sainte-Blandine. Le cinquième nous le montre guérissant l'abbesse du monastère. Au sixième, on l'aperçoit en face du fantôme gigantesque de Satan, qui rôdait dans le cloître ; le saint le met en fuite en faisant le signe de la croix. Au septième sujet, il chasse encore cet esprit de ténèbres du corps de la portière du couvent. Le huitième nous le fait voir au moment où les religieux de Saint-Marcel le choisissent pour abbé. Dans le neuvième, il guérit un religieux d'une violente colique. Dans le dixième, il délivre un malheureux d'ulcères hideux. Le onzième nous le montre sauvant un religieux qui se noyait dans le Rhône. Dans le douzième, il féconde la vigne du monastère qui avait été ravagée par la grêle. Dans le treizième, il annonce à ses religieux qu'il va bientôt les quitter, puis il leur prédit que l'Eglise de Vienne sera cruellement éprouvée. Le quatorzième nous le montre favorisé d'une vision où sainte Blandine lui annonce que dans trois jours elle viendra, avec saint Marcel, pour l'emmener au ciel. Dans le quinzième médaillon, il rend son âme à Dieu, étendu sur la cendre, la tête environnée d'une vive lueur. Le seizième, enfin, nous le montre porté en terre par ses religieux et guérissant un paralytique, qu'on avait amené sur son passage.

« Au-dessous de ces vitraux est l'autel dédié à saint Clair, où l'on a reproduit en statues et en bas-reliefs tout ce qui peut intéresser la vie monastique. Cet autel a sept arcatures sur le devant de la table et porte à sa base cette inscription : *Ductus fuit in desertum a spiritu*. Jésus-Christ, le modèle des solitaires, pour lequel elle a été écrite, se voit dans l'arcature du milieu, terminant le cénobitisme de l'ancienne loi et commençant celui de la nouvelle. A son extrême gauche est la statue d'Élie, le père des anciens cénobites, avec le corbeau qui le nourrit miraculeusement sur les bords du Jourdain. Vient ensuite celle d'Élisée, son disciple, le continuateur de ses austérités et de ses prodiges. Tout près de lui, saint Jean-Baptiste, le dernier des anciens solitaires. A la gauche de Jésus-Christ figurent les premiers moines d'Orient : saint Paul, saint Antoine, saint Pacôme. En remontant au retable on voit aussi les principaux chefs d'ordres des moines d'Occident. Le premier, du côté de l'Évangile, est saint Basile, le second saint Augustin, le troisième saint Benoît, le quatrième saint François, le cinquième saint Dominique, et le sixième saint Bruno. On les reconnaît chacun à leur costume ou à quelque autre marque de leur dignité. Au-dessus d'eux et sous la flèche gothique qui couronne l'autel, est debout la statue du patron de la paroisse. On ne sera pas étonné de le voir sans mitre, quand on réfléchira que cette distinction ne date, pour les abbés, que du xe siècle. Passant de la statuaire aux ornements de sculpture, nous découvrons sous différents emblèmes une partie des travaux, des exercices, des instruments de la vie monastique, des austérités et des vertus qu'elle pratique. Toutes les statues sont en haut-reliefs et les ornements en bas-reliefs de pierre sculptée.

« Les rosaces des transepts sont dédiées l'une à la sainte Vierge et l'autre à saint Clair, ainsi que l'indiquent les deux monogrammes inscrits à leur centre. Elles renferment chacune dix fleurs dans leurs dix compartiments et chacune de ces fleurs symbolise une vertu particulière du personnage vénéré dans le vitrail. Ainsi pour la rosace de Saint-Clair l'iris indique le zèle pour Dieu, le bleuet la simplicité, la tulipe la pureté d'intention, la vigne la mortification, le cytise la confiance, l'angélique la sainteté, la pensée le souvenir de Dieu, la violette l'humilité, l'hyacinthe la docilité et la pervenche la virginité. »

La chaire qui est un vrai chef-d'œuvre est, ainsi que les confessionnaux, en chêne sculpté, les fonts baptismaux en pierre sont ornés de statues et autres sujets qui ne le cèdent en rien au symbolisme déjà cité. En un mot, l'église de Brignais, sauf les fâcheuses modifications que l'on a fait subir au plan primitif de M. Rival, est une des rares, même parmi celles construites d'un seul jet, où rien ne cloche comme ameublement, parce que tous les détails en furent réglés par le pasteur dont le bon goût et le symbolisme religieux, pour lui, étaient synonymes.

Le 2 janvier est jour de foire à Brignais, c'est aussi un jour de pèlerinage, mais il tombe de plus en plus. Un vol sacrilège, opéré dans la nuit du 24 au 25 mars 1885, y a un peu contribué. Un reliquaire que les voleurs croyaient en argent a disparu avec des ornements de prix. Les ornements étaient remplacés avantageusement quelques jours après, mais ce qui n'a pu l'être encore, c'est la relique du saint patron. Néanmoins la paroisse de Brignais est une des rares du diocèse où le culte de saint Clair n'est pas tombé, grâce à la construction de la jolie église, sous son invocation. On a beau dire, tant que l'homme aura le sens du beau, sa foi sera éveillée par l'art qu'il enfante.

Bully-sur-l'Arbresle
(Département du Rhône. — Diocèse de Lyon.)

Extrait du compte rendu d'une visite pastorale de 1614 : « Du costé de vent, il y a un autel soubs le vocable de saint Clair et saint Roch sans fondation, revenu, ni service. »

Extrait d'une lettre de M. le curé de la paroisse, du 2 janvier 1883 : « L'église antérieure n'était pas à la
« même place, mais dans l'intérieur du château.
« Outre l'autel majeur et celui en l'honneur de la
« sainte Vierge, elle en avait un dédié en l'honneur
« de saint Clair. Est-ce en mémoire de cet autel que
« chaque année, le 2 janvier, les fidèles viennent en
« grand nombre assister à la messe avec un petit
« cierge allumé? Rien ne le prouve cependant. Les

« renseignements sur cette ancienne église sont tirés
« d'une pièce avec plan authentiqués en 1657. »

Cette paroisse, qu'il ne faut pas confondre avec celle du même nom dans le département de la Loire, fait partie de l'archiprêtre de l'Arbresle.

Chalain-le-Comtal
(Département de la Loire. — Diocèse de Lyon.)

Extrait du compte rendu d'une visite pastorale de 1662 : « Chapelle consacrée mais non dotée, sous le vocable de saint Savin et saint Clair, située dans l'église paroissiale, vers le chœur, du côté de l'Épître. »

La nouvelle église de ce petit village de la plaine du Forez était en construction lorsque nous y passâmes pendant l'été de 1895. Elle a été édifiée sur l'emplacement de l'ancienne, qui a été détruite. Cette paroisse fait partie de l'archiprêtré de Montbrison.

Chandieu en Dauphiné
(Département de l'Isère. — Diocèse de Grenoble.)

Nous extrayons d'un volume de l'extraordinaire de l'archevêché de Lyon, aux archives du Rhône, l'intéressant passage suivant (1) : « Nous Jean Claude Deville, docteur en saincte théologie, custode en l'église Saincte-Croix de Lyon et vicaire général substitué au spirituel et temporel d'éminentissime et révérendissime messire Alphonse-Louys Duplessis de Richelieu, cardinal archevesque de Lyon, primat des Gaules, grand aumosnier de France(2), sçavoir faisons

---

(1) Volume de 1649 à 1653, f° 24.
(2) Le cardinal de Richelieu, qu'il ne faut pas confondre avec son frère le

que veu la requeste présentée par Mre François de Laygue seigneur dudict lieu de Chandieu en Dauphiné de ce diocèze de Lyon, par laquelle il auroit remonstré que dans l'enclos dudict chasteau de Chandieu, il y avoit autrefois une grande chapelle dédiée à sainct Clair, laquelle est aujourd'huy ruinée et ny reste qu'une vieille muraille et d'autant que le peuple ne laisse pas d'y aller en dévotion quelques jours de l'année en grande affluence. Le sieur curé dudict Chandieu est comme contrainct d'y dire la messe soubs des tantes, et partant ledict seigneur de Laygue désireroit qu'il luy soit permis de faire édifier de nouveau ladicte chappelle dans l'enclos dudict chasteau au lieu qu'il sera plus commode pour la dévotion pour après qu'elle sera bastie la faire visiter, et estant trouvé en estat decent la faire bénir. »

L'autorisation de construire date de 1649. On ne donne pas le nom de la terre où elle devait être édifiée ; mais nous pouvons indiquer les limites, extraites de l'acte d'autorisation ci-après : «... jouxte le chemin tendant du chasteau de Chandieu de vent, autre tendant de la fontaine de Bouzon audict chasteau de matin et bize, de ladicte fontaine de Bouzon au Triesve dudict bas bourg de Chandieu de soir... (1) »

Charnoz
(Département de l'Ain. — Diocèse de Belley.)

D'après le cartulaire de Savigny d'Auguste Bernard, saint Clair était le deuxième patron de cette paroisse.

---

ministre, était de l'ordre des Chartreux ; avant d'être sur le premier siège des Gaules, il avait été archevêque d'Aix.

(1) C'est aujourd'hui la paroisse de Saint-Pierre-de-Chandieu (1207 hab.), dans l'archiprêtré d'Heyrieu.

Chavannes

(Département de l'Ain. — Diocèse de Belley.)

Pouillé du xiiie siècle. *De archipresbyteratu de Treffort. Ecclesia de Chavannes (prioratus), nomen patroni, prior Nantuaci.*

Pouillé du xive siècle. *Ecclesia de Chavannes,* paye 30 livres de dîme.

Dans le pouillé du xve, le patron est l'abbé de Saint-Héand, ainsi que dans ceux des xvie et xviie siècles.

Cette paroisse ayant été comprise dans la formation du diocèse de Saint-Claude en 1742 ne faisait plus partie du diocèse de Lyon dans le pouillé de la fin du xviiie siècle.

Dans le procès-verbal d'une visite pastorale en 1655, cette église paroissiale avait pour vocable Saint-Pierre et Saint-Clair : « Nous avons trouvé l'église fort bien pavée et toute voûtée. Au costé gauche est une chapelle où est un chœur de noyer de menuiserie, lequel on dit avoir servi autrefois à des chanoines fondés par une duchesse de Bourgogne. » Chaque communiant devait donner deux liards à la luminaire; ils étaient environ trois cents.

Cette paroisse fait actuellement partie du diocèse de Belley, archiprêtré de Pont-de-Vaux.

Chazelles-sur-Lyon

(Département de la Loire. — Diocèse de Lyon.)

Nous extrayons du procès-verbal d'une visite de l'ordre des Chevaliers de Malte, qui avaient une commanderie dans cette paroisse, le passage suivant : « Il y a dans l'église paroissiale un reliquaire d'un os de saint Clair enchâssé dans un cristal ayant grande vertu pour le mal des yeux (1615). »

Cette paroisse, qu'il ne faut pas confondre avec Chazelles-sur-Lavieu, est chef-lieu d'un archiprêtré, quoique non chef-lieu de canton.

Chénas

(Département du Rhône. — Diocèse de Lyon.)

Cette paroisse faisait partie du diocèse de Mâcon, qui a été supprimé en 1790, et était de l'archiprêtré de Vauxrenard. En 1760 on y comptait 350 communiants et 400 enfants. Le chapitre de Saint-Vincent de Mâcon nommait à la cure et jouissait de la moitié de la dîme, le reste appartenait au curé (1). Cette paroisse fait actuellement partie du diocèse de Lyon, archiprêtré de Fleurie.

Nous extrayons d'une lettre de M. le curé de la paroisse, en 1882, les passages suivants : « J'ai une relique de saint Clair avec l'authentique, elle est minime. Tous les ans, le jour de la fête, j'ai une centaine de pèlerins qui viennent implorer saint Clair pour les yeux. J'ai même trouvé, en arrivant à Chénas, un vieux tableau et une vieille statue qui représentaient saint Clair tenant un bassin dans lequel on voyait deux yeux et à ses pieds se trouvait un aveugle. Je crois que l'ancienne église de Chénas, qui n'existe plus depuis six ans (2), était très ancienne. Ce devait être une chapelle de religieux. Ce qui me porte à le croire, c'est qu'une partie du vieux bourg s'appelle encore Isaure, qui veut dire réunion de plusieurs cellules. En outre, quand on a enlevé les ossements du vieux cimetière pour les transporter dans le nou-

---
(1) *Almanach histor.* de Lyon, 1760.
(2) En 1882.

veau, on a trouvé des corps, tout le tour de l'église, à l'intérieur (1). »

Civrieux-d'Azergues
(Département du Rhône. — Diocèse de Lyon.)

Dans l'église de cette paroisse, on conserve une petite parcelle des reliques de saint Clair.

Clementia
(Département de l'Ain. — Diocèse de Belley.)

Pouillé du xiiie siècle. *In archipresbyteratu Dombarum ecclesia de Clemence. Nomen patroni, prior Noveville.*

Pouillé du xive siècle. *Ecclesia de Clemencia, 10 libras.* De même au xve, ainsi qu'aux xvie et xviie.

Dans le pouillé général du diocèse, à la fin du xviiie siècle, l'archevêque de Lyon est patron temporel.

Cette ancienne paroisse, aujourd'hui supprimée, fait actuellement partie de la commune Abergement-Clementia, dont elle forme une section.

Comme particularité elle était sous le vocable de Saint-Clair et Saint-Didier, deux patrons viennois qui se trouvent ensemble dans plusieurs paroisses (2).

D'après le procès-verbal d'une visite pastorale, en 1656, saint Clair avait un autel sous son vocable dans l'église paroissiale, sans fondation.

Cogny
(Département du Rhône. — Diocèse de Lyon.)

Extrait du procès-verbal d'une visite pastorale en 1657 : « Le second autel à main droite est dédié à

---

(1) Voir Tome Ier, page 122, 225, 278.
(2) Voir Courzieu et Saint-Didier de Chalaronne.

saint Clair. » Dans la nouvelle église de Cogny, on n'a pas rétabli cet autel, mais il y a un réméage en l'honneur du saint, le jour de sa fête, le 2 janvier. On y vient d'assez loin pour faire brûler des petits chandellons (1).

Cette paroisse est située au pied des montagnes du Haut-Beaujolais, archiprêtré de Villefranche.

Collonges-sur-Saone
(Département du Rhône. — Diocèse de Lyon.)

C'est à tort qu'Auguste Bernard indique Saint-Clair, comme vocable de l'ancienne église de Collonges, dans le pouillé général de la fin du XVIII° siècle. Cette paroisse a toujours été sous le vocable de Saint-Nizier, au moins depuis le XII° siècle (2). La visite pastorale de Mgr Camille de Neuville mentionne aussi Saint-Nizier, mais il y avait effectivement l'autel Saint-Clair, non doté, dans la nef du côté de l'Évangile. Actuellement il y a encore une petite statue de Saint-Clair, du même côté de la nef; mais l'autel est sous l'invocation de Saint-Nizier.

L'église du vieux Collonges est délaissée; on y dit la messe le dimanche seulement; une nouvelle église paroissiale a été érigée plus bas, elle ne fait aucune mention du culte de saint Clair (3).

---

(1) Voir pour plus de détails, le hameau de Saint-Clair dans la paroisse voisine de Ville-sur-Jarnioust.

(2) Voir Le Laboureur, tome I, p. 116. Bulle du pape Lucien III qui confirme ses possessions à l'abbaye de l'Ile-Barbe.

(3) Depuis la rédaction de ces lignes, nous nous sommes livré à une étude aussi consciencieuse que possible sur le culte de saint Clair dans cette paroisse. Saint Clair a laissé en effet plus de traces que nous ne l'aurions pensé tout d'abord; ainsi à la première page des registres paroissiaux qui commencent en 1617 il est mentionné un acte de baptême, fait le jour de

Condrieu

(Département du Rhône. — Diocèse de Lyon.)

L'on trouvera aux *Pièces justificatives*, n° II, les détails les plus complets sur les Bachelards. Dans *la France par Cantons*, M. Ogier a reproduit, avec de petites variantes, le récit de l'*Histoire de Condrieu*, de 1850.

Condrieu faisait partie du diocèse de Vienne, mais les comtes de Lyon nommaient à la cure et de plus étaient seigneurs temporels.

Cosances ou Cousances

(Département du Jura. — Diocèse de Saint-Claude.)

Extrait du compte rendu d'une visite pastorale de Mgr Camille de Neuville, en 1655 : « La deuxième chapelle du côté de l'Épître est dédiée à saint Clair, elle est sans revenu, mais il y a dévotion le jour de sa fête.

« L'église ayant été bruslée par les gens de guerre en 1637 et les cloches fondues, elle se ressentait encore de ce malheur. » Cette chapelle existait déjà, en 1613.

Cette paroisse, qui faisait partie de l'archiprêtré de Coligny, est une de celles qui ont été détachées du diocèse de Lyon, en 1742, pour entrer dans la formation du nouveau diocèse de Saint-Claude.

Courzieu

(Département du Rhône. — Diocèse de Lyon.)

Pouillé du xiii° siècle. *De archipresbyteratu de Sam-*

Saint-Clair, 2 janvier. Sur les mêmes registres, on voit la signature d'un nommé François Clair, en 1759. Actuellement encore, le nouveau cimetière contient plusieurs tombes renfermant les restes de plusieurs familles de ce nom, et une autre, du nom de Clerc, qui n'est qu'une déformation de l'orthographe de Clair.

beel (1). *Ecclesia de Corzeu* (2) *(prioratus), nomen patroni prior de Corzeu.*

Pouillé du xiv° siècle. *In archipresbyteratu Corziaci. Ecclesia Corziaci* paye 16 livres de dîme.

Les pouillés des xv°, xvi° et xvii° siècles mentionnent la même chose. Le pouillé général du diocèse, à la fin du xviii° siècle, donne les mêmes renseignements : l'archiprêtré de Courzieu comprenait 44 paroisses ou annexes, le patron temporel était toujours le prieur du lieu.

Le doyenné ou prieuré de Courzieu était à la nomination de l'abbé de Savigny. Le prieur jouissait de la dîme avec le chambrier de Savigny, le curé et les seigneurs de Chavannes, la Roche et Yzeron (3).

Ainsi que nous le voyons dans le cartulaire de Savigny, cette paroisse était déjà sous le vocable de Saint-Didier, évêque de Vienne, dès le commencement du x° siècle (4). Comme il y a une ancienne dévotion à saint Clair, nous allons chercher à découvrir si le culte de ces deux saints n'aurait pas la même origine, comme venant du même pays.

Courzieu était autrefois sur la route d'Aquitaine qui traversait le bourg. Cette route a été fréquentée de tous temps par les cortèges qui se rendaient en Auvergne. Il est permis de croire que les miracles,

---

(1) Une main plus moderne a écrit en noir, au-dessus de ce mot, qui est en rouge comme le reste de la ligne, *seu Corziaci*. Note d'A. Bernard.

(2) On a ajouté postérieurement un *i* à ce mot (*Corzieu*). Note d'A. Bernard.

(3) *Almanach hist.* de Lyon, 1760.

(4) Prestaria de ecclesie Corziaco.

... per concensum Remigii, archiepiscopi, et Vuillelmi, comitis : hoc est ecclesia una quæ est in honore sancti Desiderii, cum parrochia et presbiteratu, et est sita in jam dicto pago (Lugdunensi, valle Bevronica) et agro sive villa, loco qui dicitur Corziacus ;... 27 aug. 923.

accomplis au passage des reliques de saint Bonnet, au vıııᵉ siècle, se renouvelèrent par l'intercession d'autres saints, dont les reliques durent forcément passer par là, en se rendant dans le Forez. L'importance de cette route (1) pouvait seule faire de Courzieu un « bourg, doyenné ou prieuré, paroisse, château, seigneurie et chef-lieu d'un archiprêtré de 35 paroisses et 7 annexes. Ce bourg est situé entre trois montagnes très escarpées sur le chemin de Feurs (2). » Ces montagnes qui coupent en effet la vue de tous côtés ont fait donner à un chroniqueur plus fantaisiste que consciencieux l'étymologie suivante à son nom : « D'après la tradition du pays, ce village semblerait tirer son nom de la configuration de son territoire. Pour le distinguer des nombreuses paroisses sous le vocable de saint Didier, on l'aurait appelé Saint-Didier-la-Creuze, à cause de sa position entre deux montagnes élevées, de là serait venu Courzieu (3). »

Il faut croire que cette explication est un peu tirée par les cheveux. Nous croyons plutôt devoir chercher dans le domaine spirituel l'origine de ce mot. Il doit y avoir une légende qui nous échappe, ou bien nous nous tromperions fort, car le mot par lui-même sans défiguration aucune est trop apparent, pour qu'il n'y ait pas quelque relation entre Courzieu (courts yeux)

---

(1) Il y a encore au bas du village des maisons désignées sur la carte sous le nom d'*hôtelleries* ; c'est là que les maçons d'Auvergne faisaient une halte lorsque, avant la construction des chemins de fer, ils se rendaient à Lyon à pied, et qu'ils rentraient chez eux. Le bourg a bien diminué depuis ce temps-là.

(2) *Almanach histor.* de Lyon, 1760.

(3) Ogier, *la France par cantons*.

et saint Clair, qui est partout invoqué pour la vue (1).

La plus haute des trois montagnes qui dominent le bourg s'appelle le crêt Saint-Clair ; sa hauteur est de 900 mètres au-dessus du niveau de la mer ; elle forme la ligne de faîte des monts du Lyonnais, prolongement des Cévennes, dont la crête de Saint-Bonnet-le-Froid est un autre sommet voisin. Un peu plus bas, il y a le col de Saint-Clair qui devait être boisé autrefois comme toutes ces crêtes, mais il est aujourd'hui complètement dénudé. Ce col ou grande échancrure qui sépare le Châtelard du crêt Saint-Clair, est désigné par la météorologie comme étant un point de formation des orages qui descendent sur Lyon (2). Le nom de Saint-Clair venait d'une chapelle qui était dédiée à ce saint. Cette chapelle était attenante à un ermitage dont l'ermite était mort avant 1760 (3). Quoique sur la limite des deux paroisses de Courzieu et d'Yzeron et non loin de celle de Vaugneray, cette chapelle dépendait de celle de Courzieu ; elle était très fréquentée.

Voici ce qu'en dit Allut, en parlant du culte de saint Clair, à Brignais : « Je ne sais si les habitants des environs, menacés de cécité ou atteints d'ophtalmie, y viennent en pèlerinage, comme je les ai vus se rendre à un petit oratoire, isolé sur la cime des montagnes d'Yzeron, consacré aussi à saint Clair, et qui ne reste debout que grâce à la confiance des bonnes gens,

---

(1) La plus ancienne mention de ce nom, qui porte cependant *Corziacus*, ne détruirait pas tout à fait notre opinion. La dévotion à saint Clair serait donc venue d'un jeu de mots (?).
(2) *Lyon-Revue*, publié sous la direction de M. E. Desvernay.
(3) *Almanach histor.* de Lyon, 1760.

qui y affluent en certains jours de l'année et y déposent leurs offrandes (1). »

Dans les archives de la cure de Courzieu il y a plusieurs comptes non datés, mais qui doivent remonter à l'époque du rétablissement du culte, lors du Concordat. Nous y voyons, en effet, à la suite d'une liste de 180 à 200 souscripteurs : « Pour l'acquisition de la chapelle Saint-Clair, montée y compris le contrat 10 francs. Pour trois pins acquis de la veuve Roux, 14 francs, etc. » Suivent les détails d'un autre compte où « Henri Aguetant, dit Courrier, a fait faire la grande porte de la chapelle de Saint-Clair à ses frais et il a fourni les planches, Jacques Héritier et Pierre Ogier l'ont faite, elle est estimée y compris le ferage qui a esté fait par Martin Farja avec une clé qu'il a fait et dont il n'a voulu aucun payement.... » On trouve encore des listes de souscripteurs des communes d'Yzeron, de Vaugneray et d'autres plus importantes des habitants de Courzieu.

La grande altitude empêchait d'y aller le jour de la fête du saint, on y montait principalement le jour de saint Roch. Cette chapelle qui a commencé à tomber vers 1840, était encore réparée en 1819 ; nous relevons à cette date la dépense suivante : « Payé un cadre d'une grille pour la chapelle Saint-Clair (7 février). »

Il est probable que l'éloignement de toute espèce d'habitation favorisait la cupidité de certains passants peu scrupuleux, à prendre parmi les matériaux ce qui leur était utile ; toujours est-il qu'il ne reste absolument rien de cette chapelle. L'emplacement qu'elle

---

(1) *Les Tard-Venus et la bataille de Brignais*. M. P. Allut, Lyon, 1859, p. 28.

occupait est à peine désigné par cinq trous de différentes grandeurs, autour desquels sont des amas de pierres et de briques cassées, dont l'ensemble occupe l'espace de 80 à 90 pas de circonférence. Trois de ces trous figureraient les absides, un autre plus grand la nef et le cinquième, un peu en dehors, la sacristie ou demeure de l'ermite ? Rien n'indique au touriste non informé l'ancienne destination de ces ruines informes qu'une antique dévotion avait cependant consacrées(1).

Le culte de saint Clair est conservé dans la nouvelle église de Courzieu qui a été consacrée vers la fin de l'année 1896. Ce bel édifice gothique, dont les ornements, chapiteaux, frises, etc., rappellent les fleurs et fruits du pays, a un vitrail (à gauche dans le chœur), dont le principal motif représente saint Clair guérissant un enfant aveugle. La paroisse possède aussi une parcelle des reliques du saint Abbé.

Curciat
(Département de l'Ain. — Diocèse de Belley.)

Lors de la visite pastorale de 1613, le cardinal de Marquemont ordonna d'enterrer au cimetière une statue difforme de Saint-Clair, et de faire les images de Saint-Laurent, premier martyr, et de Saint-Clair, avec une Notre-Dame, au milieu.

Dagnieu *(près Montluel)*
(Département de l'Ain. — Diocèse de Belley.)

Extrait du procès-verbal d'une visite pastorale, en 1655 : « Le troisième autel, du côté de l'Évangile, est

---

(1) Il serait à souhaiter qu'une croix soit placée en ce lieu ; l'endroit est tout indiqué par un petit carrefour gazonné qui se trouve au point de jonction de plusieurs sentiers.

dédié à saint Clair, dit des Barberets, sans fondation aucune, et est consacré.

Cette paroisse, actuellement du diocèse de Belley, fait partie de l'archiprêtré de Montluel.

Echalas
(Département du Rhône. — Diocèse de Lyon.)

Extrait du compte rendu d'une visite pastorale, en 1658 : « Du côté de l'Évangile, chapelle dédiée à saint Clair, sans fondation, ni service. »

Ce village est situé entre Condrieu et Saint-Andéol ; il fait partie de l'archiprêtré de Givors.

Ecotay
(Département de la Loire. — Diocèse de Lyon.)

Extrait du procès-verbal d'une visite pastorale, en 1662 : « Il y a trois reliquaires, un de cuivre et deux en bois. Les principales reliques sont de saint Clair, de saint Pancrace et de saint Étienne. »

Cette paroisse fait partie de l'archiprêtré de Notre-Dame de Montbrison.

Epercieux
(Département de la Loire. — Diocèse de Lyon.)

Pouillé du xiiie siècle : *In archipresbyteratu de Neyronda. Ecclesia d'Esparceu. Nomen patroni, prior de Randans.*

Pouillé du xve siècle : *In archipresbyteratu Nigre Unde. Ecclesia d'Esperceu.* Aux xvie et xviie siècles : *Ecclesia de Parcieu.* Pouillé général de la fin du xviiie siècle : Le prieur de Randans nomme encore à la cure, l'abbé d'Ainay jouissait de la dîme (1).

---

(1) *Almanach histor. de Lyon*, 1760.

Les notes manuscrites de l'abbé Duguet, curé de Feurs, décédé en 1724, qui ont été publiées par la Société d'Archéologie de Montbrison « la Diana », indiquent l'Assomption et Saint-Clair comme vocables de cette paroisse, qui est actuellement dans l'archiprêtré de Feurs. Le prieur de Randans nommant à la cure, il n'y a rien d'étonnant qu'il ait imposé l'antique vocable de cet ancien prieuré, que l'on croyait mère-église de Feurs.

Voici ce que nous lisons dans Ogier : « La petite église d'Epercieux ne fut d'abord qu'une chapelle sous l'invocation de saint Clair, à l'usage des habitants du château qui était attenant, et dont le corps principal fut démoli en 1772. On se rendait à cette chapelle des contrées circonvoisines (1). » On ne peut pas toujours s'en rapporter à cet auteur que nous avons souvent pris en flagrant délit d'inexactitude : nous le citons pour mémoire.

Cette paroisse qui dépendait de la châtellenie de Cleppé, s'appelle actuellement Epercieux-Saint-Paul. L'ordo indique encore l'Assomption, comme premier vocable.

Francheville-le-Haut
(Département du Rhône. — Diocèse de Lyon.)

Il y a au presbytère de la paroisse de Francheville-le-Haut une statue de notre saint qui peut remonter au commencement de ce siècle. Cette statue a été tirée récemment du grenier, où elle avait été reléguée. Elle représente, comme en plusieurs endroits, saint Clair tenant un plateau sur lequel sont placés deux yeux. Il y avait donc, en cette paroisse, une ancienne

---

(1) Ogier. *La France par cantons.*

dévotion envers saint Clair ; mais presque personne aujourd'hui n'en a gardé souvenance. Cette dévotion avait dû prendre naissance à la suite d'un pèlerinage à Brignais, ou à l'ermitage de Saint-Clair, au-dessus de Courzieu (1), le village de Francheville se trouvant placé entre ces deux localités.

Gorrevod
(Département de l'Ain. — Diocèse de Belley.)

Extrait du compte rendu d'une visite pastorale, en 1656 : « En la nef, du côté de l'Évangile, a été bâtie une chapelle voûtée dite de Saint-Clair ; elle est desservie par les chanoines de Pont-de-Vaux. » Cette chapelle existait déjà, en 1613.

Cette paroisse faisait autrefois partie de l'archiprêtré de Bagé ; le chapitre de Pont-de-Vaux nommait à la cure. Elle est actuellement dans le diocèse de Belley, et de l'archiprêtré de Pont-de-Vaux.

Grenieu
(Département de la Loire. — Diocèse de Lyon.)

Extrait du procès-verbal d'une visite pastorale, en 1662 : « Grenieu est un hameau avec chapelle, situé à demi-quart de lieue de l'église de Nervieu. Il a un petit chef d'argent qui contient des reliques de saint Clair. »

Ce hameau, qui fait toujours partie de la paroisse de Nervieu, est situé sur les bords de la Loire, en face de Balbigny. Si l'on admet que le fleuve a été la voie naturelle, par où le culte de saint Clair s'est répandu au nord, Grenieu est la quatrième station en descendant son cours, où il était vénéré. Montrond,

---

(1) Voir ce nom.

Randans, Epercieux et Grenieu, sont des localités situées à une courte distance l'une de l'autre.

Grézieu-le-Marché
(Département du Rhône. — Diocèse de Lyon.)

Extrait d'une visite pastorale, faite en 1469 : « *Fiat vitrina in reliquiario sancti Clari.* » Le culte de saint Clair à Grézieu-le-Marché a dû venir par Chazelles, paroisse voisine.

Grigny
(Département du Rhône. — Diocèse de Lyon.)

Nous lisons dans Collombet (1), que saint Clarentius, archevêque de Vienne, d'après un fait cité dans le martyrologe d'Adon, tira saint Clair de la principale maison des moines de Grigny et le fit abbé du monastère de Saint-Marcel, à Vienne (2). Le fait devait se passer avant 625, date de la mort du vénéré pontife saint Clarentius.

Il y avait, en effet, autrefois, un monastère très florissant à Grigny, où on a compté jusqu'à 400 moines (3). On croit qu'il avait été fondé par les archevêques de Vienne (4), et dès le milieu du ve siècle, il méritait, au jugement de Sidoine Apollinaire, d'être mis en parallèle avec celui de Lérins. Le seul vestige qu'il en reste encore aujourd'hui, est un endroit qu'on appelle l'abbaye (5).

L'existence des monastères de Grigny ne fait pas un

---

(1) *Histoire de la sainte Eglise de Vienne*, t. I, p. 220.
(2) Apud Bolland, xxv april., p. 373. — Cf. Tome Ier, Ire partie, ch. III.
(3) *Hist. de l'Eglise gallicane* du père Longueval, tome II, p. 108. — Voir Tome Ier, Ire partie, ch. II.
(4) Grigny faisait cependant partie du diocèse de Lyon. D'après les plus anciens pouillés, l'abbé d'Ainay en était patron.
(5) *Almanach hist. de Lyon*, 1760.

doute. On sait qu'ils furent détruits par les Sarrasins, au commencement du viiie siècle. Après avoir fait un horrible carnage des moines, comme à Lérins, ils ne laissèrent pas pierre sur pierre de tous les bâtiments.

Ce village, situé sur le bord du Rhône, était dans une position ravissante. La vue s'étendait principalement sur le Mont-Pilat au midi, dont les derniers contreforts viennent baigner les courbes du Rhône, entre Sainte-Colombe-lès-Vienne et Givors. Les fumées des usines de cette petite ville très industrielle, enlèvent un peu de poésie au site que l'on pouvait admirer du temps des moines.

Actuellement, il ne reste à Grigny aucun souvenir du culte de saint Clair. La nef de l'église est du xvie siècle ; elle a dû subir plusieurs remaniements depuis ; mais l'abside paraît très ancienne (1).

Elle est malheureusement recouverte de peintures modernes, accompagnées d'un badigeon qui cache l'appareillage des pierres. Une expertise attentive peut seule indiquer sûrement la date de sa construction.

LAY
(Département de la Loire. — Diocèse de Lyon.)

Pouillé du xiiie siècle : *De archipresbyteratu de Roaneis. Ecclesia de Lay. Nomen patroni, prior de Rigneu.*

Pouillé du xive siècle. *Ecclesie de Lay, 15 libras.*

Pouillé des xvie et xviie siècles : *Ecclesia de Lay* (2), *prior Rigniaci.*

---

(1) Les braves gens du pays disent naïvement que saint Pothin a dit la messe dans cette église. Le fait, quoique vraisemblable, est difficile à prouver. Il ne faut pas oublier cependant que la voie romaine, de Vienne à Lyon, par où a dû souvent passer notre premier apôtre lyonnais, traversait le territoire de la paroisse de Grigny.

(2) Un autre pouillé ajoute comme annexe *Saint-Symphorien*. Note d'A. BERNARD.

Pouillé général du xviiie siècle : Lay, annexe de Saint-Symphorien-de-Lay, archiprêtré de Roanne.

Cette intéressante localité était une petite ville murée, siège d'une quatrième prévôté du Beaujolais. La châtellenie comprenait le bourg, des parcelles de trois ou quatre paroisses voisines et la plus grande partie de celle de Saint-Symphorien-de-Lay qui était cependant chef-lieu paroissial, Lay n'étant qu'annexe.

Parmi les cinq foires, une des plus fréquentées était celle de Saint-Clair. Ce jour-là, comme tous les lundis, jours de marché, il y avait un bureau ouvert pour la visite et la marque des toiles.

Le cartulaire de Savigny fait mention du *castellum* de Lay vers 1070. Mais il n'y a pas de traces du vocable avant la fin du xvie siècle, lors d'une visite de l'archiprêtre de Roanne, à la date de 1596, du procès-verbal de laquelle nous extrayons le passage suivant, en respectant l'orthographe primitive : « Nous sommes transportez dans la ville de Lay à la manière accoustumée, avons faict visitte de une chappelle et esglize appelée la chappelle Sainct-Clair et apprès sommes allé en la chappelle Nostre-Dame de l'Hospital hors la ville, lesquelles esglizes et chappelles nous avons trouvé en bon estat deub, mesmes tout ce qui est nécessaire pour le service divin et administration des sainctz sacremens. »

Dans une visite en 1614, le vocable était Saint-Héand, mais il y avait l'autel Saint-Clair. Nous empruntons le passage suivant au procès-verbal d'une autre visite, celle de Mgr Camille de Neuville, en 1660 :

« Lay est un bourg, clos de murailles, éloigné de Saint-Symphorien d'environ mille pas ; il y a quelques maisons près et autour de l'enceinte et quelques autres éparses aux environs.

« Au milieu du bourg est une église dédiée à saint Clair et saint Eugende (saint Héand) que les habitants prétendent être une annexe de Saint-Symphorien et le curé une simple chapelle.

« Outre le grand autel, il y en a deux contre les barreaux qui séparent la nef du chœur ; celui du côté de l'épître est dédié à saint Clair, sans dotation. L'autre autel est à l'honneur de la Vierge, sans dotation aussi. »

D'une lettre de M. l'abbé Lafond, curé de la paroisse, en 1882, nous empruntons les passages suivants :

« De temps immémorial, Lay a saint Clair pour
« patron, car personne ici ne se souvient d'en avoir
« fêté un autre, même avant 1820, époque où l'église,
« qui jusque-là n'avait été que chapelle vicariale, fut
« érigée en succursale. Nous n'avons qu'une toute
« petite relique, donnée par l'archevêché, le 8 février
« 1838, à M. Fayolle, alors curé de la paroisse de
« Lay.

« On invoque saint Clair pour recouvrer la vue.
« C'est ainsi que de temps en temps pendant l'année,
« je reçois des messes en l'honneur de saint Clair,
« pour dire à cette intention. Du reste, la statue du
« saint que j'ai dans mon église le représente tenant
« à la main un plateau sur lequel se trouvent deux
« yeux.

« Le premier lundi de janvier, il y a dans ma
« paroisse, une foire connue sous le nom de foire
« de Saint-Clair. Je dis la messe à onze heures,
« les reliques du saint sont exposées ; après la messe,
« je les fais vénérer aux personnes présentes qui

« remplissent à peu près l'église et qui pour la plu-
« part sont étrangères à la localité. »

L'église est d'un faux style Renaissance. Avec son clocher à dôme octogonal placé sur une base carrée, elle ne dit absolument rien à l'extérieur, mais elle rachète hardiment par le goût de sa décoration intérieure la mauvaise impression produite au premier abord.

Cette paroisse fait actuellement partie de l'archiprêtré de Saint-Symphorien-de-Lay.

Lentilly
(Département du Rhône. — Diocèse de Lyon.)

D'après l'annuaire de Lyon de 1876, il y a foire le 2 janvier, fête de Saint-Clair.

Lérigneux
(Département de la Loire. — Diocèse de Lyon.)

Extrait du procès-verbal d'une visite pastorale, en 1662 : « Un des deux autels de chaque côté du chœur, est dédié à saint Clair. »

Cette paroisse, située dans les montagnes du Forez, sur les confins de l'Auvergne, fait partie de l'archiprêtré de Montbrison. Ne pas confondre avec Lézigneux, autre paroisse du même archiprêtré, mais située plus près de la plaine du Forez, entre Saint-Thomas-la-Garde et Ecotay.

Lissieu
(Département du Rhône. — Diocèse de Lyon.)

Dans l'église paroissiale de Lissieu, il y avait l'autel de Saint-Clair, lors de la visite pastorale de Mgr Camille de Neuville, en 1657.

Lyon-Ville

§ *1*. *La primatiale Saint-Jean*. — *Les Cordeliers de Saint-Bonaventure*. — *Le Tiers-Ordre de Saint-François de la Guillotière*. — *Saint-Pierre-le-Vieux*. — *Saint-Pierre-les-Nonains*. — *Les Pénitents de Lorette*.

Le deux janvier, jour de Saint-Clair, était férié pour toutes les cours de Lyon (1). Il y avait une livraison fondée à l'église primatiale de Saint-Jean. Il y avait de plus indulgence plénière aux Cordeliers de Saint-Bonaventure et à ceux de l'Observance ; dans la chapelle dudit saint, proche le Rhône, dévotion et pendant l'octave, le livre de la confrérie y demeurait ouvert. Il y avait encore indulgence pendant sept ans et autant de quarantaines dans l'église des religieux du tiers-ordre de Saint-François de la Guillotière pour ceux qui sont de la confrérie de Saint-Roch et à Saint-Pierre-le-Vieux, aux Pénitents de la Croix, indulgence plénière et exposition du saint Sacrement, huis ouvert (portes ouvertes), bénédiction après vêpres, et à Saint-Pierre-les-Nonains, la veille et le jour, bénédiction. Le jour de Saint-Clair, indulgence plénière accordée par Mgr l'archevêque dans l'église des Pénitents de Lorette, où sont honorées les reliques de saint Clair, exposition des reliques (2).

Les verriers avaient pour patron saint Clair, ils s'étaient associés aux peintres pour fonder une chapelle dans l'église des Cordeliers de Saint-Bonaventure. Cette chapelle, qui est actuellement sous le vocable de Saint-François d'Assise, est la seconde à main gauche donnant sur une des basses nefs.

---

(1) *Almanach hist. de Lyon*, 1711.
(2) *Almanach hist. de Lyon*, 1398 et 1733.

Saint Clair était un des patrons secondaires de l'église abbatiale et paroissiale de Saint-Pierre-les-Nonains, à cause de la recluserie de ce nom unie à la crosse abbatiale qui y était située. Le jour de la fête du saint, ses reliques étaient exposées à l'exclusion de toutes les autres, l'abbesse pouvait commettre deux prêtres revêtus de l'étole pour recevoir les oblations qui lui appartenaient, sans que le curé de la paroisse eût le droit d'y prétendre. Ces reliques consistaient principalement en un œil enchâssé en argent (1).

Il n'est rien resté du culte de saint Clair dans la paroisse de Saint-Pierre de Lyon, il y a tout au plus une parcelle de relique avec plusieurs autres dans le même reliquaire. Le culte qui y était venu avec les religieuses à cause de la recluserie est parti avec elles sans que le curé de la paroisse en fasse aucune mention.

§ 2. *Recluseries et chapelles.*

On attribue généralement la fondation des recluseries de Lyon à saint Eucher. Il n'est pas prouvé qu'il n'en ait pas existé avant lui, mais il réglementa cette institution qui était assez conforme au genre de vie qu'il avait mené avant d'être évêque de Lyon.

Ces établissements consistaient ordinairement en une ou plusieurs cellules attenantes à un oratoire ou chapelle, accompagnées d'une pièce de terre, vigne ou verger, le tout hermétiquement fermé et clos de murs (2). La recluserie avait trois fenêtres ou lucarnes, la première communiquait avec la chapelle par où le reclus s'il était laïque entendait la messe, s'il

---

(1) *Calendrier spirituel de Lyon*, 1698.
(2) *Les Recluseries de Lyon*, M. C. Guigue, Lyon, 1887.

était religieux il pouvait être autorisé à la dire dans sa cellule ; la seconde, à hauteur d'appui, servait à l'introduction de la nourriture journalière et des aumônes que des âmes charitables lui donnaient ; la troisième lui communiquait le jour et la lumière de l'extérieur. Le reclus faisait un long noviciat, après lequel il était enfermé solennellement. Il n'était pas tenu au silence et pouvait, par la fenêtre des provisions, communiquer avec les personnes qui se présentaient à l'extérieur et les édifier par de pieux discours. La journée était consacrée à la prière, à la lecture, à la méditation de l'Ecriture-Sainte et au travail manuel. Ce genre de vie traversa tout le moyen-âge, puis il se relâcha de plus en plus et disparut presque totalement au xvie siècle (1).

Parmi les onze recluseries de Lyon, une des plus célèbres était celle de Saint-Irénée ou Saint-Clair du Griffon. Elle avait été d'abord sous le vocable de Sainte-Blandine, puis sous celui de Saint-Irénée jusqu'au xiiie siècle, ensuite sous celui de Saint-Irénée et Saint-Clair (2) et enfin sous celui de Saint-Clair. *(S. Clarus juxta Rodanum, S. Clarus ultra le Griffon, etc.)*

Les reclus recevaient chacun une aumône de trois ânées de seigle par an et dix deniers par semaine ; ces dons, qui remontaient à la plus haute antiquité, leur furent confirmés en 1359 par l'archevêque Guillaume de Thurey.

« Au monastère de Saint-Pierre, l'abbesse étant

---

(1) Voir la *Vie de S. Eucher*, par le R. P. Gouilloud, Lyon, 1881, p. 369 et suiv.

(2) Elle est le plus souvent désignée sous le nom de chapelle Saint-Clair, ancienne recluserie de Saint-Irénée, ce qui tendrait à prouver qu'elle ne l'était plus lorsque le vocable de Saint-Clair a prévalu.

patronne de la recluserie de Saint-Clair, les postulants se présentaient devant le grand autel de l'église du monastère, et là, à genoux, en présence de toute la communauté, ils se vouaient, eux et tous leurs biens, à l'abbaye et à la recluserie, promettant d'être obéissants à l'abbesse comme une de ses religieuses. Ils juraient aussi de lui faire connaître tous leurs biens. Après cela, au son d'un joyeux carillon de cloches, les religieuses, rangées en une longue procession, à laquelle étaient conviés les habitants de la paroisse, les conduisaient publiquement du monastère à la recluserie, en chantant les litanies, et les instituaient en grande solennité (1). » Le document auquel ces détails sont empruntés est du xv⁰ siècle, il figure dans les pièces justificatives de l'ouvrage cité plus haut (2).

(1) *Recherches sur les recluseries de Lyon*, M. C. Guigue, Lyon, 1887.

(2) Item quod de usu, more et consuetudine dicti monasterii ab antiquissimis temporibus aut memoriam hominum excedentibus consuevit observari talis forma in instituendo recluso in ipsa recluseria, quod ipsi reclusi ibidem instituendi consueverunt venire ante altare magnum dicti monasterii et ibidem, coram dominis abatissis qui pro tempore fuerunt, et coram domina abatissa moderna, necnon in presentia omnium dominarum monialium ipsi reclusi instituendi, genibus flexis, se novunt et novere consueverunt ac se et sua dedicant eidem monasterio et recluscrie atque promittere, et jurare consueverunt ipsi reclusi esse boni et obedientes eidem domine abbatisse, quemadmodum una de suis monialibus, et jurant ac jurare consueverunt revelare omnia bona sua quecumque in vita et in morte eidem domine abatisse, ad opus dicte abatialis dignitatis recipiendi ; quo facto cum pulchro sonitu campanarum bandeando cum magna processione, omnibus dominabus monialibus processionaliter incedentibus, et cum tota parrochia publice consueverunt ducere de dicto monasterio apud dictam incluseriam cantando litaniam, et ibidem cum magna solempnitate instituuntur ipsos inclusos.

Item et similiter cum tali solempnitate, ut supra dictum, ab antiquissimis temporibus consueverunt facere alie ecclesie Lugdunenses, ut ecclesia sancti Pauli in recluseriis sancti Ipipodii, sancti Bartholomei et sancti Vincentii, et ecclesia sancti Yrenei et Atanacensis et alie ecclesie habentes recluserias, et ita generaliter consuevit observari et de consuetudine generali in talibus casibus observando. » — Original, Archives du Rhône, titres de Saint-Pierre non classés.

La recluserie de Saint-Clair était donc unie à la crosse abbatiale de Saint-Pierre. L'abbesse nommait le prébendier et touchait les oblations le jour et le lendemain de la fête du saint patron (1er et 2 janvier). Cette chapelle, qui ne contenait plus de reclus à la fin du xvie siècle, n'était ni annexe, ni paroisse ; néanmoins, à cause de l'éloignement de l'église paroissiale, elle n'était pas sujette à fermer les dimanches et fêtes comme d'autres chapelles dépendant dudit monastère (1). Les deux plus anciens prébendiers dont les archives de l'abbaye nous aient conservé le nom ne remontent pas au delà du milieu du xvie siècle (2).

A la date de 1563, nous avons trouvé le procès-verbal de prise de possession par l'abbesse, à la suite de la profanation des Protestants. Ce petit établissement avait encore les dépendances connues sous le nom de jardin de Saint-Clair : « Me suis transportée avec mondict scribe en ladicte rue de la Recluserie Saint-Clair audict Lyon où illecq (ici) ledict Gymien m'a faict veue et demonstration oculaire au doigt et à l'œil d'une terre, jardin, vigne et petite loge joignant ensemble en ladicte rue de la Recluserie jouxte le chemin tendant du Griffon à la recluserie Sainct-Clair de matin, la place estant à présent creuze que souloit estre vigne appartenant audict recteur de Sainct-Cosme et Sainct-Damyan. Ledict chemin entre deux de vent jouxte l'autre chemin tendant dudict Griffon à la recluserie Sainct-Sébastien de soir et à la vigne d'Anthoine Ravallier de bize... »

---

(1) La chapelle de Saint-Côme et de Saint-Damien par exemple.
(2) Anthonni Pomerii, prêtre du diocèse de Vienne, est pourvu de la recluserie de Saint-Irénée ou Saint-Clair *prope flumen Rhodani infra nostram parrochiam Sti-Petri in hac civitate Lugduni... per obitum defuncti domini Francisci Chastagnier... ultimi reclusi seu rectoris nuper defuncti...* (1557).

A la date de 1620, nous voyons que « le boulevard Sainct-Clair » était déjà ouvert. A mesure que la dévotion au saint se perdait, son nom, qui a envahi tout le quartier, tendait à se généraliser (1). Ce boulevard était situé sur le bastion des remparts, entre ceux-ci et la montée des Fantasques, il communiquait au « bastion de Sainct-Clair » qui dominait le fleuve.

Dans l'acte de nomination, à la date de 1618, d'Antoine Velin, à la collation de la chapelle de Saint-Clair ou recluserie ancienne, dite de Sainl-Irénée, il est bien stipulé que cette chapelle, n'ayant aucun revenu, ne pouvait être bénéfice. C'était une simple chapelle de dévotion où il n'y avait pas de service fixe. La vigne qui y était attenante pouvait être de trois ou quatre hommes (2) environ ; le tout ne pouvait être considéré comme bénéfice puisque les reclus qui y étaient autrefois ne possédaient rien et vivaient seulement d'aumônes que leur donnaient des âmes charitables qui se recommandaient à leurs prières.

Parmi les fondations de la chapelle de Saint-Clair, il y en a une qui montre la vénération avec laquelle les religieuses de Saint-Pierre la tenaient. C'est celle de l'abbesse Anne de Chaulnes qui avait donné une rente ou pension annuelle de 150 livres pour une fondation de messes changées après son décès en messes de morts, à être dites par le prêtre qui possède et possèdera la chapelle de Saint-Clair. Entre autres cérémonies énoncées dans l'acte, on dira le *Mediatrix*

---

(1) Messire Antboine Vellen, prebtre demandeur en maintenue de possession de la chapelle, rectorie ou recluserie de Sainct-Clair, scituée en ceste ville de Lyon, près le boulevard du Rosne, desnommé le boulevard Sainct-Clair.

(2) On appelait ainsi ce qu'un homme pouvait faire dans une journée de travail.

avec l'antienne et l'oraison de saint Clair pour demander à Dieu la rémission des péchés de ladite dame (1671).

Nous extrayons d'un acte de nomination, à la date du 6 décembre 1670, le passage suivant : « Au devant la grande porte de la chapelle Sainct-Clair, près les meurs de ceste ville de Lyon, dépendant du monastère royal Sainct-Pierre les Nonains dudict Lyon, est comparu Père François Gautheron, de l'ordre de Sainct-Benoît... » Suivent les cérémonies habituelles d'installation. La dénomination de grande porte que l'on donnait à l'entrée de cette petite chapelle devait être exagérée, car nous avons retrouvé ses dimensions dans un plan cadastral de tous les terrains dépendant de l'ancienne paroisse de Saint-Pierre (1) où elle formait un rectangle de 45 pieds de long sur 19 de large. Dans ce plan, qui remonte aux années 1755 et 1756, elle est enclavée dans de nouveaux bâtiments de deux côtés. La montée des Fantasques, qui existe encore actuellement, la limitait au nord ; sa façade principale donnait sur la place Saint-Clair actuelle. Le mur du boulevard Saint-Clair bordait la montée des Fantasques de l'autre côté. Les jardins et dépendances avaient dû être compris dans l'adjudication des terrains donnés à Jacques-Germain Soufflot et Melchior Munet, architectes, pour le prolongement du nouveau port et abreuvoir du quartier de Saint-Clair.

Avant l'accomplissement de ce projet des quais du Rhône, le fleuve faisait un coude sur le jardin de l'ancien grand séminaire et venait baigner le chemin de Saint-Clair qui occupait l'emplacement de la rue d'Al-

---

(1) Fonds de Saint-Pierre : Archives du Rhône, plan n° 1.

sace. Ce chemin de Saint-Clair était un chemin de ronde des remparts de la ville qui le bordaient. Peu à peu le lit du fleuve s'engrava et l'on songea à transformer le quartier. De sorte que tout l'îlot compris entre la rue d'Alsace et le quai Saint-Clair, formé par la rue Royale et les rues transversales, est gagné sur le cours du Rhône.

Ce projet, qui avait reçu un commencement d'exécution jusqu'au quai de Retz en 1738, ne dut s'achever qu'à la suite de longues formalités qui ne prirent fin qu'en 1778 ; mais il est probable que l'on passa outre, car les architectes devaient exécuter les ouvrages desdits ports et abreuvoirs dans l'espace de cinq années à compter du 1er janvier 1750 (1). Dans ce projet était comprise l'ouverture d'une avenue qu'on projetait de faire déboucher au bastion de Saint-Clair pour éviter la descente rapide de la Croix-Rousse. C'est l'ouverture du cours d'Herbouville qui ne fut exécuté que plus tard.

En 1786, Meinier, prêtre, qui avait vécu retiré au séminaire de Saint-Pothin (2), signait ancien aumônier de Saint-Clair.

§ 3. *Paroisse de Saint-Clair.*

Le 18 décembre 1809 fut bénie la nouvelle chapelle de Saint-Clair érigée très rapidement sur la grande route de Lyon à Bourg, au faubourg de Bresse qui prenait le nom de faubourg de Saint-Clair. Elle était située à trois kilomètres environ à l'est de l'emplacement de l'ancienne recluserie de ce nom et dépendait

---

(1) En 1778, le port Saint-Clair est qualifié de nouveau port Saint-Clair.
(2) Le séminaire de Saint-Pothin qui servait aux prêtres infirmes de maison de retraite était installé à l'Ile-Barbe ; il fut supprimé en 1783.

de la paroisse de Caluire, archiprêtré de Neuville. Le 16 mars 1820 elle fut érigée en succursale par ordonnance du roi et dut recevoir un vicaire presque aussitôt après, puisqu'en 1822 son traitement était déjà payé. Elle était d'une grande étendue, comprenant presque toute la longueur du cours d'Herbouville (1) et de la grande rue de Saint-Clair. La largeur était minime, étant limitée d'un côté par le Rhône et de l'autre par le plateau de la Croix-Rousse.

En 1840 eut lieu la création de la paroisse de Saint-Eucher, située entre celle de Saint-Clair et l'ancienne recluserie. Par une heureuse coïncidence, cet illustre évêque de Lyon qui avait fondé les recluseries, devenait patron d'une paroisse dans laquelle se trouvait l'emplacement d'une de ces recluseries les plus célèbres. En effet, la nouvelle paroisse de Saint-Eucher dont l'église est située vers la place de la Boucle, est encadrée entre le quai Saint-Clair et la nouvelle paroisse de ce nom. Ses limites au nord sont la montée de la Boucle, la rue de la Claire, la rue de la Margniole et la montée ou le chemin du petit Versailles. M. Donon a été desservant de Saint-Clair (1834-1869).

La petite chapelle de Saint-Clair était insuffisante. En 1852 on songeait déjà à l'agrandir. On dut cependant patienter jusqu'en 1874, époque où une âme charitable fit la donation d'un terrain pour construire une nouvelle église. Malgré sa bonne et louable intention, elle s'aliéna presque tous les habitants de la paroisse, parce que l'emplacement imposé par elle était beaucoup trop éloigné du centre. L'église était reportée à plus d'un kilomètre du côté de la nouvelle

---

(1) M. d'Herbouville, préfet du Rhône (1805-1810), avait complété le projet du quai du Rhône en coupant le bastion de Saint-Clair.

Planche II.

LA NOUVELLE ÉGLISE DE SAINT-CLAIR, A LYON
COURS D'HERBOUVILLE

PROJET DE LA FAÇADE PRINCIPALE
Architecte : M. SAINTE-MARIE PERRIN

église de Saint-Eucher. Néanmoins, comme cette donatrice en faisait les frais, les constructions marchèrent vite, et en 1877 l'église put être livrée au culte. Cette nouvelle église est l'œuvre de M. Sainte-Marie Perrin, l'habile interprète de Bossan, l'architecte de la basilique de Fourvière. Elle comprend trois nefs de quatre travées séparées par des colonnes auxquelles devront s'ajouter plus tard les transepts, l'abside, le clocher et un porche monumental tenant toute la largeur de la façade principale. Nous devons à l'obligeance de M. le Curé de Saint-Clair, qui a bien voulu nous prêter le projet, la reproduction de cette façade (1). Un escalier de dix-sept marches y accédera. Comme elle est nécessairement en retrait de l'alignement du cours d'Herbouville, elle devra être complètement dégagée des maisons qui l'entourent actuellement, afin de dévoiler la perspective que le plan géométral présenté au lecteur ne peut indiquer.

La paroisse ne possède qu'une relique minime du saint patron ; elle est exposée le jour de la fête, qui était un jour de pèlerinage très suivi, avant la construction de la nouvelle église. Le déplacement de celle-ci a dérouté un peu les pèlerins. De nombreuses indulgences y avaient été attachées par un bref de Grégoire XVI, accordé à perpétuité, le 25 septembre 1831 :

1° Pour tous ceux qui s'étant approchés des sacrements, visiteront cette église et y prieront pour l'extension de la foi, indulgence plénière le jour de la fête patronale, chaque jour de l'octave, chaque premier samedi du mois, et toutes les fêtes de la bienheureuse Vierge Marie.

2° Pour tous ceux qui seulement feront une visite

---

(1) Voir la photogravure ci-contre.

et prieront pour la foi, une indulgence partielle de vingt ans, avec autant de quarantaines les autres samedis de chaque mois, et de sept ans, avec autant de quarantaines tous les autres jours de l'année (1).

Actuellement, les pèlerinages se réduisent à rien ; on continue cependant à faire vénérer la relique et à célébrer huit ou dix messes dans la matinée du 2 janvier.

Nous aurions encore des choses bien intéressantes à raconter sur cette petite chapelle de Saint-Clair qui, quoique détruite, a donné son nom à tout un quartier de notre grande ville, mais nous nous réservons d'en parler plus longuement dans une édition populaire spéciale pour le diocèse de Lyon.

MACLAS
(Département de la Loire. — Diocèse de Lyon.)

Cette paroisse faisait autrefois partie du diocèse de Vienne, archiprêtré de Condrieu ; le chapitre de Saint-André-le-Bas de Vienne nommait à la cure et jouissait de la dîme.

Dès le vi^e siècle, Maclas était le chef-lieu de l'*Ager Matisclacensis*, une subdivision du *pagus Viennensis*. L'*Almanach historique de Lyon* indique saint André comme vocable en 1760 ; néanmoins, comme il y avait une foire considérable le 2 janvier, il est permis de croire que le culte de saint Clair y existait de toute ancienneté.

Pendant la Révolution, Jean-Antoine Mathivet, curé de Maclas, avait refusé énergiquement le serment schismatique, il fut martyrisé à Lyon le 29 janvier

---
(1) Extrait de la *Semaine catholique* de Lyon, 1868.

1794. Il était natif de Saint-Chamont, et n'avait pas quitté sa paroisse, puisqu'il est porté dans l'acte d'accusation comme prêtre réfractaire, étant domicilié à Maclas, fanatisant les campagnes, c'est-à-dire continuant à exercer son ministère avec zèle.

La paroisse fait actuellement partie du diocèse de Lyon, archiprêtré de Pelussin. Saint Clair en est le premier patron ; il y a une petite parcelle d'ossement de ses reliques.

Marnand
(Département du Rhône. — Diocèse de Lyon.)

Cette paroisse, qu'il ne faut pas confondre avec Mornand, fait partie de l'archiprêtré de Thizy.

« Un des vitraux de l'église, construite d'après les plans de l'architecte Desjardins, représente un miracle opéré par saint Clair. Cette composition est remarquable et porte l'empreinte de naïveté et de grandeur que l'on admire dans les types des xiie et xiiie siècles ; les détails seulement sont trop épurés (1). »

Marols
(Département de la Loire. — Diocèse de Lyon.)

Extrait du compte rendu d'une visite pastorale, en 1662 : « Il y a un reliquaire d'argent, où l'on tient qu'il y a des reliques de saint Clair, de saint Pierre, de saint Pancrace et de sainte Agathe que nous avons vénérées. » Deux siècles auparavant, — en 1469, — lors d'une visite pastorale, une ordonnance voulait qu'on réparât le reliquaire de Saint-Clair. « *Reparetur reliquiarium Sancti Clari.* »

---

(1) Ogier. *La France par cantons.*

Cette paroisse fait partie de l'archiprêtré de Soleymieux.

MONTBRISON
(Département de la Loire. — Diocèse de Lyon.)

Un autel de l'église de Notre-Dame était placé sous le vocable du Saint-Sacrement et de Saint-Clair; il s'élevait contre le vitrail central de l'abside, au fond du chœur (1); la même église possédait des reliques de ce saint (2).

MONTFAVREY
(Département de l'Ain. — Diocèse de Belley.)

« Très ancien prieuré de Bénédictins, situé dans la paroisse de Saint-Nizier-le-Désert. Au XIIIe siècle, il ne comptait plus que quatre ou cinq moines et un prieur qui nommait aux cures de Samans et de Saint-Nizier. Claude Estiennot nous apprend qu'en 1678 il ne restait déjà que des ruines du prieuré de Montfavrey : « *Modo*, dit-il, *destructa est prioratus conventualis domus cujus videntur etiam nunc rudera, quæ probant alios ibi claustra et dormitorium monachos incoluisse.* » « L'église ou chapelle, dit aussi Mgr Camille de Neuville, dans le procès-verbal d'une visite diocésaine en 1654, qui est élevée sur une petite montagne, au milieu des bois et des étangs, est absolument déserte et abandonnée... Il y a beaucoup de dévotion le jour de Saint-Clair. »

« Les revenus de ce prieuré, qui étaient affermés 800 livres, furent unis, à la fin du XVIIe siècle, au collège de Thoissey. La chapelle de Montfavrey est située au sud du bourg (3). »

---

(1) *Chronique de N.-D. d'Espérance*, par Dom RENOU, p. 249 et suiv.; voir le plan des chapelles.
(2) Communication de M. Vincent DURAND.
(3) *Topographie historique du département de l'Ain*, M. C. GUIGUE.

Cette localité fait actuellement partie du diocèse de Belley, archiprêtré de Chalamont.

Montrond.
(Département de la Loire. — Diocèse de Lyon.)

Pouillé du xive siècle : *In archipresbyteratu Montisbrisonis. Ecclesia Montis Rotundi, 10 libras* (1).

Pouillé du xve siècle. *Ecclesia de Montriont, patronus, prior de Fabriciis* (Farges).

Pouillé du xvie et xviie siècle : *Ecclesia de Montrond* (2).

Pouillé du xviiie siècle : *Montrond, annexe de Meylieu, vocable saint Clair.*

Lors de la prise de ce château-fort par le baron des Adrets, en 1562, le seigneur guerroyant au loin, il ne comptait qu'une garnison de six hommes ; il y eut parjure, cruauté et actes plus odieux encore. Des Adrets fit tirer de son cercueil le corps du dernier seigneur qu'il traîna dans les champs. L'église de Montrond fut livrée au pillage et, comme on tardait trop à lui livrer les vases sacrés, le chef protestant faisait précipiter du haut du clocher le curé et le marguillier (3).

Le culte de saint Clair dut arriver de bonne heure à Montrond, car tout le long de la Loire on le suit pour ainsi dire pas à pas. Toutefois il n'y a aucune trace certaine du vocable avant la visite pastorale de 1658, époque, où la chapelle de Mouron (Montrond) partageait ce patronage avec celui de saint Thomas

---

(1) L'église de Montrond n'est pas mentionnée dans le pouillé du xiiie siècle ; elle devait dépendre au spirituel de Meylieu (Meylieu-Montrond). *Ecclesia de Mailliaco*, archiprêtré de Forez ; le patron était le prieur de Farges.

(2) *Cum annexa de Meley (Meylieu).*

(3) A. Vachez.

de Cantorbéry. Plus tard il y eut saint Roch, mais nous croyons que le culte le plus ancien des trois est celui de saint Clair.

La petite église dont le chœur paraît être du xve siècle est située au pied des ruines du château, entre le chemin de fer de Lyon à Montbrison et la grande route. Tandis que le désastre de celui-ci est complet, montrant seulement des pans de murailles, entrecoupées de vastes manteaux de cheminées-renaissance à tous les étages, derniers vestiges de son ancienne splendeur, l'humble maison de Dieu est encore debout. Les révolutions de toutes sortes, qui se sont accumulées sur cette puissante famille des d'Apchon, ont épargné leurs armes qui se voient encore dans le chœur de cette chapelle dont ils devaient être les fondateurs. — On peut lire dans le procès-verbal de la visite pastorale de 1658 : « Cette chapelle est dans l'étendue de la paroisse de Meylieu, elle est grande et spacieuse et assez fréquentée par les habitants circonvoisins, quoiqu'il n'y en ait qu'une partie qui soient de la même paroisse, les autres qui y sont attirés par le voisinage étant de celles de Marclopt et de Saint-André-le-Puy.

« Il y a une fondation de 36 livres par an en cette église par testament de feu dame Béatrix de Grolée, marquise de Saint-André, sur tous les biens du marquis de Saint-André, pour diverses prières pour le repos de son âme. » Le nombre des communiants qui habitaient autour de la chapelle était de 80 seulement (1).

---

(1) La statue de Saint-Clair se trouve encore dans le chœur. Par ignorance, sans doute, on le fait passer pour martyr, croyant qu'on lui a arraché les deux yeux qui sont sur un plateau.

Actuellement, la paroisse de Meylieu-Montrond fait partie de l'archidiaconé de Saint-Étienne, archiprêtré de Saint-Galmier.

Néty

(Département du Rhône. — Diocèse de Lyon.)

Pouillé du xiiie siècle : *Archipresbyteratus de Anse. Ecclesia de Naisteu (prioratus)*.

Pouillé du xive siècle: *Ecclesia de Nayte et Sancti-Stephani la Varenna, 20 libras*.

Pouillé du xve siècle : *Ecclesia de Noyete et S. Stephani la Varenna. Decima 20 libras, procurationes 46 sols*.

Pouillé du xvie et xviie siècle : *Prior de Neytiers et S. Stephani la Varenna*.

Pouillé général du xviiie siècle : Archiprêtré d'Anse, Néty, vocable Saint-Clair, dont le patron temporel est le prieur de Saint-Irénée de Lyon (1).

Il nous est impossible de contrôler le renseignement d'Auguste Bernard qui indique le vocable de Saint-Clair, dans le pouillé général du xviiie siècle, à la fin du IIe volume du Cartulaire de Savigny et d'Ainay. Cet auteur, très exact pour le travail d'archives, n'est malheureusement pas exempt d'erreurs pour les vocables. Ainsi qu'il l'explique lui-même dans cet appendice de son Cartulaire (2), il eut de grandes difficultés pour les connaître, ayant fait ce travail à une époque où l'ordo ne les indiquait pas.

Le prieuré était sous le vocable de Notre-Dame ; c'était un des bénéfices les plus importants des cha-

---

(1) Cette localité n'est aujourd'hui qu'un simple hameau de la paroisse de Saint-Étienne-la-Varenne dont nous parlons plus loin.

(2) Page 1008.

noines de Saint-Irénée, qui leur rapportait 1200 livres, en 1700 ; ils s'étaient élevés à 3000 livres. Il fut réuni à celui de Saint-Irénée, en 1741. Vers 1700, le prieur était M. l'abbé Desprez, doyen d'Aigueperse.

La possession de l'église de Saint-Étienne-la-Varenne avait été confirmée par une bulle du pape Eugène III au prieur de Saint-Irénée, le 16 décembre 1150 ; dans laquelle devait être comprise celle de Néty.

Les almanachs historiques de Lyon, ordinairement très détaillés, ne font aucune mention de vocable pour Néty. Celui de 1760 dit seulement que c'est un village, prieuré et paroisse dans le Beaujolais, qui dépend de la justice de la Chaise. Il ajoute que le prieuré a été réuni au séminaire de Saint-Irénée de Lyon. C'est une erreur ; c'est prieuré qu'il faut lire, ainsi que nous l'avons vu plus haut. Le curé était M. de la Roue. Celui de 1789 qui donne trois orthographes de ce nom (Neti, Netis ou Netiers) est encore moins détaillé. Il dit cependant que le prieur de Saint-Irénée de Lyon nomme au prieuré. Le prieur était le curé de Saint-Étienne-la-Varenne ; il ne donne pas le nom du curé de la paroisse.

Actuellement, on chercherait en vain la moindre petite chapelle rurale à Néty ; il y a seulement le château de Néty, au-dessous duquel est le petit Néty, situé entre les deux paroisses de Saint-Étienne-la-Varenne et Saint-Étienne-les-Oullières.

NEUVILLE-SUR-SAÔNE
(Département du Rhône. — Diocèse de Lyon)

Voir Vimy, ancien nom de cette paroisse, qui est actuellement le chef-lieu de l'archiprêtré, où se trouve la paroisse de Lyon-Saint-Clair.

Les Neyrolles
(Département de l'Ain. — Diocèse de Belley.)

Cette paroisse, annexe de Nantua, faisait partie de l'archiprêtré d'Ambronay. Aucune mention avant le xiii° siècle. Le village fut presque entièrement détruit par la peste au xvii° siècle ; il ne comptait plus que vingt communiants en 1668. L'église était sous le vocable de Saint-Clair ; le curé de Nantua percevait les deux tiers de la dîme de la paroisse, laissant l'autre tiers au vicaire qu'il devait y entretenir (1).

Extrait du procès-verbal d'une visite pastorale en 1655 : « Il y a une église à Lenevollaz (2) sous le vocable de saint Clair, annexe de Nantua, où le curé de Nantua fait administrer les sacrements par un prêtre. Toutes les fonctions curiales s'y font. »

Cette paroisse fait actuellement partie du diocèse de Belley, archiprêtré de Nantua.

Noailly
(Département de la Loire. — Diocèse de Lyon.)

Extrait du procès-verbal d'une visite pastorale, en 1660 : « A la muraille qui sépare la nef du chœur, il y a du côté de l'Épître l'autel de saint Clair. »

Cette paroisse fait actuellement partie de l'archiprêtré de Saint-Haon-le-Châtel.

Pavezin
(Département de la Loire. — Diocèse de Lyon.)

Pouillé du xiii° siècle : *In archipresbyteratu de Jaresio.*

---

(1) *Topographie historique du département de l'Ain.*
(2) On chercherait en vain ce nom qui est une mauvaise orthographe de Les Neyrolles.

Ecclesia de Plavaisins, nomen patroni, S. Petrus Viennensis.

Pouillé du xiv° siècle : *Ecclesia de Paveysins,* paye 15 livres de dîme.

Pouillé du xv° siècle : *Patronus, abbas S. Petri Forporta Viennensis.*

Pouillé du xvi° et xvii° siècle. *In archipresbyteratu Jariseii. Ecclesia de Pavezius.*

Pouillé général de la fin du xviii° siècle : Archiprêtré de Saint-Étienne : Pavezin, le vocable est Saint-Clair, le patron est le doyen de Saint-Pierre, de Vienne.

Cette paroisse était le siège d'une baronnie, dans le Lyonnais, diocèse de Lyon, que les Chartreux de Sainte-Croix acquirent par échange avec les comtes de Lyon ; néanmoins ceux-ci en conservèrent une partie. Du moment que l'abbé de Saint-Pierre de Vienne nommait à la cure, il n'y a rien d'étonnant à ce que le culte de Saint-Clair s'y soit propagé de très bonne heure, d'autant plus qu'il était associé à celui de Sainte-Blandine (1).

A la date de 1624 nous avons relevé le nom de Clair de Vanel au registre des sépultures; ce qui fait supposer que saint Clair était déjà patron (2).

Ce n'est que vers 1830 que Pavezin est redevenu paroisse officiellement reconnue. Le curé envoyé à l'époque du Concordat, ayant choisi l'église de l'ancienne chartreuse de Sainte-Croix, pour y exercer les fonctions curiales, les habitants de Pavezin, qui possédaient la mère-église, ne voulurent pas s'y rendre,

---

(1) Actuellement Sainte-Blandine a fait place à Saint-Roch ; non seulement on n'en parle plus, mais on n'en a même plus le souvenir.

(2) En 1594, c'était encore Saint-Jean-de-Pavezin. (Registre des Provisions ecclésiastiques.)

et payèrent généreusement un prêtre, pour desservir leur église.

Le village de Pavezin, peu groupé, est situé à trois kilomètres au-dessus de celui de Sainte-Croix (1), sur la route de Rive-de-Gier à Condrieu. Il est un peu en dessous du col du même nom, d'où l'on a une vue splendide sur la vallée du Rhône et les montagnes des Alpes de l'Isère. L'église n'a aucun caractère architectural, le chœur, plus ancien que la nef, est voûté, la statue de Saint-Clair en orne le fond.

Nous extrayons d'une lettre du curé de la paroisse, en 1882, le passage suivant : « Il y avait pèlerinage avant la grande Révolution. Les paysans de l'Ardèche et du Dauphiné appellent cela « faire le grand tour » car ils passent par Vienne. Nous n'avons qu'une relique ordinaire. »

Cette paroisse fait actuellement partie de l'archiprêtré de Rive-de-Gier.

Perreux
(Département de la Loire. — Diocèse de Lyon.)

La visite pastorale de l'évêque de Mâcon (en 1745), du diocèse de qui dépendait cette paroisse, avant la Révolution, mentionne une statue de Saint-Clair, placée sur un gradin de l'oratoire de l'hôpital de Perreux.

Poleymieux
(Département du Rhône. — Diocèse de Lyon.)

Extrait du procès-verbal d'une visite pastorale en 1657 : « Les vocables de l'église de Poleymieux sont

---

(1) Voir ce nom.

Saint-Clair et Saint-Victor. En la nef il y a deux autels sans fondation, l'un dédié au saint Rosaire et l'autre à saint Clair. »

Extrait d'une lettre du curé de la paroisse, en 1883 : « Saint Clair a été longtemps le second patron de la paroisse ; nous avons sa statue en grand et en petit dans un vieux retable d'autel. »

L'ancienne église qui était placée au sommet du village vers un col de la montagne, non loin du château, a été transformée en villa. La nouvelle église, construite en 1860, ne fait plus mention de saint Clair. Le retable, dont parle l'extrait ci-dessus, est relégué dans le coin d'une chapelle du transept gauche ; les statues de Saint-Clair sont mutilées et méconnaissables. Ce retable, qui a souffert des ravages de la Révolution, est en bois sculpté et doré d'un beau style Louis XIII.

Les comtes de Lyon nommaient à la cure de cette paroisse qui fait actuellement partie de l'archiprêtré de Neuville.

Pollionay
(Département du Rhône. — Diocèse de Lyon)

La paroisse possède une parcelle des reliques de Saint-Clair, placées dans un reliquaire qui a été doré depuis peu. L'authentique, qui est commun avec d'autres reliques, placées dans le même reliquaire, est aux armes du cardinal Caverot, et porte la date de 1880 : « *In theca ærea forma ovalis...* »

Cette paroisse fait partie de l'archiprêtré de Vaugneray.

Randans

(Département de la Loire. — Diocèse de Lyon.)

Pouillé du xiiie siècle : *De archipresbyteratu Forisii. Ecclesia de Randans (prioratus), nomen patroni, abbas de Saviniaco.*

Pouillé du xive siècle : *In archipresbyteratu Montisbrisonis. Ecclesia de Randans. 12 libras.*

Pouillé des xvie et xviie siècles : *In archipresbyteratu Montisbrisonis. Ecclesia de Randans* (1), *patronus prior loci.*

Ce hameau, qui n'est plus paroisse depuis fort longtemps, était encore en 1789 le siège d'un prieuré qui nommait à la cure de Feurs, ancienne capitale du Forez. Il revendiquait même l'honneur d'avoir été sa mère-église, ainsi qu'il est écrit dans le procès-verbal d'une visite pastorale, en 1662. A cette époque, elle était sous le vocable de Saint-Clair, mais nous trouvons une charte du cartulaire de Savigny, datant de l'an 1000 environ, où il est question de Saint-Jean de Randans, *in agro Forensi*.

D'un manuscrit de l'abbé Duguet, ancien curé de Feurs, mort en 1724, nous tirons le passage suivant, publié par la Société archéologique de Montbrison, « la Diana », en 1880 : « En 1457, Jean des Fossés, curé de Feurs dès l'année 1439, prend la qualité de curé de Randans.

« Après l'union, on a retenu à Randans l'usage d'y baptiser et d'y enterrer, sans que le curé de Feurs soit obligé d'y faire célébrer la messe les dimanches et fêtes, à la réserve des offices du Samedi-Saint et du samedi de la Pentecôte, qu'on lui paye.

---

(1) Dans un autre pouillé Randans ne figure que comme annexe de Feurs. Cette localité n'est plus mentionnée dans le pouillé général du xviiie siècle.

« Le prieuré de Randans était dédié à saint Martin et la paroisse à saint Clair, qui prétend en avoir des reliques dans un vieux reliquaire de cuivre doré ; j'y ai trouvé des ossements, mais sans authentique.

« J'ai entre les mains un vieux calice de plomb plutôt que d'étain, qui servait à la paroisse de Randans, dont l'inscription, que je crois fausse, porte qu'il a été fait en l'an mille onze. »

La coupole de l'église paroissiale de Randans est, d'après l'abbé Duguet, un ouvrage de structure romaine. Il n'y a rien d'étonnant à cela, car l'antique capitale des Ségusiens *(Forum Segusianorum)* est pleine de débris de constructions romaines...

M. Vincent Durand, secrétaire de « la Diana », pense qu'à l'époque de l'abbé Duguet, et même bien auparavant, l'église propre de la paroisse avait été détruite et le service paroissial transféré à un autel de Saint-Clair, dans l'église du prieuré. En tous cas, le culte de saint Clair devait y être très en honneur, car de Randans il s'était répandu à Epercieux, paroisse, à la cure de laquelle le prieur nommait.

Le hameau de Randans fait actuellement partie de la paroisse de Feurs.

Riorges
(Département de la Loire. — Diocèse de Lyon.)

« Prébende de la Ferrière, abbaye de Beaulieu, prieuré de Dames de l'ordre de Fontevrault, paroisse de Riorges, autel dédié à saint Clair.

« Fief de la Brèche, situé dans la paroisse de Nervieu, dépendant de Beaulieu, situé vis-à-vis la terre de Vernoilles. On croit que les religieuses avaient élevé dans le voisinage une chapelle à ce saint, — (saint Clair) — en grande vénération à Beaulieu (1). »

Actuellement, la paroisse de Riorges fait partie de l'archiprêtré de Roanne, mais il est peu probable qu'elle ait conservé le souvenir de saint Clair, dont le culte devait venir par l'abbaye. Dès que cette congrégation religieuse fut supprimée en 1792, saint Clair dut être oublié. A Roanne, on dit encore, en forme de proverbe, quand un homme a un peu trop bu : « Il a passé par Saint-Clair de Beaulieu. »

Ronno
(Département du Rhône. — Diocèse de Lyon.)

Extrait du procès-verbal d'une visite de l'archiprêtre de Roanne, en 1595 : « Ladicte esglize de Ronno avoit une prébende fondée par messieurs de Chamousset, chascung jour de mardy et vendredy comme ils ont veheu puys quarante ans en sa ou environ desservi et porté icelle par ung nommé Mre Guillaume Chirard et Jehan Recorbel, prebtre prébendier de ladicte prébende par la dotation de laquelle est afin que le divin service d'icelle ne brins à perdre et desfaille, lesdicts fondateurs auraient donné plusieurs beaux fondz, une maison qui despuy est tombée en ruyne, une verchère joignant audict bourg de Ronno contenant la semaille de quatre ouvreez ou environ et aultres maisons et vignes au lieu et paroisse de Ternant, avec plusieurs beaux droitz seigneuriaux comme droitz de louds et baudz, annestizons et dixmes, lesdicts dixmes en les parouesses de Chirassimond et Machezard et les droitz de louds

---

(1) Extrait de la *Revue du Lyonnais*, mars 1896, pp. 160 et 164. Voir Grenieu, dans la paroisse de Nervieu, où saint Clair était vénéré aussi.

desdictes parouesses d'Amplepuis et Ronno et aultres parouesses circonvoisines de laquelle prébende, lesdicts dixmes, cens et service ont utés et sont occupés par certains gentilhommes et le reste est possédé par Mre Jehan Siraud, lequel se dict prébendier de ladicte prébende, combien que au bas d'un chascung il ne se faict aucun service pour n'estre que confidential ou custodinaux ausdictz gentilhommes, de laquelle usurpation canonicale et occupation nous avons informés à part et secrètement et icelle joinct et attaché aulx parties. »

Extrait du procès-verbal d'une visite pastorale, en 1660 : « Ronno, annexe d'Amplepuis. L'autel le plus près du chœur, du côté de l'Évangile, est de Saint-Clair, doté de 150 livres pour deux messes par semaine. »

Actuellement, la prébende de Saint-Clair n'existe plus.

Cette paroisse, située dans les montagnes du Haut-Beaujolais, tout près d'Amplepuis, servit pendant la Révolution de refuge à plusieurs prêtres.

Saint-Amour
(Département du Jura. — Diocèse de Saint-Claude.)

Le cardinal de Marquemont, lors de sa visite pastorale, en 1613, ordonna de faire enlever une statue de Saint-Clair, sans tête et difforme. Elle se trouvait dans l'église paroissiale, à la chapelle de Saint-Jean-Baptiste.

Saint-Bonnet-le-Courreau
(Département de la Loire. — Diocèse de Lyon.)

Extrait d'une visite pastorale en 1614 : « Du côté

de vent, il y a un autel Saint-Clair, sans fondation, revenu ni service. » Actuellement, rien ne rappelle plus le culte de notre Saint.

Cette paroisse fait partie de l'archiprêtré de Saint-Georges-en-Couzan.

Saint-Chamond
(Département de la Loire. — Diocèse de Lyon.)

Avant le xiie siècle, saint Clair était reconnu comme patron de la ville de Saint-Chamond, qui portait alors le nom de *Doulx*. Cette attestation, relative au patronage de saint Clair, se retrouve conservée dans le vieux coutumier paroissial de l'église Saint-Pierre et Sainte-Barbe à Saint-Chamond. Dans cette même église, on conserve encore l'ancienne statue de Saint-Clair. Dans le pied de la statue, il y a une précieuse relique du saint, mentionnée à son tour dans la recognition solennelle faite, le 2 décembre 1895, sous la présidence de Mgr J. Déchelette, vicaire général de Lyon. La même paroisse de Saint-Pierre-et-Sainte-Barbe de Saint-Chamond a gardé le culte et la fête du saint Abbé, de temps immémorial. La fête se célèbre le 2 janvier de chaque année, avec une solennité traditionnelle pieusement conservée (1).

Saint-Clair (2). — Hameau de Ville-sur-Jarnioust.
(Département du Rhône. — Diocèse de Lyon.)

Cette localité est une des plus curieuses que nous

---

(1) Communication due à l'obligeance de M. l'abbé Peyrieux, chapelain de Notre-Dame de Fourvière. M. Peyrieux, originaire de Saint-Chamond, est né dans cette paroisse Saint-Pierre-et-Sainte-Barbe. Il y a été ensuite vicaire, ce qui donne plus de poids à son témoignage.

(2) Ce hameau, situé à l'extrémité nord de la paroisse de Ville-sur-

connaissions comme archéologie, car on peut lui donner avec preuves authentiques une origine barbare.

Au sommet du hameau, vers un col appelé le Crêt du Py (1) se trouve un cimetière dont la destination primitive n'a pas changé depuis le v⁰ ou vi⁰ siècle, jusqu'au xvi⁰ de notre ère. Il est formé par un tumulus de 60 à 80 mètres de long, sur 40 à 50 mètres de large et 25 à 35 mètres de haut, avec amas de pierres partout. Les tombes sont rangées dans des cercueils en pierre très dure, inconnue au pays ; elles sont disposées tout autour du tumulus, la tête tournée au centre et amoncelées par couches pyramidales avec de la terre entre chacune d'elles. Nous en avons mesuré une qui a deux mètres de long, le cercueil a 50 centimètres à la tête et 30 centimètres aux pieds. Par la forme on reconnaîtrait que ce sont des tombes burgondes ou franques. Une croix en pierre couronnait le sommet jusqu'à ces dernières années, époque où l'on a pensé explorer ce monument. La difficulté pour l'explorer est que le sol appartient à plusieurs propriétaires et, heureusement, que l'on a pu avoir le consentement de tous, car on l'aurait abîmé. Que de guerres, que de batailles rappellerait-il, ce tumulus, s'il pouvait par-

---

Jarnioust, à l'entrée des montagnes du Haut-Beaujolais, devait être paroisse primitive ou tout au moins indépendante encore, vers le xiv⁰ siècle. Les anciens pouillés du diocèse ne le mentionnent pas cependant, mais il est facile de voir que ces montagnes se sont dépeuplées et que là comme ailleurs elles ont suivi la loi générale qui invite tous les paysans à gagner la plaine. La commune de Jarnioust, pour n'en citer qu'un exemple, ne s'est séparée de Ville que depuis 40 ans environ. Au commencement du xvii⁰ siècle, la chapelle de cette dernière paroisse venait de s'ouvrir comme annexe de Ville.

(1) Py pour Puy, sommet, montagne ?

ler (1)! De son sommet ardu et pointu on a une vue splendide. D'un côté, c'est la montagne boisée, aride et sauvage, et de l'autre, la plaine qui s'étend à perte de vue, jusqu'au bas du Beaujolais et le plateau de Dombes, de l'autre côté de la Saône paresseuse dont on aperçoit au loin les méandres entre Belleville et Trévoux.

Le nom burgonde que devait avoir ce village, avant de s'appeler Saint-Clair, nous échappe ; néanmoins, il devait avoir conservé une dénomination païenne très tard, à moins de supposer que cette dénomination ait changé trois fois, ce qui est peu probable. En tout cas, il montrerait l'influence morale qu'eut saint Clair, ce saint nouveau, sur ces populations ariennes nouvellement converties, dès qu'elles purent jouir des bienfaits de la paix, après les intrigues entre les différents rois burgondes, puis leurs démêlés avec les Francs et enfin les guerres entre les royaumes francs, lors du partage des terres de ces rois entre leurs fils.

Il est fâcheux que les titres manquent pour rattacher les temps anciens à l'époque actuelle, ce pays pourrait raconter son histoire qu'atteste la présence de ces morts enterrés là à la suite de quelques batailles, comme il y en eut tant à cette époque troublée.

Les Burgondes ayant passé directement du paganisme à l'arianisme ne devaient connaître que très imparfaitement la religion chrétienne, qu'ils ne pouvaient embrasser sans une préparation et une épreuve bien nécessaires.

Nous avons vu qu'à Cogny, paroisse voisine située dans le bas, il y a un reméage en l'honneur de saint

---

(1) Plus haut dans la montagne, on trouva, près d'une source, des bracelets en or pâle, laissés là, sous forme d'ex-voto, sans doute à une divinité des eaux.

Clair, le 2 janvier. Tout le monde sait que ces reméages sont des restes superstitieux de pratique religieuse mal entendue. Un homme vient quelquefois de très loin, le dimanche, faire brûler un petit chandellon à l'église, il ne fait parfois pas même de prière, puis il s'en va le plus souvent aussi sans même entendre la messe. Il fait ainsi, parce que ses pères le lui ont recommandé, à la suite peut-être d'une faveur signalée ; cela est devenu une habitude qui se transmet de père en fils dans la même famille.

Sans oser l'affirmer, nous supposerions qu'il pouvait bien y avoir quelques tribus guerrières encore ariennes, vivant retirées dans ces montagnes, au commencement du viie siècle, qui furent très difficiles à évangéliser (1). L'abbé de Saint-André de Vienne nommait à la cure de Gleizé depuis le xiiie siècle. D'où ce privilège pouvait-il lui être venu, sinon que ses prédécesseurs avaient évangélisé une partie du pays, dans laquelle pouvait être le hameau de Saint-Clair, qui aurait pris le nom de ce saint nouveau ? Gleizé et Cogny sont des étapes par où le culte de saint Clair a pu venir dans cette montagne ; c'était en même temps par ces deux localités que les produits du Haut-Beaujolais pouvaient s'écouler, avant d'arriver à la Saône par Anse, d'où ils se répandaient à Lyon, à Vienne, etc. Faute de titres, on en est réduit à faire des suppositions probables ou tout au moins très vraisemblables.

---

(1) *Martis campus* s'est bien changé en *Mariæ campus*, d'où Mari-camp, Marcamp et enfin Marchamp, sous l'influence de saint Austregésile, abbé de Saint-Nizier de Lyon et prieur de Saint-Nizier-Lestra. Il y a aussi un reméage de saint Austrégésile a Cogny, ce saint n'ayant peut-être pas achevé de convertir ces montagnes. Le changement de nom de cette tribu ne put avoir lieu que plus tard sous l'influence de saint Clair ?

Toujours est-il que le culte de saint Clair est enraciné dans la petite chapelle de ce hameau. Lorsqu'une statue du saint est trop vieille, on la remplace par une neuve plus moderne et l'ancienne est reléguée dans un coin, de sorte que, suivant l'expression pittoresque des braves gens de ces montagnes, on voit toujours le père et le fils (texte local).

La petite chapelle est entourée par le hameau ; son style a subi tant de remaniements qu'il ne ressort plus qu'à une belle fenêtre ogivale du xiv° siècle; elle aurait besoin d'une intelligente réparation (1). Elle est à l'ombre d'un tilleul de toute beauté, dont les branches souvent coupées montent et entourent la toiture.

Le clergé de la paroisse de Ville-sur-Jarnioust vient deux ou trois fois par an dire la messe dans cette petite chapelle, d'abord le 2 janvier, jour de la fête, puis à l'époque des Rogations, et enfin, le 30 juillet, jour de saint Abdon, qui est un patron secondaire. Elle n'est entretenue que par les aumônes et la bonne volonté des habitants qui l'ont en grande vénération.

Au moment de livrer nos notes à l'impression, M. l'abbé Breuil, ancien vicaire de Theizé, actuellement curé de Lérigneux, a bien voulu nous confier quelques extraits de ses recherches sur Saint-Clair :
« Au nord du village de Saint-Clair s'élevait jadis un vieux château ; et au nord-ouest, tout à fait au sommet de la montagne, se dresse une éminence, qu'on appelle le tumulus romain. Quelle que soit l'origine de ce

---

(1) Le chœur voûté est du style de transition, la nef a été remaniée, l'autel a changé plusieurs fois de place, de sorte que le chœur pourrait bien être le porche primitif de l'église, autrefois plus importante.

tumulus, il est certain que les tombes qui sont sur son penchant remontent au Moyen-Age. Au pied du tumulus, en tendant vers la chapelle, existait autrefois, dit-on, un cimetière. En creusant le terrain, on trouve en effet des ossements humains. Il y a au moins 380 ans qu'on n'enterre plus dans ce cimetière, car les registres de Ville, qui remontent à 1607, n'en font pas mention, tandis qu'ils font mention du cimetière de la chapelle de Jarnioust. Dans l'acte de la peste de 1522, il est parlé des cimetières de la paroisse, parmi lesquels était peut-être compris celui de Saint-Clair ?

« Du vieux château il ne reste absolument rien. Sur son emplacement se trouve une vigne, mais on dit qu'en creusant, on trouve encore des débris de constructions.

« Le 18 octobre 1846, le Conseil de fabrique de Ville, réuni en séance pour délibérer sur les raisons qu'il y avait d'ériger Jarnioust en succursale, prit une longue délibération, où il est parlé de Saint-Clair. Il y est dit que ce village était paroisse il y a trois siècles. Une tradition plus ou moins fondée dit aussi que Saint-Clair est la paroisse primitive. Nous n'avons trouvé aucun document confirmant cette assertion, ceux que nous possédons y sont même contraires. Tous les vieux pouillés du diocèse, depuis le XIIIe siècle, citent Ville comme paroisse.

« Dans la même délibération susdite, il est dit que la fondation de Ville remonte aux Templiers. Or le pouillé du XIIIe siècle place l'église de Ville sous le patronage du prieur de Chazey. Si jamais les Templiers ont habité sur le territoire de Ville, leur séjour n'aurait-il pas été Saint-Clair ? Ce site au sommet d'une montagne ne semble-t-il pas mieux choisi pour un ordre militaire que celui de Ville au fond d'une vallée ? »

Saint-Clair-sous-Sainte-Foy
(Département du Rhône. — Diocèse de Lyon.)

Cette recluserie dont on n'a pas pu retrouver l'emplacement exact était située près du chemin de Fontanière, qui était autrefois la route romaine de Lyon à Vienne. C'était la seconde des recluseries de Lyon sous ce vocable, elle était connue dans les anciens titres sous les dénominations de : *Sanctus Clarus in rippa Rodani* (1), *sanctus Clarus subtus sanctam Fidem, juncta rippa Rodani, subtus villam sanctæ Fidis, prope sanctam Fidem Lugdunensem*, sur le bord du Rhône et au delà de Saint-Martin-les-Vignes (2).

Elle dépendait des chanoines de Saint-Irénée et de Saint-Just, mais comme il nous a été impossible de trouver des titres aux archives de ces deux églises, nous permettant d'en faire l'historique, nous croyons qu'elle a dû être détruite, lors de la prise de la ville, par les protestants, en 1562.

Voici quelques dons faits à cette recluserie au temps où elle était prospère, c'est-à-dire dans le courant du XIVe siècle : « Etienne du Vivier d'Oullins, en 1341, donne cinq sous à Saint-Clair-sous-Sainte-Foy ; Etienne

---

(1) Le Rhône avait autrefois son confluent à Ainay ; la presqu'île de Perrache est une œuvre moderne de l'architecte de ce nom.

(2) La recluserie de Saint-Martin-les-Vignes était située en dehors et près la porte de Saint-Georges, au delà de la Quarantaine. (*Les Recluseries de Lyon*, Guigue, Lyon, 1887. Nous avons retrouvé son emplacement dans la propriété de Mme Cabaud.) Un bâtiment connu sous le nom de *Chartreuse* ne laisse aucun doute sur son ancienne destination. Plus bas se trouvait la chapelle de cette recluserie.

Dufour, clerc, en 1342, donne 20 sous à la même recluserie, à la condition que le reclus Guillaume dira 20 messes à son intention, dans le cours de l'année, et qu'il fera, à la suite de chacune d'elles, une procession sur la tombe de Hugues Richard, son oncle, jadis reclus (1). Plusieurs autres dons sont faits simultanément aux reclus de Saint-Martin-les-Vignes et de Saint-Clair-sous-Sainte-Foy (1343 et 1345) ; Guillaumette, fille de Peronnet Chanu d'Irigny, donne, en 1358, six gros sous aux reclus de Saint-Clair-sous-Sainte-Foy (2). Etienne Perrin, en 1361, donne trois gros sous à Saint-Clair-sous-Sainte-Foy (3).

M. Guigue dans sa petite brochure : *Recherches sur les recluseries de Lyon,* qui n'est que l'ébauche d'une étude très intéressante à faire, émet l'opinion très probable qu'avant l'invasion des barbares, la ville de Lyon devait s'étendre bien au delà des limites qu'elle occupa au Moyen-Age. Le besoin que chacun éprouva de se mettre à l'abri fit que l'on se resserra et se fortifia. Les Sarrasins ayant ruiné la ville, Leydrade fut envoyé par Charlemagne avec la mission officielle de la relever. Toutes les anciennes églises, chapelles ou oratoires n'ayant pu être réédifiés avec le luxe d'autrefois, plusieurs furent érigés en recluseries, afin de consacrer des lieux sanctifiés qui n'étaient plus assez peuplés pour en faire des églises paroissiales.

Il y avait certainement des villes romaines sur le coteau de Sainte-Foy (4), on en voit la preuve à la

---

(1) GUIGUE. *Op. cit.*
(2) GUIGUE. *Op. cit.*
(3) GUIGUE. *Op. cit.*
(4) *Luperciacum* et *Villiacum.* La chapelle de Saint-Clair-sous-Sainte-Foy se trouvait entre ces deux anciennes dénominations. Plan dressé par M. GUISARD, accompagnant l'ouvrage des recluseries de Lyon, de M. GUIGUE.

construction des murs qui bordent les chemins où nous avons relevé des motifs de sculptures sur des pierres encastrées dans la maçonnerie de plusieurs clôtures de propriétés, qui ne peuvent avoir qu'une origine romaine. Ces motifs d'où viennent-ils? Ils peuvent venir des démolitions, mais il est plus probable d'admettre qu'ils ont été trouvés sur place et mis en évidence par les propriétaires de ces terrains, afin d'exercer la sagacité des chercheurs.

Au-dessus de la porte d'une propriété, située 35, chemin de Fontanière, à l'entrée de l'établissement orthopédique fondé par feu le docteur Pravaz, se trouve un blason rapporté qui a été encastré dans le mur. Ce blason porte la date de 1540, au-dessus de laquelle est gravé le monogramme du Christ (1). Ne serait-ce pas là l'emplacement de cette ancienne recluserie indiquée comme étant au-dessous du chemin de Fontanière, sur les bords de la Saône où cette propriété a une autre entrée? Qu'on nous permette de faire un rapprochement que le hasard nous a fait découvrir en nous promenant. Il y a, le long du chemin de Saint-Irénée à Sainte-Foy, en face de celui qui conduit à la lunette du Petit-Sainte-Foy, une pierre de 60 centimètres de longueur sur 30 à 35 de hauteur, qui est encastrée également dans un mur de clôture. Sur cette pierre on voit gravée, en chiffres grossiers de l'époque, la date de 1536. Au-dessus se trouve une autre pierre en marbre sculpté; elle est d'origine romaine et a dû faire partie d'une frise d'un monument quelconque où l'on distingue très nettement des ornements répé-

---

(1) La pierre sur laquelle se trouve ce blason est recouverte de plâtre ; comme elle forme tout le dessus d'une porte, elle peut bien avoir une inscription au-dessous. C'est ce que nous n'avons pas vérifié.

tés et alternés. Nous ne tirerons aucune conclusion, mais nous ferons un simple rapprochement de ces deux dates, indiquant qu'en 1536 et en 1540, il y a eu des réparations à deux bâtiments, situés au sommet et au bas du coteau de Sainte-Foy. Ces deux bâtiments, à cause de leur destination religieuse, ont dû être détruits en 1562 par les Protestants et n'ont pas été rétablis depuis.

En 1657, lors d'une visite pastorale de Mgr Camille de Neuville, il y avait dans l'église paroissiale de Sainte-Foy, à main droite, en entrant au chœur, un autel sous l'invocation de saint Clair, sans fondation, mais proprement tenu. Cet autel qui était, sans doute, en mémoire du vocable de l'ancienne recluserie, n'a pas été rétabli dans la construction de la nouvelle église de Sainte-Foy qui date de la première moitié de ce siècle. La tradition du culte s'est complètement perdue et nous avons beaucoup étonné M. l'abbé Dallery, curé de la paroisse, lorsque nous lui avons parlé de saint Clair.

Actuellement, l'établissement Pravaz a été compris dans la formation de la nouvelle paroisse de la Mulatière ; celle-ci, encore moins que celle de Sainte-Foy, n'a pas conservé le culte de saint Clair, tombé bien avant sa fondation.

La conclusion de tout ceci est que le culte de saint Clair est bien tombé à Sainte-Foy, sans aucune chance qu'il n'y soit jamais rétabli. Et cependant son ancienne existence, sur le bord de la route de Vienne, aux portes de Lyon, indique que ce devait être une des premières chapelles qui lui ait été érigée dans le diocèse.

Sainte-Colombe-lès-Vienne
(Département du Rhône. — Diocèse de Lyon.)

Dans l'église de cette paroisse, située sur la rive droite du Rhône, en face de Vienne, il y a une statue moderne de Saint-Clair, placée à main gauche de la porte d'entrée, au-dessus du bénitier.

Cette paroisse, qui était autrefois *suburbe* de Vienne, fait actuellement partie du diocèse de Lyon, archiprêtré de Condrieu.

Sainte-Croix-en-Jarez
(Département de la Loire. — Diocèse de Lyon.)

Sur la route de Rive-de-Gier à Condrieu, dans les gorges formées par des contreforts au nord du massif du Pilat, se trouve le village de Sainte-Croix, certainement un des plus curieux de la région. Il est totalement enclavé dans les bâtiments et dépendances d'une ancienne chartreuse, à la fondation de laquelle se rattache une pieuse légende, dont le texte se trouve dans une petite notice, publiée en 1865 par M. A. Vachez, docteur en droit, sous le titre : *La fondation de la Chartreuse de Sainte-Croix-en-Jarez*.

Les bâtiments de l'ancienne Chartreuse sont à peu près intacts comme ils existaient avant la Révolution, ils ont seulement changé de destination.

L'église, qui sert d'église paroissiale, est sans valeur artistique comme style, depuis que l'ancien clocher ogival a été détruit, en 1842, ainsi que la voûte à nervures du chœur de l'église primitive, en 1862 (1). Elle a cependant les anciennes stalles en bois des

---

(1) A. Vachez, *Op. cit.*

Chartreux qui en font le tour. Elles sont bien sculptées et ornées de petites têtes caricaturées en dessous des accoudoirs.

A l'époque du Concordat, lors de la reconstitution des paroisses, on envoya M. l'abbé Berne dans la commune de Pavezin en lui disant qu'il y avait trois églises dans cette paroisse, de choisir la plus convenable. Il donna la préférence à celle de l'ancienne chartreuse bien plus grande et plus centrale, entre les hameaux de Jurieu et Pavezin. Les anciens bâtiments du monastère avaient été achetés en seconde main des biens nationaux, par les habitants, ceux-ci s'y étaient installés et formaient la plus grande agglomération de paroisse. Pour y attirer les habitants de Pavezin, le vocable de l'ancienne église paroissiale qui était Saint-Clair fut choisi, au détriment de Saint-Bruno ou du titulaire de Sainte-Croix qu'il aurait été plus rationel de prendre, en mémoire de la légende de la fondation de cette Chartreuse. Les hameaux voisins y vinrent, mais ceux du bourg de Pavezin furent piqués d'amour-propre de ce qu'on avait délaissé la mère-église et ne voulurent pas s'y rendre. Ils payèrent un curé de leurs deniers (nous en avons parlé à l'article Pavezin); le détachement de cette annexe ne fut reconnu officiellement que vers 1830. La paroisse de Sainte-Croix compte actuellement 500 habitants, elle a été érigée en commune indépendante depuis peu.

Saint-Cyr de Favières

(Département de la Loire. — Diocèse de Lyon.)

Dans le procès-verbal d'une visite pastorale de Mgr Camille de Neuville, en 1660, Saint-Clair est indiqué comme second vocable de la paroisse, qui faisait partie autrefois de l'archiprêtré de Roanne, et était située sur les confins du Beaujolais. Les Jésuites de Roanne nommaient à la cure, comme prieurs de Riorges ; lorsque ceux-ci furent expulsés de France, ce fut le bureau du collège de Roanne qui hérita de leurs droits. Cette paroisse fait actuellement partie de l'archiprêtré de Saint-Symphorien-de-Lay.

Saint-Didier de Chalaronne
(Département de l'Ain. — Diocèse de Belley.)

Cette paroisse, qui fut le lieu du martyre de l'évêque de Vienne de ce nom, est la troisième de l'ancien diocèse de Lyon, où le culte de saint Clair lui est associé (1).

Lors d'une visite pastorale en 1654, une chapelle, sous le vocable de Saint-Clair et Saint-Blaise, dans l'église paroissiale, était dotée par testament du sieur de la Colonge, à la charge d'une messe tous les samedis, et de plus, de deux messes par mois.

Actuellement, cette paroisse appartient au diocèse de Belley et fait partie de l'archiprêtré de Thoissey.

Saint-Étienne-la-Varenne
(Département du Rhône. — Diocèse de Lyon.)

C'est dans cette paroisse que le prieuré de Néty se trouvait ; le culte de saint Clair s'y est conservé. C'est une heureuse constatation, car elle démontre son ancienneté, malgré la transformation qu'a subie cette partie du Beaujolais. (Voir le mot Vaux.)

---

(1) Voir Clementia et Courzieu, pour les deux autres.

Saint-Lager-en-Beaujolais
(Département du Rhône. — Diocèse de Lyon.)

Cette église paroissiale, sous le premier vocable de l'illustre évêque d'Autun, une des victimes de la jalousie d'Ebroïn, a une chapelle qui fut élevée et dotée par les soins des seigneurs de Saint-Lager ; car les bancs, les chandeliers, en un mot, tous les meubles et ornements du culte sont marqués à leurs armes. Elle est sous le vocable de Saint-Clair.

La statue de Saint-Clair orne encore l'autel de la chapelle du seigneur de Saint-Lager. En 1657, lors d'une visite pastorale, elle était déjà sous ce second vocable ; il y avait une fondation de deux messes par semaine.

Cette paroisse fait partie de l'archiprêtré de Belleville, où le culte de Saint-Clair s'était répandu par les soins des seigneurs de Saint-Lager.

Saint-Olme-en-Dombes (1)
(Département de l'Ain. — Diocèse de Belley.)

Extrait du procès-verbal d'une visite pastorale, en 1714 : « La paroisse est sous le vocable de saint Laurent et saint Clair.

« Le prieur de Villiers-les-Tournus est présentateur de la cure, prenant la moitié des dîmes et le curé l'autre moitié.

« Le sanctuaire et le clocher de l'église sont tombés il y a longtemps, le reste de la nef où est le sanctuaire

---

(1) C'est sans doute Saint-Olive ou Saint-Irlide, car Saint-Olme n'existe pas. Le chapitre de Tournus était en effet présentateur de la cure de Saint-Olive, comme il est dit dans la visite ci-dessous. En 1614, les vocables étaient déjà les mêmes.

est assez bien, il manque trois vitres à la nef qui est toute décarellée.

« Il n'y a que vingtiers communiants. Le prieur de Villiers a ascensé la moitié des dîmes d'une rente noble à Mre Humbert Garnier au prix de 12 écus. »

Cette paroisse, qui a été supprimée, fait partie de l'archiprêtré de Saint-Trivier-sur-Moignans, diocèse de Belley.

Saint-Priest
(Département de l'Isère. — Diocèse de Grenoble.)

Dans l'église paroissiale de Saint-Priest, en Dauphiné, on vénère encore actuellement une parcelle des reliques de saint Clair, abbé, qui, en 1613, avait déjà en cette église une chapelle sous son vocable. La relique est contenue dans un reliquaire en cuivre doré moderne, qui est exposé avec d'autres reliques sur l'autel dédié au saint patron de la paroisse.

Le culte de saint Clair a dû venir dans cette paroisse par l'abbaye de Saint-Pierre de Lyon, qui nommait à la cure en même temps qu'à la recluserie de Saint-Clair sur le bord du Rhône. C'est pourquoi saint Clair était patron de cette abbaye de Bénédictines.

Cette paroisse qui faisait autrefois partie du diocèse de Lyon, archiprêtré de Meyzieu, est actuellement du diocèse de Grenoble, archiprêtré de Saint-Symphorien-d'Ozon.

Saint-Remy-en-Dombes
(Département de l'Ain. — Diocèse de Belley.)

Extrait du procès-verbal d'une visite pastorale, en 1656 : « Vocable, saint Remi et saint Clair. La cure dépend de l'abbé de Saint-Claude qui prend le quart des dîmes, le curé un autre quart, le troisième quart est pris par les sociétaires de Meillonaz et le quatrième par M. de la Bastie.

« Le curé fournit volontairement le luminaire. L'église est en bon état. Il y a 80 communiants. »

Cette paroisse qui fait actuellement partie du diocèse de Belley, archiprêtré de Bourg, est désignée dans les anciennes chartes sous la dénomination de *Sti-Remigii de Corgenou*. Sur le quart des dîmes que percevait le seigneur de la Bâtie, il en donnait la moitié au chapelain de Chandée (1).

Saint-Rirand
(Département du Rhône. — Diocèse de Lyon.)

Cette ancienne paroisse du Roannais, quoique sous le vocable d'un saint évêque d'Autun, a pour patron saint Clair; il y a un pèlerinage le 2 janvier (2). Le prieur d'Ambierle nommait à la cure, depuis au moins le xiiie siècle, date des plus anciens pouillés du diocèse de Lyon.

Solaise
(Département de l'Isère. — Diocèse de Grenoble.)

Extrait du procès-verbal d'une visite pastorale, en 1613 : « Vocable, saint Sylvestre et saint Clair. L'obéancier de Saint-Just de Lyon est présentateur de la cure. Saint Clair a sa chapelle du côté gauche de l'église, fondée par les Bernard de Gonssolin. »

Cette paroisse faisait autrefois partie de l'archiprê-

---

(1) *Topographie historique du département de l'Ain.*
(2) Ce renseignement nous étant arrivé trop tard, nous ne pouvons lui donner toute l'extension qu'il mérite.

tré de Meyzieu, diocèse de Lyon, élection et justice de Vienne, du ressort du Parlement de Dauphiné. Elle est maintenant dans le diocèse de Grenoble, archiprêtré de Saint-Symphorien-d'Ozon.

Nous complétons ces renseignements sur Solaise par les suivants, pris récemment sur place. L'église est du xve siècle, mais elle a été fortement retouchée à l'intérieur. Saint Clair, qui n'est que patron secondaire, a néanmoins sa statue dans la principale nef, et de plus, un vitrail, offert par les jeunes gens de la paroisse ; tous les deux sont modernes.

Trévoux
(Département de l'Ain. — Diocèse de Belley.)

L'église de Trévoux, d'abord sous le vocable de Saint-Clair et de Saint-Blaise, puis sous celui de Saint-Roch, est actuellement sous celui de Saint-Symphorien. Elle paraît avoir été construite au commencement du xive siècle, et fut érigée en collégiale, le 3 janvier 1523, par le pape Adrien VI. Son chapitre était composé de douze chanoines, un doyen, un chantre et un sacristain (1).

Il y a encore la foire de Saint-Clair, le 2 janvier, qui est très suivie.

Extrait du procès-verbal d'une visite pastorale, en 1654 : « Saint Clair et saint Blaise ont un autel, à main gauche, à la sortie du chœur, où les chanoines célèbrent une messe haute, chantée par les enfants de chœur chaque dimanche de l'année.

« L'église est collégiale, le chapitre fut érigé par le pape Clément VII. »

---

(1) *Topographie historique du département de l'Ain.*

Cette ville était la capitale de la principauté de Dombes, du ressort du Parlement de Dijon. Elle fait actuellement partie du diocèse de Belley.

VANDEINS
(Département de l'Ain. — Diocèse de Belley.)

Cette ancienne paroisse de Bresse faisait autrefois partie de l'archiprêtré de Sandrans ; elle était sous les vocables de Saint-Pierre et de Saint-Clair. L'abbé de Cluny présentait jadis à la cure, dont le revenu consistait dans le tiers des grandes dîmes, soit environ 200 livres. L'église, qui date du commencement du xiiie siècle, est une des plus intéressantes de l'arrondissement de Trévoux. Les sculptures allégoriques qui décorent le tympan de la porte principale ont fait le sujet d'un dessin de Leymarie. Elles ont été décrites par MM. Victor Bernard et Al. Sirand. Elles sont accompagnées d'une inscription qui en fixe la signification symbolique : « *Ad mensam Domini peccator quando propinquat expedit ut fraudes ex toto corde relinquat* (1). »

Vandeins dépendait au temporel de la baronnie de Chandée. Cette paroisse fait actuellement partie du diocèse de Belley et se trouve dans l'archiprêtré de Châtillon-sur-Chalaronne.

VAUX
(Département du Rhône. — Diocèse de Lyon.)

Le culte de saint Clair est encore conservé à Vaux, en Beaujolais. Malgré une subdivision que cette ancienne paroisse a subie depuis peu, on vient encore,

---
(1) *Topographie historique du département de l'Ain.*

nous disait un ancien vicaire de cette église, implorer saint Clair pour recouvrer la vue. C'est, sans doute, par l'ancien prieuré de Néty (voyez ce nom) que cette dévotion a dû se propager.

Veauche
(Département de la Loire. — Diocèse de Lyon.)

Cette paroisse, située sur la rive gauche de la Loire, possédait des reliques de saint Clair dans un reliquaire d'argent (1). Le chapitre d'Ainay nommait jadis à la cure de cette église qui fait actuellement partie de l'archiprêtré de Saint-Galmier.

Vendranges
(Département de la Loire. — Diocèse de Lyon.)

Parmi les nombreuses reliques contenues dans trois ou quatre tableaux de dévotion, qui sont exposés à la vénération des fidèles, dans la chapelle du Sacré-Cœur de l'église paroissiale de Vendranges, il y a une parcelle de celles de saint Clair, abbé.

Cette paroisse pieuse et intéressante, fait actuellement partie de l'archiprêtré de Saint-Symphorien-de-Lay.

Veyziat
(Département de l'Ain. — Diocèse de Belley.)

Paroisse sous le vocable de saint Clair, anciennement annexe de Dortan. Le droit de présentation à la cure appartenait jadis aux abbés de Saint-Claude qui en reçurent confirmation, en 1184, de l'empereur Frédé-

---

(1) Visite pastorale en 1658.

ric-Barberousse. Au xviiie siècle, le curé de Dortan était patron temporel. Les revenus de la cure étaient très minimes, ils s'élevaient à peine à 120 livres au xviie siècle et consistaient surtout en six gerbes de blé à lever par chaque feu, suivant arrêt du 12 août 1655. Depuis 1436 jusqu'à la Révolution, Veyziat dépendit de la seigneurie d'Arbent (1). Le 28 août 1613, le cardinal de Marquemont y a confirmé dans le cimetière de très nombreux fidèles, l'église étant fort petite.

Cette paroisse qui faisait autrefois partie de l'archiprêtré d'Ambournay, fut comprise dans la formation du diocèse de Saint-Claude, en 1742. Elle fait actuellement partie du diocèse de Belley, archiprêtré d'Oyonnax.

Villars-les-Dombes

(Département de l'Ain. — Diocèse de Belley.)

Extrait du procès-verbal d'une visite pastorale, en 1655 : « La seconde chapelle du côté de l'Evangile est sous le vocable de saint Clair et saint Jacques le Mineur, chargée d'une messe chaque jour de carême et dotée de 40 livres de revenu. »

Cette petite ville fort ancienne de Bresse faisait autrefois partie de l'archiprêtré de Chalamont, le chapitre de Saint-Just de Lyon nommait à la cure. La paroisse fait partie actuellement du diocèse de Belley, chef-lieu d'un archiprêtré de l'arrondissement de Trévoux.

---

(1) *Topographie historique du département de l'Ain.*

Villefranche-sur-Saône
(Département du Rhône. — Diocèse de Lyon.)

Extrait du procès-verbal d'une visite pastorale en 1657 : « Dans l'église de Notre-Dame des Marets de Villefranche, il y a une chapelle dédiée à saint Clair et aux onze mille martyrs, où il y a deux fondations distinctes. »

Villeneuve
(Département de l'Ain. — Diocèse de Belley.)

En 1714, le vocable était Saint-Clair et Sainte-Madeleine. La paroisse est mentionnée pour la première fois dans un acte de 1097. Le 24 mars 1300, Amédée le Grand, comte de Savoie, l'inféoda en toute justice à Philibert de Vienne, comte de Sainte-Croix (1).

Cette paroisse faisait partie de l'archiprêtré de Dombes, l'abbé de Cluny était présentateur de la cure ; elle fait actuellement partie du diocèse de Belley, archiprêtré de Saint-Trivier-sur-Moignans.

Vimy (2)
(Département du Rhône. — Diocèse de Lyon.)

Extrait du procès-verbal d'une visite pastorale en 1654 : « Chapelle Saint-Clair en l'église paroissiale, où il y avait autrefois une fondation. En cette chapelle est le royaume de saint-Clair, et le luminaire de l'église en tire le revenu et fournit la chapelle de cire

---

(1) *Topographie historique du département de l'Ain.*
(2) Ce nom est l'ancienne dénomination de Neuville-sur-Saône, avant que cette petite ville fût érigée en marquisat, en faveur de Mgr Camille de Neuville, archevêque de Lyon au XVII° siècle, qui est le titulaire de la visite pastorale ci-dessous. De là son nom de Neuville-l'Archevêque qu'on lui donnait quelquefois.

et d'ornements lorsque les confrères y font dire la messe. »

Ces royaumes, dont les usages variaient suivant les localités, n'étaient, à proprement parler, que de véritables confréries, dont les hauts dignitaires, le roi, la reine, etc., donnaient une aumône plus forte que les autres.

Neuville est actuellement chef-lieu d'un archiprêtré du diocèse de Lyon.

Foires de Saint-Clair dans la région du Rhône et départements limitrophes.

Ain

Chavannes-sur-Saône.
Meximieux (1).
Montmerle.
Saint-Rambert-en-Bugey (2).
Trévoux.
La Villeneuve (3).

Loire

Lay.
Maclas.
Pelussin.
Arthun.
Bussy-Albieux (4).

Rhône

L'Aubepin.
Brignais.
Chambost-Longessaigne.
Fleurie.
Larajasse.
Lentilly.
Saint-Julien-sur-Bibost.

Saône-et-Loire

Tramayes.

---

(1) *Almanach de la France libre*, 1897.
(2) Ibid.
(3) *Almanach historique de Lyon*, 1789.
(4) Le maire de la commune s'appelle Clair de son nom de famille. *Indicateur des départements*, 1896.

II. SUPPLÉMENT

AU

DIOCÈSE D'ANNECY

NOTES GÉNÉRALES SUR LE CULTE DE SAINT CLAIR
AU DIOCÈSE D'ANNECY

I. Le culte de saint Clair, abbé de Saint-Marcel, à Vienne, semble avoir toujours existé dans l'ancien diocèse de Genève, dont le territoire, on le sait, comprenait tout le diocèse actuel d'Annecy. Les plus anciens documents liturgiques et historiques parvenus jusqu'à nous nous montrent ce culte déjà existant. C'est ainsi que le Bréviaire de Genève, du xiiie siècle, qui existe à la Bibliothèque nationale de Paris, fonds latin, n° 16307, marque la fête de Saint-Clair au 2 janvier. Celui de l'an 1398, qui se conserve au Grand Séminaire d'Annecy, indique pareillement la fête de ce Saint au 2 janvier et contient sa commémoraison au dit jour (1). Il en est de même des Bréviaires imprimés qui parurent successivement en 1479, 1487, 1525 et 1556. Il faut en dire autant des Missels manuscrits ou imprimés : citons en particulier le beau Missel *ad usum majoris Ecclesiæ Gebennensis*, coté sous le n° 29 des Manuscrits que possède la bibliothèque de

---

(1) Voir ci-dessus, Tom. I, II° p., ch. 1er, p. 141.

Genève ; jusqu'ici on l'avait cru du xiiie siècle, mais il faut en reporter la date à la fin du xive ou au commencement du xve, comme une étude plus approfondie l'a démontré. Citons encore celui qui fut imprimé à Genève en 1491, et dont un exemplaire se trouve à la Bibliothèque du Grand Séminaire d'Annecy.

L'illustre Jean d'Arenthon d'Alex, dont la vertu et la science jetèrent un si vif éclat sur le siège de Genève, publia, en 1674, un Appendice au Rituel Romain (2), où il range la fête de Saint-Clair parmi les fêtes *de dévotion*, c'est-à-dire parmi celles qui, sans être d'obligation, méritaient cependant d'être spécialement célébrées par le peuple chrétien.

Dans les offices propres du diocèse de Genève, édités par Mgr Biord, en 1777, à la fin de la leçon historique consacrée à honorer la mémoire de saint Clair, on lit cette phrase : *Celebris est intra Genevensem diœcesim illius memoria, et frequens ad ecclesiam ejus nomine dicatam concursus.* Dans le Propre actuel du diocèse d'Annecy, approuvé par la Sacrée Congrégation des Rites, cette même phrase se trouve textuellement reproduite, sauf qu'au mot *Genevensem* on a substitué *Anneciensem*, et qu'après *frequens*, on a inséré le mot *olim*, parce que l'église dont il y est parlé n'existe plus, ainsi qu'il sera dit tout à l'heure.

C'est ainsi que chaque siècle vient tour à tour témoigner de la vénération que notre pays a professée pour saint Clair.

II. Aucune paroisse du diocèse d'Annecy n'est placée sous l'invocation de ce Saint. Mais au xviie siècle l'église paroissiale de Cologny (localité qui fait maintenant

---

(2) Voir ci-dessus, Tom. I, IIe p., ch. II, p. 157.

partie de la paroisse de Seyssel-Savoie) était placée sous le vocable de Saint-Clair, comme on le voit par les procès-verbaux des visites pastorales de saint François de Sales et de Mgr J. d'Arenthon d'Alex. Dans les procès-verbaux des visites pastorales de ce dernier, l'église de l'Eluiset (alors déjà annexée à celle de Viry) est aussi mentionnée comme étant sous le vocable de Saint-Clair (1).

III. De toutes les églises dédiées à saint Clair, la plus célèbre a toujours été celle dont il est parlé dans l'ancien Propre diocésain et dans le nouveau. On a vu ce texte ci-dessus. Cette église était celle de l'ancien prieuré de Saint-Clair, nommé aussi, dans les anciens titres, prieuré de la Cluse, ou prieuré de Saint-Bernard. Il était situé au territoire de Dingy-Saint-Clair, à 10 kilomètres nord-est d'Annecy. On ignore la date de sa fondation. S'il faut en croire une tradition locale fort respectable, il fut plusieurs fois honoré de la visite de saint Bernard de Menthon, qui dans sa jeunesse aimait à aller retremper sa foi et son goût pour la vie religieuse en la compagnie des pieux moines qui y résidaient. Du manoir paternel au prieuré, le trajet était de moins de deux lieues, et sa famille possédait la seigneurie de Dingy, où elle avait un château ou maison-forte. Si l'on admet la vérité de cette tradition, il faut en conclure que le prieuré existait dans les premières années du xie siècle. Quoi qu'il en soit de ce point, il est du moins constaté, par des documents authentiques, qu'au commencement du xiiie siècle il était possédé par des religieux de l'ordre de Cluny. Il dépendait du prieuré conventuel de Gigny, situé alors

---

(1) Voir ci-dessus Tom. I, IIe p., ch. III, p. 180 et 181, note H.

dans le diocèse de Lyon : c'était au prieur de Gigny de donner l'institution à celui de Saint-Clair, sur la nomination ou présentation qui en était faite par les seigneurs de Menthon. A l'époque où la plupart des monastères furent donnés en commende, le prieuré de Saint-Clair n'échappa pas au sort commun. Plus tard, il fut même sécularisé : le titre de prieur fut conservé, mais donné à un prêtre séculier, qui par lui ou par un vicaire qu'il y entretenait, devait remplir les fonctions du culte divin à l'église, et recevoir les pèlerins. Ceux-ci, ainsi que l'atteste le Propre diocésain, venaient nombreux vénérer les reliques de saint Clair : c'était surtout contre les maux d'yeux qu'ils venaient implorer l'intercession du bienheureux Abbé, et Dieu se plaisait à récompenser leur foi par des guérisons extraordinaires (1). A certains jours de l'année, les habitants de Dingy et ceux des paroisses voisines se rendaient solennellement en procession à l'église de Saint-Clair. Lorsque survint l'époque néfaste de la Révolution française, le prieuré et tous les biens qui en dépendaient furent vendus comme biens nationaux, et quelques années plus tard tous les bâtiments devenaient la proie des flammes.

Cependant les reliques, qui consistent en une phalange du doigt, avaient été soustraites à la profanation et pieusement conservées jusqu'au rétablissement du

---

(1) On invoquait aussi saint Clair pour obtenir un temps favorable aux fruits de la terre. On n'a pas encore perdu à Dingy le souvenir de la dernière procession qui se fit à son église pour cet objet, quelque temps avant la tourmente révolutionnaire : une sécheresse prolongée désolait le pays ; le ciel était parfaitement serein lorsque la procession se mit en marche ; elle n'était pas de retour à l'église paroissiale que déjà les nues versaient sur la terre une pluie abondante. La foi était vive en ces temps-là, et Dieu s'empressait de l'exaucer, en même temps qu'il glorifiait ses saints.

Chapelle et Vallon de Saint-Clair
A, DINGY-SAINT-CLAIR (Haute-Savoie)

culte catholique. Depuis lors, elles sont dans l'église de Dingy, où elles continuent d'attirer, par la réputation des guérisons qu'elles ont opérées, ceux dont la vue est altérée et dont les yeux sont malades. Elles ont été, il y a peu d'années, placées dans un nouveau reliquaire, et à cette occasion leur authenticité a été de nouveau reconnue et attestée par S. G. Mgr Isoard, évêque d'Annecy. De plus, le zélé prélat a bien voulu encourager la construction d'une chapelle au lieu où fut autrefois le prieuré, et où naguère encore on n'apercevait plus que quelques ruines. Nous sommes heureux de pouvoir raconter ici la réalisation de ce pieux projet (1).

LA NOUVELLE CHAPELLE DE SAINT-CLAIR
A DINGY-SAINT-CLAIR

Le 25 mai 1896 restera une date à jamais mémorable dans l'histoire du culte de saint Clair, en Savoie. Ce jour-là, Sa Grandeur Mgr Louis-Romain-Ernest Isoard, évêque d'Annecy, faisait la bénédiction solennelle de la nouvelle chapelle, érigée en l'honneur de ce Saint, au territoire de la paroisse de Dingy-Saint-Clair. Depuis plus d'un siècle l'antique prieuré paraissait déshérité de sa gloire passée : l'impiété révolutionnaire l'avait dépouillé et vendu à vil prix à des étrangers ; on n'y entendait plus retentir le chant des divins offices ; les pèlerins n'y accouraient plus comme autrefois ; ils semblaient presque en avoir oublié le chemin, depuis surtout que l'incendie eut consumé les bâtiments du prieuré, et la négligence laissé tom-

---

(1) Cf. Le Baron Achille Raverat, *Haute-Savoie*, p. 131-133.

ber en ruine la vieille église. A la suite de cette destruction, survenue il y a près de cinquante ans, tout ce qu'il y avait de précieux dans les matériaux avait été vendu et dispersé : *Dispersi sunt lapides sanctuarii in capite omnium platearum* (THREN. IV, 1). Des décombres amoncelés annonçaient seuls l'emplacement de l'ancien prieuré ; encore menaçaient-ils de disparaître eux-mêmes, sous l'action combinée du temps qui tendait à les égaler au sol et des ronces qui les envahissaient de plus en plus. Cependant des gens pieux ne voyaient point sans un vif regret s'effacer peu à peu ces derniers vestiges d'un glorieux passé. Ils songèrent à le ressusciter ; toutefois diverses circonstances, et surtout le manque de ressources, paralysaient leurs bonnes intentions et en faisaient remettre l'exécution à des temps meilleurs. Il entrait dans le plan divin que cette restauration fût entreprise sous l'inspiration du premier pasteur du diocèse.

En 1892, Mgr Isoard, prenant lui-même les avances, exprimait à M. Pierre-Marie Lafrasse, originaire de Dingy-Saint-Clair, et professeur au Grand-Séminaire d'Annecy, son désir de voir ériger une chapelle à la place de l'ancienne église dédiée à saint Clair, et le priait d'entreprendre cette œuvre ; celui-ci, tout en témoignant combien il serait heureux de voir se réaliser ce que depuis longtemps il appelait de tous ses vœux, objecta le défaut de ressources ; le pieux prélat l'engagea à y consacrer ses quelques économies, et à compter, pour le reste, sur la Providence. Cette parole tombant de la bouche de l'évêque fit cesser toute hésitation. M. Lambersens, curé de Dingy, donna son assentiment au dit projet ; et M. le comte de Menthon, renouant la glorieuse chaîne des relations qui avaient constamment existé entre ses nobles ancêtres et le prieuré de Saint-Clair, consentait à se faire l'acquéreur du terrain nécessaire. Après bien des difficultés, qu'il serait trop long d'exposer, les premiers travaux de construction commencèrent au printemps de 1895. M. Louis Ruphy, architecte à Annecy, avait bien voulu dresser gratuitement le plan et le devis de la nouvelle chapelle. Les habitants de Dingy étaient unanimes à applaudir à cette œuvre de restauration ; et, si leur état de fortune ne leur permettait guère d'y contribuer par des offrandes pécuniaires, ils se firent du moins un bonheur d'y aider par des charrois et autres prestations volontaires. A leur tête on remarquait avec édification M. Louis Pernoud, alors vicaire à Dingy et maintenant curé de Bossey ; c'était lui qui était allé convoquer chacun d'eux, qui leur assignait ensuite leur tâche et partageait leurs durs labeurs, autant que son ministère lui en laissait le temps. Les travaux interrompus par l'hiver furent repris dès que le temps le permit, et enfin heureusement achevés pour le 25 mai 1896.

C'était le jour qui avait été désigné pour l'inauguration de la nouvelle chapelle. Mgr l'Evêque d'Annecy était arrivé à Dingy dès la veille, qui était le dimanche de la Pentecôte. Après lui avoir dit combien sa présence excitait de joie dans tous les cœurs, et lui avoir présenté les vœux de bienvenue et les respectueux hommages de la municipalité, M. le Maire s'exprimait ainsi : « Ce qui met le comble à notre bonheur, Mon-
« seigneur, et vous assure à un haut degré la recon-
« naissance de toute la population, c'est qu'après
« avoir dès l'origine encouragé le projet de construire
« une chapelle là où s'élevaient autrefois le prieuré

« et l'église de Saint-Clair, Votre Grandeur vient
« maintenant pour en faire la solennelle bénédiction.
« Elle a pensé qu'il était temps de faire revivre de
« glorieux souvenirs, et de sauver de l'oubli les restes
« d'un illustre sanctuaire, où accouraient jadis de
« nombreux pèlerins. Pour nous, nous aimons à nous
« rappeler que le culte de saint Clair fut toujours
« cher à nos ancêtres, et nos anciennes délibérations
« municipales font mention de la procession générale
« qui dans les siècles passés se faisait chaque année
« le 15 juin à son église. »

Dans sa réponse, Monseigneur, après avoir remercié M. le Maire, et avoir en termes fort délicats fait l'éloge de la générosité du principal bienfaiteur (1), et du zèle des habitants de Dingy pour le culte de saint Clair, témoigna combien il était heureux de voir ce culte reprendre ses anciens droits, et avec quelle satisfaction il venait bénir le nouveau sanctuaire.

Le lendemain, dans l'église paroissiale, avant d'administrer le sacrement de confirmation, il parla longuement de la nécessité d'imiter les vertus de saint Clair, exhorta les paroissiens de Dingy à se montrer toujours dévoués au culte de ce bienheureux, et annonça que son intention était que chaque année, le 15 juin, ou l'un des dimanches voisins de cette date, on fît comme autrefois une procession solennelle à la chapelle de Saint-Clair, ajoutant qu'il désirait que les paroisses voisines s'y rencontrassent avec celle de Dingy (2).

---

(1) M. l'abbé P. M. Lafrasse, qui de ses propres deniers a contribué pour plus des trois quarts aux dépenses de construction et d'ameublement de la chapelle.

(2) Tout récemment (1898) il a été réglé, avec l'autorisation de Mgr l'É-

Dans l'après-midi, la population tout entière de Dingy se trouvait réunie à l'église, d'où elle devait se rendre processionnellement à la chapelle de Saint-Clair. Plusieurs personnes d'Alex et de la Balme-de-Thuy venues le matin pour la confirmation étaient restées pour prendre part à la fête. C'était un beau spectacle assurément que celui de cette multitude d'enfants, d'hommes et de femmes, revêtus de leurs habits de confrérie, s'avançant, avec le clergé, au chant des litanies et des saints cantiques, à la suite de la croix et des bannières flottant au vent. La joie rayonnait sur tous les visages : l'enthousiasme de la foule parut plus encore quand elle fut arrivée devant la chapelle, dont les abords avaient été garnis de feuillage et ornés de guirlandes de verdure et de fleurs avec de gracieux emblèmes. L'arrivée de Monseigneur fut saluée par des détonations de boîtes, dont les échos répercutés par les rochers voisins produisaient un effet saisissant. M. le Président du Conseil de Fabrique s'avance alors au devant du prélat, et le remercie de la démarche par laquelle, mettant le comble aux faveurs passées, il daigne venir en ce jour bénir le nouveau sanctuaire ; l'orateur passe ensuite en revue les différents bienfaiteurs, dit merci à chacun d'eux, et termine en remerciant tous les bienfaiteurs inconnus. Après une réponse pleine d'à-propos, Monseigneur va revêtir les ornements pontificaux, et la cérémonie commence. Il est assisté de MM. Moccand, vicaire général, Lachenal, chanoine et chancelier de l'évêché, Lafrasse, professeur au Grand-Séminaire,

---

vêque d'Annecy, que le pèlerinage annuel à la chapelle de Saint-Clair serait désormais fixé au dernier lundi de mai, jour anniversaire de la bénédiction de la chapelle.

Carrier, secrétaire particulier de Monseigneur, sans compter M. Compois, curé-archiprêtre de Dingy et plusieurs prêtres des environs. M. le comte de Menthon, empêché de venir, est représenté par son fils M. Antoine de Menthon. Les saints rites terminés, Monseigneur voulut bien encore bénir successivement les nappes de l'autel, les ornements sacerdotaux et les quatre statues qui ornent l'autel, savoir celles de S. Pierre, de S. Benoît, de S. Bernard de Menthon et de S. Clair (1). Puis, pour clore dignement une si sainte journée, debout sur le seuil de la porte, Sa Grandeur bénit solennellement la foule pieusement agenouillée, tandis que d'une cime voisine les boîtes envoyaient à tous les échos d'alentour la dernière expression d'une fête, dont le souvenir demeurera impérissable dans l'esprit de tous ceux qui en furent les heureux témoins.

La chapelle de Saint-Clair, encadrée dans un paysage aussi gracieux que grandiose, est de style gothique ; elle mesure un peu plus de neuf mètres de long sur quatre et demi de large ; elle est éclairée par cinq belles verrières ; le tympan de la fenêtre principale provient de l'ancienne église de Saint-Clair bâtie au même lieu. Près de l'autel on voit aussi, incrustée dans le

---

(1) Nous avons vu précédemment que le prieuré de Saint-Clair portait aussi le nom de Saint-Bernard de Menthon ; depuis plusieurs siècles les deux saints y étaient conjointement vénérés et invoqués ; l'un et l'autre sont les titulaires de la nouvelle chapelle comme ils l'étaient de l'ancienne église. La présence des deux statues de S. Pierre et de S. Benoît rappelle les temps fortunés et déjà bien reculés où, sous la dépendance du prieuré de Saint-Pierre de Gigny, lequel était lui-même soumis à l'illustre abbaye de Saint-Pierre de Cluny, les cloîtres du prieuré de Saint-Clair abritaient les pieux moines qui, dans la solitude, la prière et le travail, y servaient Dieu et l'Église, sous la règle du grand patriarche des moines d'Occident, saint Benoît.

Planche IV.

Intérieur de la Chapelle de Saint-Clair
a Dingy-Saint-Clair (Haute-Savoie)

mur, une pierre provenant de l'ancien prieuré et sur laquelle se lit, gravée en caractères gothiques, l'inscription suivante :

  R. P. ROBERTVS ET RODOLPHVS
    DE MENTHONE PRIORES
  SANCTORVM BERNARDI ET CLARI
   PERFECERVNT HVNC PRIORATVM
    DEVM PRO IPSIS ORATE
    ANNO CHRISTI MVCI (1)

Nous donnons le dessin de l'intérieur de la chapelle. Les deux statues qu'on remarque aux côtés de l'autel sont — l'une, celle de Saint-Clair, en costume de moine bénédictin, du côté de l'Évangile ; — l'autre, qui lui fait pendant — au côté de l'Épitre — celle de Saint-Bernard de Menthon.

REPRISE DU PÈLERINAGE AU SANCTUAIRE DE SAINT-CLAIR
  A DINGY-SAINT-CLAIR. — 21 juin 1896.

Conformément à l'ardent désir de Mgr l'Évêque d'Annecy et aux intentions qu'il avait manifestées du haut de la chaire lors de son passage à Dingy le 25 mai précédent, il y a eu, le dimanche 21 juin 1896, un pèlerinage de Dingy et des paroisses voisines à la chapelle de Saint-Clair. Un spectateur en a fait le récit, qui a paru dans la *Croix de la Haute-Savoie* du 28 juin suivant. En voici le texte qu'on nous a bienveillamment communiqué :

---

(1) En voici la traduction française : « Les Révérends Pères Robert et Rodolphe de Menthon, prieurs des SS. Bernard et Clair, ont achevé la construction de ce prieuré l'an de Jésus-Christ 1501. Priez Dieu pour eux. »
 Une autre inscription, gravée au fronton de la façade, rappelle la date de l'érection de la nouvelle chapelle, et la bénédiction qu'en a faite Mgr l'Evêque d'Annecy. La voici : IN RVDERIBVS ANTIQVI PRIORATVS S. CLARI ERECTVM FVIT HOC SACELLVM ET A RMO EPISCOPO ANNECIEN. BENEDICTVM ANNO DNI MDCCCXCVI.

« Monsieur le Directeur,

« Voulez-vous me permettre de vous signaler un
« spectacle émouvant dont j'ai été témoin, dimanche
« dernier, et dont la grandeur à la fois simple et édi-
« fiante m'a vivement frappé ? Je parcourais, en tou-
« riste, l'ancienne route de Thônes et je descendais
« les pentes sinueuses et pittoresques qui conduisent
« au pont de Saint-Clair à travers un merveilleux
« défilé.

« Tout à coup, je crus entendre les notes d'un chant
« religieux qui semblaient venir de loin et de haut,
« comme portées par le vent à travers la gorge.

« Je pensai d'abord m'être trompé ; mais bientôt, à
« un tournant de la route, ayant dépassé un rideau
« d'arbres qui me cachait la vue du versant opposé, je
« m'arrêtai surpris et charmé par le spectacle qui
« s'offrait à moi.

« De l'autre côté du Fier, qui roule à cet endroit
« presque invisible au fond du ravin, le long de l'an-
« tique voie romaine de Saint-Clair, derrière les
« rochers et les haies qui bordent le précipice, une
« longue procession se déroulait lente et recueillie.

« En tête venaient les femmes voilées de blanc, puis
« les enfants de chœur vêtus de rouge, le clergé en
« vêtements sacerdotaux, les hommes enfin chantant
« d'une voix puissante le cantique : *Je suis chrétien,*
« *voilà ma gloire !* dont les paroles m'arrivaient un peu
« vagues, comme mêlées à la voix grave et formidable
« du Fier.

« Les paroissiens de Dingy, selon la pieuse coutume
« de leurs ancêtres, se rendaient solennellement à la
« chapelle construite sur les ruines de l'ancien prieuré
« de Saint-Clair, et rencontraient, à ce sanctuaire

« vénéré, des pèlerins venus processionnellement et
« en grand nombre de Villaz, Nâves et la Balme.

« Ce spectacle est un des plus impressionnants dont
« j'aie gardé le souvenir.

« Cette longue procession marchant dans une gorge
« sauvage, sur la voie que taillèrent les Romains et
« sur laquelle *Lucius Tincius Paculus* gravait son nom
« il y a plus de quinze siècles (1), ces croix d'argent
« resplendissant au soleil dans les rochers, ces ban-
« nières ondulant au bord du précipice, ces voix
« d'hommes chantant leur foi accompagnées par les
« grondements du torrent. Chateaubriand, dans son
« *Génie du Christianisme*, n'a rien imaginé de plus poé-
« tique et de plus chrétien que cette simple réalité.

« Vous pouvez faire de ma lettre, Monsieur le Direc-
« teur, ce que bon vous semblera, mais vous pourrez
« en tout cas dire aux habitants de Dingy qu'ils ont
« donné, dimanche dernier, à un inconnu qui les obser-
« vait de loin, — et peut-être à beaucoup d'autres, —
« un de ces beaux et édifiants spectacles qu'on n'oublie
« pas. »

---

(1) « A cinq minutes du pont, dans un cartouche ménagé sur le parement rocheux, on lit une inscription romaine, très connue des archéologues savoyards, mais diversement reproduite par eux. La voici telle que nous l'avons relevée nous-même avec le plus grand soin :

L. TINCIVS
PACVLVS
PERVIVM FEC...
LP.

« Cette inscription nous apprend que Tincius Paculus fit seulement rectifier et élargir cette partie de la voie, probablement établie sur un sentier gaulois. La première ligne de cette inscription est mieux conservée que les autres, parce qu'elle se trouve abritée contre la pluie par le rebord supérieur de l'encadrement du cartouche. » [LE BARON ACHILLE RAVERAT. *Haute-Savoie.* Lyon, 1872. P. 131-132.]

TROISIÈME PARTIE

NOTES SUR QUELQUES PAROISSES
où saint Clair a été ou est encore spécialement honoré.

ANNECY

Inutile de suivre les divers historiens qui ont écrit sur l'origine et l'histoire d'Annecy. Il nous suffira de dire que l'église paroissiale de Notre-Dame, autrefois collégiale, professe une dévotion spéciale envers saint Clair, qu'elle fête avec tout le diocèse au 2 janvier. Toutefois c'est de saint Clair, martyr, qu'elle possède des reliques, et non pas du saint Abbé de Vienne.

DINGY-SAINT-CLAIR

Nous avons déjà longuement parlé du sanctuaire de Saint-Clair. Ajoutons que la partie antérieure du maître-autel de l'église paroissiale offre deux bas-reliefs, dont l'un représente saint Étienne, patron de la paroisse et l'autre, saint Clair guérissant un aveugle.

Il y a dans la paroi du rocher qui longe la voie romaine, non loin de l'ancien prieuré, une cavité désignée de temps immémorial sous le nom de *Bénitier de Saint-Clair;* les pèlerins aiment à prendre de l'eau qui y coule pour se laver les yeux.

EVIAN-LES-BAINS

« Au XIIIe siècle, on ne voyait en ce lieu que quelques habitations de pêcheurs... Les franchises d'Evian datent de 1265... Les religieuses Clarisses et les Cordeliers y avaient chacun un couvent... Pris une première fois en 1536 par les Valaisans, et une seconde fois, en 1591, par les Bernois et les Genevois, Evian eut à subir de la part de tous ces ennemis de nombreuses déprédations. Grâce aux princes de Savoie, la ville se releva de ses ruines ; grâce enfin à l'annexion, elle a été restaurée de fond en comble (1). »

A quelle époque fut créée la fameuse foire de Saint-Clair ? Je n'ai pu le savoir. Peut-être remonte-t-elle à la date où lui furent accordées ses franchises, au XIIIe siècle.

Mais visitons l'église qui renferme, ainsi que nous l'avons dit plus haut, un autel dédié à saint Clair, abbé.

« L'église, dont le style accuse la fin du XIVe siècle, nous montre une façade très simple, des voûtes, arcs doubleaux et fresques sans grand caractère ; mais les piliers qui séparent les nefs, formés d'un faisceau de colonnes accouplées, sont vraiment remarquables. A l'un de ces piliers, que contourne un gracieux escalier, est adossée la chaire entourée de pilastres » (2).

Feigères

Nous en avons parlé au tome Ier et nous avons dit tout ce que nous savions touchant le culte de saint Clair, en cette paroisse.

Magland

Il existe dans cette paroisse, de temps immémorial, l'usage de bénir du vin le jour de la fête de Saint-Clair. Ce vin bénit doit préserver de toute maladie d'yeux.

Par autorisation épiscopale, cette bénédiction a

---

(1) Le B. A. Raverat. *Loc. cit.*, p. 636.
(2) Le B. A. Raverat. *Loc. cit.*

lieu maintenant le dimanche qui suit la fête du Saint. Les fidèles pieux se partagent après la grand'messe le vin bénit et l'emportent dans leur maison.

Marlens

La fête de Saint-Clair est particulièrement célébrée dans cette paroisse du diocèse d'Annecy.

Minzier

S'en rapporter à ce qui a été dit au tome Ier.

Saint-Jean-de-Tholome

Aucun document nouveau n'est à ajouter à ce qui a été rapporté au tome Ier, par rapport au culte de saint Clair, en cette paroisse. « Rustique village, écrit un auteur déjà cité, placé au milieu d'une riante végétation et des vergers qui tapissent les collines que le Môle projette dans la direction de l'ouest... (1). »

Saint-Sigismond

« Aucun souvenir historique ne semble s'y rattacher. » Ainsi parle le touriste-écrivain (2), qui n'est pas prodigue de détails, surtout pour les choses essentiellement religieuses.

Samoëns

A ce qui a été déjà dit sur cette paroisse, il faut ajouter les renseignements suivants, que nous a fournis M. l'Archiprêtre de Samoëns, et que nous trouvons

---

(1) Le B. A. Raverat, *loc. cit.*
(2) Le B. A. Raverat.

dans la brochure de M. H. Tavernier : *La Confrérie de Saint-Nicolas à Samoëns et à Taninge.*

« 1765. Extrait d'un manuscrit intitulé : *L'Etat de l'église et paroisse de Samoëns dressé en conformité du mandement de Mgr Biord pour la visite générale de son diocèse du 3 septembre 1764.*

« — Confréries érigées dans l'église par[le] de Samoëns :
a) du Saint-Rosaire.
b) du Saint-Sacrement
c) de Saint-Nicolas
d) des Couronnés
e) de Saint-Claude } pour les hommes.
f) de Saint-Antoine
g) de *Saint-Clair*
h) de Sainte-Anne pour les femmes.
i) de Sainte-Catherine pour les filles.

« De toutes celles-cy, (c'est-à-dire des confréries de Saint-Nicolas, *Saint-Clair*, Couronnés, Saint-Antoine, Sainte-Anne et Sainte-Catherine), on ne sçait point ny pourquoy, ny par qui, ny comment elles ont été érigées ; elles n'ont ny statuts ny règles ; on ne connaît pas même de quelle utilité elles sont ny à l'église, ny à la Religion, ny à la communauté. L'on y voit, au contraire, naître des inconvénients sans nombre et bien des abus. On fait presque à toutes un pain bénit que l'on conduit de la maison à l'église, à quelques maisons, quelquefois au cabaret où le violon change de ton et de note, et se tourne en usage profane ; les danses y durent une partie du jour, et bien avant dans la nuit ; ce qui produit des assemblées de sexe différent quelquefois, et souvent des querelles. L'on ne parle pas des ivrogneries ny des suites qu'elles peuvent avoir dans pareil mélange de personnes. » *Sans signature.*

Et plus bas, où sont relatées les protestes des conseillers :

« Quant aux confréries, l'on n'y a jamais reconnu *aucun abus*, et s'il s'en trouve, il est juste qu'ils soient réprimés. »

« Le tableau n'est pas flatteur, dit fort judicieusement M. H. Tavernier (1) ; sans doute, il dévoile une certaine dissolution des mœurs et la décadence de la plupart de nos confréries à l'époque précitée. Ces lignes, empreintes de tristesse, laissent percer chez le pasteur (2) des âmes justement alarmé le désir de les voir supprimer par l'évêque. Il faut toutefois, ce semble, distraire de cette liste incriminée la confrérie de Saint-Nicolas. »

On trouvera aux *Documents inédits* les statuts de la confrérie de Saint-Clair, dressés les uns en 1645 et les autres au 6 janvier 1830.

Il n'y a actuellement à Samoëns, ni statue, ni autel, ni tableau, ni bannière de Saint-Clair, abbé.

---

(1) *La Confrérie de Saint-Nicolas*, II, p. 25-27.
(2) M. Ruphy.

III. SUPPLÉMENT

AU

DIOCÈSE DE SAINT-JEAN-DE-MAURIENNE

Il ne sera pas hors de propos, croyons-nous, de donner ici certains détails qui n'avaient pu trouver place dans le premier volume, soit à cause de leur longueur, soit parce que nous les ignorions alors (1).

L'importance de la pièce suivante ne fera doute pour personne. Nous la prenons dans le 5ᵉ bulletin du 3ᵉ volume des *Travaux de la Société d'histoire et d'archéologie de la Maurienne*, année 1876.

« Anno Domini millesimo tercentesimo secundo indicione decima quinta idus septembris. Venerabili patri in Christo domino Amblardo Dei gratia existente episcopo Mauriane coram testibus infra scriptis per hoc presens publicum instrumentum contis appareat evidenter omnibus tam presentibus quam futuris quod cum hoc esset quod Petrus de Monte civis Sancti

---

(1) En Maurienne, les fidèles qui allaient s'agenouiller auprès du tombeau du B. Ayrald, mettaient le doigt dans le creux de la pierre, suintant une huile miraculeuse, et touchaient ensuite leurs membres malades. Cette dévotion était surtout pratiquée par les personnes affligées de maux d'yeux. Plusieurs des témoins, qui furent entendus en 1858, au sujet d'une enquête sur le B. Ayrald, assurèrent avoir éprouvé eux-mêmes du soulagement, en récompense de leur foi et de leur confiance. Nous avons puisé ces détails dans *Le Bienheureux Ayrald, chartreux, évêque de Maurienne, Sa Vie, ses Reliques, son Culte*, par M. l'abbé Truchet, chanoine, *président de la Société d'Histoire et d'Archéologie de la Maurienne*.

Johannis Mauriennensis benè instructus de jure et de facto ut asserebat sua spontanea voluntate et affectione speciali dedisset et concessisset nomine sui et suorum in perpetuum donacioneque directa inter vivos pura, simplici et irrevocabili Deo et Beate Marie sanctoque Johanni Baptiste, dominis canonicis, capellanis et clericis chori dicte ecclesie intrantibus et michi notario infra scripto presenti, stipulanti solempniterque recipienti vice, nomine et ad opus dictorum Dominorum canonicorum, capellanorum et clericorum chori dicte ecclesie intrancium qui nunc sunt et qui tempore fuerint pro uno convivio faciendo in refectorio domus commorate ut moris fuit hactenus consueti cum carnibus et veru in die festo beati Georgii martiris septuaginta libras viennenses semel persolvendas ecclesie memorate capitulo pro LXX solidis de bonis redditibus emendis uti LXX solidos annuales annuatim ipsi capitulo persolvendos pro dicto convivio, una cum luminari et eleemosina in refectorio facienda ut in dicta ecclesia et refectorio hactenus est cumsuetum et dictum convivium in dicto festo Sancti Georgii ydonee non fieri potuisset ob hoc quod dominus Aymo de Urteriis quondam canonicus Mauriane dictum festum Sancti Georgii duplex dimisisset et etiam in ipso festo convivium. . . . . . . faciendum unde dictum capitulum mauriane ad sonum campane in sacrario dicte ecclesie ad hoc specialiter congregatum scilicet dompnus Bonefacius Eymari decanus mauriane, dompnus Viffredus de Arva dominus magister Bernardi, dominus Vullielmus de Tiniaco, dominus Vullielmus Eymari, dominus Hugo Tiberii sacrista dicte ecclesie, dominus Hugo Burse, dompnus Aymo Burse et dominus Johannes de Ponte pro se et pro aliis canonicis dicte ecclesie absentibus, habita super predictis plena deliberacione et tractatu ut asserebant videntes etiam dictum festum sancti Georgii esse occupatum ob. . . predictam ad instanciam et requisitionem dicti Petri de Monte promiserint unanimiter et bona fide nomine quo supra dictum facere convivium in festo beati Clari, scilicet in crastino Epifanie Domini, una cum predictis luminari et eleemosina ut superius est expressum et de dicto festo sancti Georgii dictum Petrum solverunt penitus et quitaverunt prout in quadam abreviatura abreviata manu mei notarii predicti continebatur, que sit ab inde inanis, irrita et vana et nullius sit momenti atque valoris. Item promisit nomine quo supra dictum festum beati Clari solempniter celebrare et duplex facere cum quatuor cantoribus ut in dicta ecclesia hactenus est consuetum processionem sollempnem cum missa conventuali ad terciam prout melius et ydoneus fieri poterit ad aliquam aliam subsequentem diem et dum dictus Petrus vixerit super parentes ipsius, et post ejus decessum super eum pro predictis LXX lib[is] semel persolvendis eisdem nomine quo supra seu pro LXX sol[dis] annuatim eisdem persolvendis, tamen fuit dictum et predictum solempniter stipulatum vallatum et interpositum inter ipsos Petrum ex una parte et dictum capitulum ex altera quod dum ipse Petrus seu alter ipsius nomine voluerit dictum convivium facere in dicto festo ut supra est expressum quod dictum capitulum sic pro ipso faciendo se teneat pro contento tamen. . . Petrus ipse dicto capitulo dictas LXX libras persolverit nomine uti LXX solidos in bonis redditibus asseraverit quod tunc dictum capitulum dictum convivium una cum luminari et eleemosina ut superius est expressum, facere teneatur.

Item fuit predictum et dictum inter ipsos nomine quo supra quod si accidebat quod dictus Petrus faceret capellaniam in ecclesia memorata quod dictum capitulum non possit, nec debeat ipsum Petrum compellere ad aliud convivium faciendum ; sed ab ipso Petro capellaniam recipere teneatur pro competentibus redditibus ut consuetum est in ecclesia sepe dicta, tamen quod ipse Petrus teneatur mittere et ponere in ipsa capellania unum clericum ydoneum de clericis chori dicte ecclesie intrantibus pro dicta capellania servienda ad reverendam ecclesiam predictam. Hoc etiam adito cum predictis quod si aliquid erat residuum de predictis LXX solidis facto dicto convivio, cum eleemosina et luminari quod illud residuum pauperibus erogetur. Que omnia et singula suprà scripta promisit dictus Petrus solempniter stipulans et sub expressa obligacione omnium bonorum suorum presencium et futurorum et juramento supra Sta Dei evangelia prestito rata grata et firma habere perpetuo et tenere et adimplere in omnibus et per omnia cum effectu. Bene, non facere donacionis doli, mali, metu et inscienter et juri dicenti donacionem factam pro gratitudine quod pro ingratitudine posse revocari et juri dicenti donacionem factam ultimum quingentorum non valere nisi presens fiet insignuacio et omni alii jure canonico et civili per quod posset venire contra predicta vel aliqua predictorum. Inde precipiunt fieri duo instrumenta ejusdem tenoris, ita quod unam capitulum habeat et dictus Petrus aliud.

« Hoc actum fuit in dicto sacrario ubi testes vocati fuerunt et rogati dominus Anthonius de Colopnis, dominus Villelmus Simili capellani dicte ecclesie et ego Rodulphus Diderii de Jarriaco auctoritate imperiali et domus episcopalis Maurianensis notarius, hanc cartam scripsi et tradidi rogatus (1). »

Bessans

« Sur la rive gauche de l'Arc, au débouché de la combe du Raffour, arrosé par le rieu de Ribon, est ramassé le village de Bessans.

« Basses, épaisses, évidemment construites de manière à résister autant que possible aux orages si fréquents dans cette haute vallée, les maisons de ce village ont pourtant à l'intérieur, certain air d'aisance et de vie qui vous charme. L'église possède un tabernacle enrichi d'ornements et de statuettes ; c'est l'œuvre d'un enfant de Bessans, Clapier, qui vivait au commencement du xviiie siècle....

« Outre le sculpteur Clapier, qui a décoré la plupart des églises de la vallée, et dont les œuvres ont du mérite, Bessans s'enorgueillit de compter parmi ses enfants l'érudit Jacques Fodéré (2), religieux de l'ordre des Franciscains, qui s'est illustré dans l'éloquence de la chaire et a laissé la description et l'historique des couvents de saint Bonaventure (3). »

La Chambre

Voici quelques notes puisées dans l'ouvrage sur la *Savoie* de M. le baron Achille Raverat : « A l'entrée du bourg par le pont du Bugnon, on aperçoit les corps de logis tout délabrés de l'ancien couvent de Fran-

---

(1) Je dois cette communication à l'obligeance de M. le chanoine S. Truchet, président de la *Société d'histoire et d'archéologie de la Maurienne*.
(2) Voir ce nom à la *Table bibliographique*.
(3) Le Baron Achille Raverat, *Savoie*, p. 294.

ciscains (du xv⁰ siècle), où de pauvres familles ont su trouver asile. L'église conventuelle ne présente plus que le squelette d'un édifice qui, d'après la tradition, a été magnifique. Un vieil hôpital, faisant face au couvent, et dans un état semblable, montre ses murailles décrépitées, recouvertes encore de lambeaux de fresques, représentant divers attributs relatifs à sa destination ; on y remarque un ensevelissement du Christ, dont le rendu est saisissant de vérité.

« L'église paroissiale dédiée à saint Marcel (1), située à l'autre extrémité du bourg, fut érigée en collégiale par le pape Léon XI; on y voit un portail du xi⁰ siècle.

« Au dire de quelques écrivains, le bourg de La Chambre était nommé par les Romains *Mansiones* ou *Camera*; dénominations motivées par une station pour les messagers de l'État, et par un édifice où se rendaient les agents du fisc, pour la répartition des impôts prélevés sur les peuples de la vallée.

M. le curé de La Chambre nous écrivait le 30 juillet 1896 que « le culte de saint Clair a presque dis« paru de sa paroisse. Il est plus oublié encore, « ajoute-t-il, du moins dans le culte extérieur et « public... Saint Clair n'a pas même sa statue. »

Dans un livre de messes du 27 avril 1756, Landry Turbil étant doyen de la collégiale, on lit : « Le seigneur Jean, comte de La Chambre, a fondé une commémoraison annuelle et perpétuelle comme il en conste par son testament du 6 juin 1365. Ledit sei-

---

(1) Depuis 1881, l'Assomption de la Très Sainte Vierge est la patronne de la paroisse. (Communiqué par M. le Curé de La Chambre). L'ouvrage de M. le baron A. Raverat est de 1872. Or à cette époque La Chambre avait pour patrons l'Assomption et saint Marcel.

gneur lègue aux Bénédictins pour récompense de la commémoraison dix sols forts chaque année au prieur des Bénédictins qui étaient alors existants à La Chambre, à la place du Chapitre. Car le Chapitre ne leur a succédé que l'année 1515... C'est aux Bénédictins de Bellevaux et non au Chapitre à acquitter cette fondation. » Notre vénéré correspondant de La Chambre fait remonter à cette date de 1365 l'établissement du culte de saint Clair dans ce pays. Il est fâcheux qu'il n'y ait pas un acte corroborant cette idée. Et ce que nous avons déjà dit (1) confirmerait cette assertion. Dans tous les cas, saint Clair n'a jamais été même patron secondaire de La Chambre ; avant 1518, c'était l'Assomption ; de 1518 à 1881, l'Assomption et saint Marcel, pape et martyr ; actuellement c'est l'Assomption.

Saint-Jean-d'Arves

« Saint-Jean-d'Arves, au pied du mont Charvin, entre la pointe du Corbier et la pointe du Châtel, atteint une hauteur de près de 1600 mètres. Il y existait un château très fort, dont il ne reste plus rien aujourd'hui. Il faisait partie des terres de l'évêché de Maurienne. »

Saint-Jean-de-Maurienne

« Cette ville fut saccagée par les Barbares, en 532, et rebâtie par le roi Gontran, qui seconda puissamment le zèle pieux de sainte Thècle de Valloires. Cette noble fille avait apporté de la Palestine les deux

---

(1) Cf. Tome 1er, p. 127, 266, 351.

doigts de la main droite de saint Jean-Baptiste... On donna naturellement le nom du patron de l'église à la cité nouvelle, qui devint le siège du diocèse de Maurienne, siège que le prélat Felmase occupa le premier (1)....

« Depuis l'annexion, Saint-Jean-de-Maurienne offre un aspect assez agréable... On y voit de larges avenues plantées d'arbres ; on a ménagé des places entre les rues rectifiées;... la plupart des maisons, bien aérées, respirent une certaine aisance...

« La cathédrale est vaste, mais elle manque d'unité. Un portique, d'ordre ionique, précède la façade, qui date de 1772. Cet édifice est divisé en trois nefs de belles proportions et dans le style du xv° siècle (2). La cathédrale renferme plusieurs tombeaux, entr'autres celui de Humbert aux Blanches mains, mort vers 1048 ou 1050 dans la tour du châtel, celui de l'évêque Lambert, etc. (3). »

Saint-Martin-d'Arc

Monseigneur de Masin (4), dans le procès-verbal

---

(1) « Saint Felmase, premier évêque de Maurienne fut sacré, en 579, par l'évêque de Vienne, dans un concile tenu à Châlons-sur-Saône. » (*Tableau des principaux faits de l'histoire de Maurienne*, par l'ab. S. Truchet, Saint-Jean-de-Maurienne, 1896.)

(2) Les voûtes sont du xv° siècle. « Une charte de l'évêque Thibaud ou Tétubald, de 1040, déclare que la ville de Saint Jean est détruite. Ses dons et ceux de ses successeurs permettent de rebâtir la cathédrale... De cette reconstruction datent les murs des trois nefs et les lourds piliers de la cathédrale. Il y a encore de la seconde moitié du xi° siècle et du xii° la partie supérieure du clocher de Saint-Jean. » (L'ab. S. Truchet, *loc. cit.*, p. 8.)

(3) M. l'ab. S. Truchet, *loc. cit.*; Le Baron A. Raverat, p. 205-214, *passim*.

(4) François-Hyacinthe Valperga, comte de Masin, né en Piémont, évêque de Maurienne du 29 décembre 1687 au 7 septembre 1736, date de sa mort.

de sa visite pastorale de 1700, dit à propos de la chapelle (1) de Saint-Clair : « On dit que les Aymar y avaient droit de sépulture. » La famille Aymar est très ancienne. Elle possédait une tour au *Plan de la tour* (2), et plusieurs de ses membres, avant le xv⁰ siècle, prenaient la qualification nobiliaire.

Valloires

« L'église actuelle date de 1650 ; sa construction fut l'œuvre collective des habitants. Le village, reconstruit il y a quelques années, à la suite d'un incendie, propre, riant, offre de jolies habitations égayées par quelques jardinets et quelques bouquets d'arbres....

« Les ruines peu intéressantes du château de Saint-Pierre, ancienne résidence des évêques de Maurienne (3), sont à courte distance au-dessus du village de Place. Une telle obscurité couvre l'histoire de ce château, que chroniqueurs et écrivains varient tous sur son origine (4). »

---

(1) Cette chapelle n'est pas d'avant le xv⁰ siècle, ni même de ce xv⁰ siècle, mais elle peut avoir été bâtie sur l'emplacement d'une antique chapelle dont il ne reste plus rien.
(2) Commune de Saint-Martin d'Arc.
(3) En 579, Gontran cède à l'évêché de Maurienne, pour sa dotation, la souveraineté sur dix-huit communes, y compris la ville de Saint-Jean, avec les châteaux d'Argentine, Saint-André, Valloires, etc. (M. l'abbé S. Truchet, *loc. cit.*)
(4) Le Baron A. Raverat, *Savoie*, p. 237-240, *passim*.

APPENDICE

Chambéry. — Chazay-d'Azergues. — Feissons-sous-Briançon. — La Cadière. — Le Lavandou : Saint-Clair. — Pont-de-Beauvoisin (Savoie). — Saint-Clair-sur-Rhône. — Tavernes. — Encore Saint-Clair d'Apt. Statuts des Maîtres tailleurs d'habits de la ville de Marseille.

CHAMBÉRY
(Département de la Savoie. — Diocèse de Chambéry.)

Tout près du pont du Reclus, un peu au-dessus de l'angle formé par la route d'Aix et le quai de Nesin, se trouvait la chapelle de Saint-Clair. Elle fut fondée le 3 octobre 1419 par noble Guigue de la Ravoire qui lui constitua 19 f. f. de Savoie, dus par Jean Dardel, de Bissy, sur 3 seitorées de pré, 46 den. gr. dus sur une maison au Reclus. La chapelle possédait également un pré à Challes. L'évêque de Grenoble l'unit le 18 avril 1717 au couvent de la Visitation de Sainte-Marie de Chambéry.

Cette chapelle était annexée à l'hôpital du Reclus, fondé par noble Guillaume Dieulefils, de Chambéry ; l'acte de fondation portait entre autres, une somme de 10 liv. vien. pour la chapelle de Saint-Clair (1).

CHAZAY-D'AZERGUES
(Département du Rhône. — Diocèse de Lyon.)

D'après le procès-verbal de visite pastorale de 1719 cette église possédait alors des reliques de Saint-Clair, abbé.

---
(1) Léon BOUCHAGE, chan. hon , aumônier à Chambéry.

APPENDICE 115

Feissons-sous-Briançon

(Département de la Savoie. — Diocèse de Tarentaise.)

Saint Clair est vénéré dans cette paroisse, et sa fête se célèbre avec grande solennité le 5 janvier. Il y a un certain concours de pèlerins. On bénit du vin blanc.

La Cadière

(Département du Var. — Diocèse de Fréjus.)

Les corporations de métiers existaient à La Cadière dès le xvi° siècle (1) ; saint Clair, Abbé, était le patron des tailleurs et des couturières. Le jour de sa fête la corporation faisait chanter une messe solennelle à son autel (2), assistait aux processions générales (3) de la paroisse, et aux funérailles (4), marchant sous la bannière de son saint protecteur, comme cela se pratiquait à Marseille (5).

En 1858, cette corporation n'existait plus à La Cadière (6), et aujourd'hui ils se rendent en foule à la paroisse voisine Le Castellet, dont saint Clair est le patron.

---

(1) L'ab. Magl. Giraud. *Archives paroissiales de La Cadière*, p. 61.

(2) L'église de La Cadière renfermait autrefois plusieurs chapelles : du côté gauche, celles du Rosaire, de *Saint-Clair* et de Sainte-Anne, remplacées aujourd'hui par des autels de marbre sous d'autres vocables, à l'exception de celle du Rosaire. (*Id.* p. 98.)

(3) Les processions auxquelles assistaient les consuls et le corps municipal ainsi que le viguier et le capitaine de ville avec ses officiers (un capitaine, un lieutenant, six sergents armés de hallebardes et un porte-enseigne), étaient celles de l'Ascension à Saint-Cyr, *les veille et jour de Saint-Clair* et de Saint-André pour allumer le feu de joie... (*Id.* p. 76.)

(4) En 1702, aux funérailles de M^tre Joseph Matheron, parmi les corporations y prenant part et recevant un honoraire, nous trouvons « Saint-Clair, 1 livre » (*Id.* p. 133.)

(5) Cf. Tom. Ier, p. 204, 205.

(6) L'ab. Magl. Giraud, *loc. cit.*, p. 62.

Le Lavandou-Saint-Clair (1)

(Département du Var. — Diocèse de Fréjus.)

Cet ancien ermitage, que nous pouvons encore reconnaître par les numéros 1223 et 1224 de la section E, cinquième feuille du plan cadastral, est situé à l'entrée de la vallée charmante qui porte ce nom, à un quart d'heure du Lavandou (2); il a été bâti en 1668 sur l'emplacement même d'une ancienne chapelle dédiée au même saint. Elle coûta 960 livres. Maçon entrepreneur : Claude Grisole (3).

« Nous pouvons dire que cette chapelle a fait long-

---

(1) Ces notes m'ont été fournies par un serviable confrère, M. l'Abbé Gaston Raynaud de Lyques, membre correspondant de la « Société d'Etudes de Draguignan ».

(2) Voir l'acte d'adjudication du 22 mai 1668, notaire François Montanard, à Bormes.

(3) Le Lavandou comptait 409 habitants, en 1859 ; il en a aujourd'hui 1150. En 1855, souscription pour l'édification d'une église et du presbytère au hameau du Lavandou ; M. Louis Pélissier, curé de Bormes, donne de ses propres deniers 10.000 fr. ; — le 25 août 1855, bénédiction de la première pierre de l'église du Lavandou, par M. Pélissier, curé de Bormes. Le 4 janvier 1857, le conseil de fabrique de l'église paroissiale de Bormes délibère à l'unanimité qu'il y a nécessité d'ériger en succursale l'église du hameau du Lavandou, à cause de l'importance de ce quartier. De son côté, le 1er février 1857, le conseil municipal de la commune de Bormes délibère qu'il est juste et nécessaire que la chapelle du Lavandou soit érigée en succursale avec la circonscription territoriale suivante : superficie 13001 hectares, 24 ares et 59 centiares, comprenant les quartiers du Lavandou, Saint-Clair, la Faussette, Aigue-Belle, la Rouvière, Cavalière, Capnègre et Pré-Mousquier. Ladite circonscription ayant pour limites et confronts : à l'ouest, le ruisseau des Hilaires ; au nord, les quartiers de la Colle et Sauvaire ; à l'est, le territoire de la commune de la Molle ; et au sud, le rivage de la mer. — Le 2 février 1859, l'église du Lavandou est érigée en église paroissiale et succursale par Mgr Jordany, évêque de Fréjus et Toulon, lui donnant pour titulaire et vocable saint Louis, roi de France. — Décret impérial d'érection, du 5 février 1859 ; — 24 février, bénédiction de la nouvelle église par M. L. Pélissier, curé de Bormes ; le 27 mars suivant, jour de dimanche, installation de M. Pourchier, comme recteur du Lavandou. (Extrait de *Notes chronologiques pour servir à l'histoire de Bormes* (Var), par M. Philémon Giraud).

temps la joie et les délices des habitants de Bormes par le gracieux romérage que l'on y célébrait chaque année le lendemain de la Pentecôte. Pourquoi faut-il que la plus froide indifférence ait succédé à l'antique enthousiasme populaire.

« Aux termes du décret du 10 octobre 1789, la chapelle de Saint-Clair fut déclarée propriété nationale... Le gouvernement la vendit d'abord à M. Maurice Courme, propriétaire à Bormes ; celui-ci la légua, par son dernier testament, à dame Geneviève Turrel, son épouse, qui la vendit ensuite à M. Bruno Turrel, son frère. Puis par acte du 24 avril 1853, notaire Honnoraty, à Bormes, elle passa sous le domaine de Mme Marie Roubeuf, veuve Courme. »

Quand aux plus mauvais jours de la Révolution, les Chartreux de la Verne quittèrent leur monastère, ils prirent leurs mesures pour arriver avant le jour sur la plage déserte et enfoncée de Saint-Clair... C'est là que, fidèles à leur promesse et déjà inquiets du retard des bons Pères, deux bâteliers les attendaient avec une barque prête à mettre à la voile. Avant d'y entrer, les chartreux se prosternèrent sur le sable du rivage pour rendre grâce à Dieu de ce qu'il avait béni leur fuite. Saint Clair veilla sûrement sur la faible nacelle, car le lendemain les Pères rentrèrent sains et saufs dans le port de Nice.

§ *1. Les Prieurs de Saint-Clair.*

« Les prieurs de Saint-Clair étaient nommés chaque année par le conseil municipal. Nous allons faire connaître ceux dont nous avons pu encore trouver les noms dans les archives de cette chapelle, déposées à la maison commune de Bormes.

1736. Rafeau.
1746. Meissonnier Joseph ; Barberin Joseph-François.
1759. Montanard.
1775. Montanard.
1776. Montanard, Honnoraty.
1781. Montanard Jean-François ; Honnoraty Joseph.
1782. Brunet Joseph ; Maure Lazare ; Thomas Bousquet.
1783. Brunet ; Dragon Jacques-Félix ; Berny Joseph, Bousquet Jean.
1785. Brunet ; Berny Claude ; Bouisson.
1786. Dragon ; Courme ; Berny.
1787. Brunet Joseph ; Berny Claude ; Blanc Elzear.
1788. Augier ; Montanard ; Berny.
1789. Maure Lazare ; Brunet Joseph ; Roubion Pierre.
1791. Richard.
1792. Monier Bruno ; Roux Jean-Jacques ; Brest Antoine (1).

§ 2. — *Ermites de Saint-Clair décédés à Bormes.*

Antoine Valentin décédé le 29 décembre 1718, âgé de 80 ans.
Pierre Reinier, décédé le 30 septembre 1735, âgé de 65 ans.
Jacques Engalier, décédé le 28 novembre 1741, âgé de 78 ans.
Louis Bausset, décédé le 18 décembre 1746, âgé de 77 ans.
Trophime Valentin, décédé le 21 avril 1757, âgé de 55 ans.
Joseph Montanard, décédé le 22 septembre 1759, âgé de 26 ans.
Jean-Baptiste Jauvert, décédé le 20 octobre 1763, âgé de 80 ans.
Joseph Brest, décédé le 18 octobre 1787, âgé de 60 ans (2).

Pont-de-Beauvoisin

(Département de la Savoie. — Diocèse de Chambéry.)

Nous avons parlé de cette paroisse et de sa relique de saint Clair, *martyr*, au Tome Ier, p. 92 et 223. Nous sommes heureux de pouvoir y ajouter la communication suivante :

---

(1) *Notes chronologiques pour servir à l'histoire de Bormes*, par Philémon Giraud, pp. 175 ; 193-196 ; 248-220.
(2) Idem.

« Avant la Révolution les populations de la région y venaient en pèlerinage. Ce chef serait muni d'une authentique, et M. Rivoire, avec l'autorisation des supérieurs ecclésiastiques, en aurait détaché un fragment tout petit pour le donner à l'église paroissiale d'Aix-les-Bains (1) où est établi le culte de ce saint (2). »

Saint-Clair-sur-Rhône

(Département de l'Isère. — Diocèse de Grenoble.)

A ajouter à ce qui a été dit au Tome Ier, p. 65.

Dimensions de l'église. Le sanctuaire de A à B mesure 8^m65 ; de la porte de l'église au sanctuaire B C, il y a 19^m35 ; la largeur de l'église à D E est de 6^m08 ; la largeur du sanctuaire, H I, est de 7^m45 ; les chapelles latérales, ou bras de la croix, ont 6^m30 en longueur, F G. L'échelle de proportion est de 4 millimètres par mètre.

Tavernes

(Département du Var. — Diocèse de Fréjus.)

Reliques de saint Clair. — A la page 223, note C, du premier volume nous écrivions : « L'authentique qu'a vue M. le Curé-Doyen de Barjols ne permet pas de préciser quel est ce saint Clair, martyr. »

Les deux procès-verbaux suivants, dont nous devons la communication à un jeune ecclésiastique de Montmeyan (Var), sont loin de faire la lumière sur ce sujet.

---

(1) Cf. Tome Ier, p. 191, note II, et 214, note A.
(2) Léon Bouchage, chan. hon., aumônier, à Chambéry.

Felix d'Aiminy presbyter facultatis aquensis Doctor theologus Eccl. Cathedralis Regiensis Archidiaconus, necnon Ill^{mi} et R^{ssimi} D. D. Ludovici Balthazaris Phelipeaux, Episcopi Regiensis, vicarius generalis om^{bus} et singulis fidem facimus et declaramus ex parte parrochi Ecc^{æ} parochialis loci de Tavernes ejusce Regiensis Diocesis præsentatam nobis fuisse Capsulam ligneam charta depicta coopertam vittaque serica rubei coloris ligatam bene clausam et fratris Josephi Eusanii Aquilani ordinis Eremitarum S^i Augustini Sacrarii apostolici prefati parvo sigillo obsignatam quam aperuimus et invenimus reliquias de ossibus SS. Chrysti martyrum Honorati, Placidi, Justini, Illuminatæ, Fortunatæ ac Victoriæ sive Vincentiæ ac insignem reliquiam S. Clari martiris sicut continetur in autentica de die 22 augusti 1686. — Registrata folio 36 quas denuo in eadem capsula clausimus sigilloque nostro obsignavimus in theca decenti reponendas et sigillandas simul cum autentica posteaque Christi fidelium venerationi exponendas in dicta parochiali ecclesia de Tavernes in quorum fidem has manu nostra subscripsimus sigillique curiæ episcopalis per secretarium infra scriptum jussimus impressioni muniri datum Regii anno millesimo septingentesimo decimo quinto die vero prima julii.

<blockquote>D'Ayminy, archidiaconus et vic-gnalis.</blockquote>

Sceau sec de l'évêché de Riez

Vidimus confirmavimus et sigillo nostro munivimus, per decursum visitationis nostræ pastoralis in Parochia de Tavernis trigesima die mensis septembris anno Domini 1777.

<blockquote>† P. episcopus Regiensis.</blockquote>

Jacobus Aycardi presbyter, theologiæ baccalaureus, ecclesiæ parochialis loci de Tavernes parochus, universis et singulis fidem facimus et attestamur, ex parte Reverendi D. Felicis d'Aymini vicarii generalis D. D. nostri illustrissimi Ludovici Balthazaris Phelippeaux hujusce Regiensis diocesis episcopi, remissam nobis fuisse capsulam in qua repositas invenimus reliquias S. S. Martyrum, Honorati, Placidi, Justini, Illuminatæ, Fortunatæ, Victoriæ seu Vincentiæ, et in primis insignem reliquiam S^i Clari martyris, cum autenticis et diplomate requisitis; quæ omnia reposuimus, clausimus et sigillo nostro obsignavimus in theca deaurata quæ habet superpositam statuam auronitentem dicti S^i Clari juxta mandatum dicti D. Felicis d'Aymini, presentibus magistris Josepho Roussenq, Josepho Aubert sacerdotibus, Joanne Roussenq projudice, Saturnino Garcin consule, et ceteris pluribus ex civibus.

Datum in ecclesia hujusce loci de Tavernes die secunda julii anno millesimo septingentesimo decimo quinto.

J. AYCARD, J. ROUSSENQ p^r, AUBERT p^r,
AUBERT, J. ROUSSENQ, *lieut. de juge*,
GARCIN, N^{re}.

(Sceau du curé.)

(Archives paroissiales de l'église de Tavernes, Var.)

SAINT CLAIR D'APT

Dans le premier volume, à la fin de l'Appendice sur saint Clair d'Apt (p. 94), je disais : « Ces citations, quoique un peu longues, m'ont semblé nécessaires, et si elles ne paraissent pas décisives à tous, elles auront peut-être l'avantage de provoquer de nouvelles recherches archéologiques et hagiographiques, qui donneront, sans doute, une solution définitive et indiscutable. Je serai le premier à applaudir à un si heureux résultat. »

La *Semaine religeuse du diocèse d'Avignon*, dans ses numéros des 4 et 11 juin 1898, a traité savamment de saint Clair d'Apt par la plume de son distingué directeur M. Paul de Terris (1), qui, à la fin de son substantiel article, conclut que ce « point d'histoire locale reste obscur (2). »

Nous nous reprocherions de ne pas fournir à nos lecteurs de larges extraits de cette belle étude.

« Le premier, dit M. Paul de Terris, qui, à notre connaissance, se soit avisé de décorer un saint Clair du titre d'évêque d'Apt, c'est François de Rémerville de Saint-Quentin (1650-1730) qu'on a honoré du nom d'*Hérodote Aptésien*. Bien que, dans les nombreux ouvrages historiques qu'il a consacrés à sa ville natale, Rémerville fasse généralement preuve d'esprit critique, il en a montré assez peu en qualifiant du titre d'évêque d'Apt le saint Clair qu'on honorait dans cette église depuis une époque assez récente, comme évêque martyr, le deuxième jour de janvier (3).

« C'est en effet au calendrier du bréviaire imprimé en 1532 à l'usage de l'église d'Apt, dit Bréviaire de Nicolaï, que nous voyons pour la première fois figurer saint Clair au 2 janvier sous ce titre : *Clari episcopi et*

---

(1) Ancien vicaire général du diocèse de Fréjus, rentra à Avignon, après la mort du très regretté Mgr Terris, son oncle, de pieuse mémoire. De la cure de Saint-Symphorien, à Avignon, M. Paul de Terris vient d'être nommé à l'archiprêtré d'Apt.

(2) *Semaine religieuse d'Avignon*, n° 23 (11 juin 1898), p. 340.

(3) En dehors de saint Clair, qualifié évêque d'Apt, et de saint Clair, abbé de Saint-Marcel, aucun autre saint du nom de Clair n'a jamais eu et n'a aujourd'hui sa fête marquée au 2 janvier. Cf. Tome Ier, 1re partie, chapitre préliminaire.

martyris. Rien qui indique un évêque d'Apt, tandis que les saints incontestablement aptésiens y sont qualifiés de ce titre...

« Rémerville a voulu tirer du Bréviaire de 1532 un argument plus décisif en faveur de l'épiscopat aptésien de saint Clair.

« A la première page de ce Bréviaire nous lisons en vers latins écrits dans le style de la Renaissance une invocation adressée aux saints de l'Église d'Apt :

AD DIVOS ALMÆ CIVITATIS APTENSIS DECASTICUM

Cette pièce commence de la sorte :

Anna parens salve regis genitricis Olympi ;
Cum comite Auspicis, Castor avete simul,
Martiane et clari salve nunc incola cœli,
Christianæ fidei religione micans.

« Les vers suivants qui se lisent à la tête de ce Bréviaire mettent saint Clair au nombre des saints dont les corps reposent dans l'église d'Apt (1). »

De l'adjectif *clari* qui figure comme épithète du mot *cœli*, l'Hérodote Aptésien a fait saint Clair.

Dans les lignes suivantes que M. Paul de Terris cite de Rémerville nous partageons absolument son avis, à savoir que l'Hérodote Aptésien « est peu convaincu lui-même de ce qu'il avance. »

Voici le texte de Rémerville :

« Ce qui donne à connaître qu'on l'a aussi confondu (saint Clair d'Apt) avec un autre saint Clair, prestre et martyr du pays Vexin dont la feste est marquée le 4 novembre dans le martyrologe d'Usuard et dans le martyrologe romain. »

L'église de Rouen fait mémoire de saint Clair, prê-

---

(1) *Histoire de l'Eglise d'Apt*; manuscrit de la bibliothèque du grand séminaire d'Avignon.

tre et martyr, le 4 novembre; les églises de Bayeux, Coutances, Séez, la célèbrent le 18 juillet; elle est reportée au 21 juillet dans le diocèse de Versailles. Les renseignements reçus de ces divers diocèses nous permettent d'assurer que jamais on n'y a confondu Saint-Clair, prêtre et martyr, avec un autre saint de même nom.

« Les anciens calendriers de l'église d'Aix, ajoute Rémerville, font mention d'un saint Clair, évêque et martyr. »

Cela est vrai ; mais nulle part dans le Bréviaire du xvie siècle nous n'y avons lu saint Clair, évêque et martyr d'Apt ; tandis qu'à la même époque non loin d'Aix, à Rognes, existait une confrérie, sous le titre de Saint-Clair, abbé de Vienne, et la fête était célébrée le 2 janvier.

Et puis voici qui est raide : « L'église de Nantes, en Bretagne, reconnaît un saint Clair, *martyr*, pour son premier évêque. Les auteurs bretons rapportent qu'en l'année 885 le corps de ce saint évêque et martyr fut porté à Bourges, pour le sauver de la cruauté des Normands qui ravageaient la Bretagne et que de là on dispersa les reliques en diverses églises. Peut-être en porta-t-on aussi dans l'église d'Apt, et que c'est là l'origine de l'honneur que l'on y rend encore à un saint Clair, évêque et martyr (Hist. de l'église d'Apt). »

J'ai sous les yeux divers documents concernant l'apostolicité de l'église de Nantes et l'époque où vécut saint Clair, premier évêque de cette ville. S'il y a partage d'opinion pour la date, il y a uniformité de sentiments pour déclarer saint Clair, apôtre de Nantes, évêque et confesseur. Dans le plus ancien

livre liturgique conservé à Nantes, l'*ordinaire de 1263*
(composé par le chantre Elie), on lit au 10 octobre :
« Fête du Bienheureux Clair, évêque et confesseur. »
M. le chanoine U. Chevalier dans son *Répertoire des
Sources historiques du Moyen-Age*, donne à saint Clair, de
Nantes, le titre de Confesseur Pontife, et il appuie son
affirmation sur les *Acta Sanctorum* des Bollandistes
(édit. 1786) et sur LE GRAND et LOBINEAU : Saints de
Bretagne. On pourrait encore ajouter à ces témoignages les *Annales de la Société d'Archéologie de Nantes*, année 1864 ; *Vie des Saints de Bretagne*, par Albert le Grand ;
le Pouillé de l'archevêché de Rennes, tom. I, pp. 33,
34, 461 et tom. VI, p. 514. Mais cette nomenclature
est déjà longue et il faut nous borner.

Il ressort de ce qui précède que pour les besoins
de sa thèse Rémerville a fait à tort un martyr de saint
Clair, évêque de Nantes, le confondant avec saint
Clair, prêtre et martyr, dont la fête tombe le 4 novembre. Et alors que reste-t-il de son évêque et martyr d'Apt?

Que le lecteur veuille bien relire ce que nous avons
déjà écrit sur cette question dans notre premier volume (1).

Espérons qu'un jour viendra où l'on connaîtra
d'une manière sûre, quel saint Clair était fêté à Apt
avant 1532.

« En 1664, dit M. Paul de Terris, quand l'évêque
Modeste de Villeneuve des Arcs, adoptant pour son
Église le Bréviaire romain, fait dresser le Propre des
offices de son Église, saint Clair n'y figure plus qu'avec le titre d'abbé. Quelques années plus tard, Rémer-

---

(1) Ire partie, Appendice I.

ville, en écrivant son Histoire de l'Église d'Apt, réclame pour saint Clair, nous venons de voir sur quelles bases peu solides, le titre d'évêque d'Apt en y ajoutant l'honneur du martyre. En 1779, Mgr Bocon de la Merlière, dans la nouvelle édition du Propre de son Église (1), lui reconnaît ce double titre qu'il conserve dans le bréviaire aptésien de Mgr Eon de Cély (1786). »

Un extrait (2) de la correspondance, échangée en 1856, entre l'archevêché d'Avignon et la Sacrée Congrégation des Rites, pour l'approbation du Propre diocésain, n'éclaircit pas davantage cette question. A la demande d'explications que fit la Sacrée Congrégation au sujet de saint Clair, l'archevêché répondit :

« Superest ut quædam dicamus de S. Claro. Quis fuerit ille S. Clarus, quo vixerit sæculo, quid egerit non liquet, verumtamen sanctum hujus nominis ab antiquis temporibus in regione Aptensi populus veneratus est. De illius festo mentio fit in omnibus breviariis et propriis quæ diversis temporibus a diversis episcopis Ecclesiæ Aptensi digesta sunt. Illius reliquiæ in oratorio episcoporum Aptensium diù et religiose conservatæ centum et duobus abhinc annis translatæ sunt in oratorium publicum, ubi etiam nunc pio fidelium concursu visitantur... »

Inutile de prolonger cette discussion. Mais nous tenons à témoigner à M. Paul de Terris notre profonde reconnaissance pour le bienveillant accueil qu'il a fait

---

(1) Nous avons sous les yeux une autre édition du Propre du diocèse d'Avignon. Elle est de 1769.

(2) Nous en devons la connaissance à M. le chanoine Paul de Terris, curé-archiprêtre d'Apt.

à notre modeste travail (1) et aussi pour son obligeante communication, sur un sujet si intéressant.

STATUTS DES MAITRES TAILLEURS D'HABITS DE LA VILLE DE MARSEILLE (2)

Du traizième May mil six cens septante cinq, pardevant Nous Nicolas Debausset, Conseiller du Roy, Lieutenant General Civil et Criminel en la Seneschaussée et Siege de cette Ville de Marseille, dans la Chambre du Conseil, à deux heures de relevée, sont comparus Louis Imbert, Pierre Roubion, Jean-Antoine Barthelemy, Joseph Dol, Noël Bourgerel et Lazare Eyried, Syndics et Jurés des Maîtres Tailleurs d'Habits de ladite Ville ; lesquels en presence de Me Jean-Baptiste de Serre, avocat et procureur du Roy audit Siege, Nous ont dit et remontré, que par les Statuts

---

(1) M. Paul DE TERRIS nous écrivait le 6 juin 1898 :

« Monsieur et cher Confrère,
« J'ai reçu et parcouru avec plaisir votre *pieuse* et *consciencieuse* étude
« sur saint Clair. Elle mérite tous les éloges qui vous ont déjà été faits et
« bien d'autres encore. Il est difficile de pousser plus loin une monographie
« que vous ne l'avez fait, sur le culte de ce saint, saint relativement peu
« connu, mais culte très répandu. »

(2) Fait imprimer par le sieur JEAN ROUX Syndic. A Marseille chez JEAN-BAPTISTE BOY, Imprimeur du Roi et de la Ville, Marchand Libraire près la Loge, 1721, pet. in 4°, 16 pp. (Fonds Arbaud, à Aix-en-Provence). — Il existe une autre édition, datant de MDCCLVI et ayant pour titre *Statuts et Règlements du Corps des Maîtres Marchands Tailleurs de la ville de Marseille. Faits par Srs* JOSEPH MARILLIER, HENRY GUEYROARD, JOSEPH MAZOLLIER et CONSTANTIN ODDO, *Prieurs dudit Corps*. — A Marseille, de l'Imprimerie ANTOINE FAVET, Libraire sur le Port. — Pet. in-4°, 36 pp. (Fonds Arbaud, à Aix-en-Provence). Le lecteur verra par les larges extraits que nous donnerons de ces « statuts » que Marseille possédait une association ou Confrérie de Tailleurs d'habits dès le XVIe siècle, placée sous le patronage de S. Clair, abbé. — Voir notre tome Ier, IIe p., ch. VII, p. 250 et suiv.

de leurs Maîtrises, authorisés par Lettres Patentes de Sa Majesté du mois d'Octobre mil cinq cent huitante quatre et au mois de Septembre mil six cens dix, confirmés par Arrest de l'année mil six cens soixante duëment enregistré, il y a plusieurs Articles conçûs en termes ambigus et d'autres obmissions qui ont causé une infinité de Procez au Corps de la Maîtrise et on découvre tous les jours de nouveaux abus ; Et pour y deliberer, par une Deliberation du Corps des Maitres est tenuë le sixième du mois de Fevrier dernier, a été donné pouvoir ausdits Syndics, de se pourvoir par les voyes que jugeront les plus à propos, pour parvenir à la reformation desdits Statuts ayant en conséquence, de l'avis de leur Conseil, dressé de nouveaux Statuts plus clairs et plus intelligibles, conformes à ceux des Maîtres Jurés des Tailleurs de la Ville de Paris (1), où seroit en ce que la différente situation des Lieux y peut résister : Et parce qu'ils destinent les renvoyer en Cour, afin d'obtenir Lettres Patentes de Sa Majesté, portant confirmation et authorisation d'iceux, lesdits Syndics Nous ont supplié de les vouloir examiner et approuver, afin que plus facilement ils puissent parvenir à leur dessein. Et se sont signés. *Signé* Imbert, Dumont, Robion (2), Joseph Dol, Jean-Antoine Barthélemy, Bourgerel et Eyried.

Suivant laquelle supplication et requisition, ayant Nous avec le Procureur du Roy, lû, examiné et attentivement considéré separement et à part lesdits Sta-

---

(1) *Les Corporations ouvrières de Paris, du XIIe au XVIIIe siècle, Histoire, Statuts, Armoiries, d'après des documents originaux ou inédits* par ALFRED FRANKLIN, 2 broch. in-f^o. — *Tailleurs, Couturières.* — Paris, Libr. F. Didot et Cie, 1884.

(2) Roubion, édit. de 1756.

tuts et tous les Articles qui les composent, les avons, du consentement dudit Procureur du Roy, approuvés sous le bon plaisir de Sa Majesté, et ordonné que les Syndics se pourvoiront au Roy pour les authoriser, si tel est son bon plaisir, lesquels, au nombre de trente Articles, seront transcrits comme s'ensuit. *Signé*, Debeausset (1), Lieutenant, et De Serre, Procureur du Roy, à l'original.

Premier Article

Que aucuns Maîtres des Compagnons et Apprentis ne pourront travailler les jours de saint Dimanche (2) ni Fêtes commandées de l'Eglise, à peine de trois livres d'amende contre chacun Maître, trente sols les Compagnons et quinze sols les Apprentifs, dont les Maîtres seront responsables, à faute de payement ils seront contraints : applicables lesdites Amendes à la Luminaire de ladite Confrérie.

II

Que chacun (3) jour St. André (4), dernier Novembre, suivant l'ancienne coûtume, la Compagnie étant assemblée après avoir été convoquée par lesdits Prieurs le jour auparavant, il sera procédé à l'Election des quatre Prieurs et quatre Jurés par pluralité de voix, lesquels seront tenus de faire observer les presents Statuts, et dont leur conscience en demeurera chargée, et seront en outre chargés et tenus de rendre compte de l'administration de leur charge, au plus

---

(1) Debausset, édit. de 1756.
(2) Les jours des Dimanches et Fêtes commandées, édit. de 1756.
(3) Que chaque jour de St. André, édit. de 1756.
(4) Cf. Tome Ier, IIe p. p. 251. Il est question d'une édit. de « Statuts » dressés en 1732.

tard dans le mois après la Fête Saint-Clair, aux Prieurs nouveaux, à peine de cent livres d'amende ; Et le même jour il sera aussi nommé et élû huit Maîtres de la dite confrérie du nombre de ceux qui auront été Prieurs et Jurés, pour assister aux Chefs-d'œuvre (1) suivant l'usage et sera de plus le même jour aussi élû un Clerc pour convoquer et assembler ladite Compagnie, auquel chaque Maître payera lors de sa réception vingt sols.

III

Comme de tout tems et ancienneté, dont il n'est mémoire du contraire ni de l'établissement de ladite Maîtrise et Confrérie, il luy a été perpétuellement permis à ladite communauté, d'avoir une Boëte dans laquelle chacun Maître, Compagnon et Confrère de la dite Confrérie de la Ville de Marseille, ont accoûtumé de mettre finance selon leurs moyens et bonne volonté, quelques deniers de leurs Biens, pour assister et faire célébrer le Service Divin, et faire les Prières pour la Santé et Prospérité de nos Roys, conservation de leurs Statuts, chacun Maître ladite Communauté sera tenu de mettre à icelle, pour subvenir de ladite Confrérie à la Dépense et Frais de ladite Communauté, dix sols toutes les années, les Compagnons cinq sols et les Confreres et Confreresses trois sols, pour être lesdits deniers employés aux charges de la dite Communauté et le restant distribué aux pauvres et vieilles gens de ladite Communauté qui sont dépourvus de bien, et lesdites Aumônes et autres

---

(1) Tous les aspirants à la maîtrise étaient soumis à l'épreuve du *Chef-d'œuvre* (*Les Corporations ouvrières de Paris*...; *Tailleurs*, art. 5 et 26 des statuts), les fils de maître ne devaient que l'*Expérience*. (*Id.*; id. art. 8.)

Dépenses seront faites par les Prieurs dudit Luminaire, et leurs consciences en demeureront chargées.

IV

Et pareillement, pour éviter tous abus et contentions, procez, querelles et débats qui pourroient survenir et naître à la reddition des Comptes, sera créé et élû quinze jours après la Fête St. Clair, huit auditeurs de Comptes qui seront tirés au sort, et s'il arrivoit qu'il échoit à quelque parent jusques au troisième degré, on en créera un autre à sa place, au plus ancien desquels Auditeurs les Prieurs vieux seront tenus de remettre les Livres et Comptes de leurs Gestions et Administration de leurs charges, pour être bien et duëment examinés par lesdits Auditeurs, et après les avoir examinés pendant dix ou douze jours, et qu'il les auront clos après qu'ils les auront trouvés en bonne et duë forme, les signeront et non autrement après rendront les Livres ausdits Prieurs vieux pour les produire à l'Assemblée Generale selon la même coûtume, et feront rapport verbalement de l'état des Comptes à ladite Assemblée : Et à faute que les Auditeurs ne fassent bien le dû de leurs Charges, seront amendés de dix livres chacun, à la Boëte de la Luminaire.

. . . .

VI

Qu'à l'avenir les Prieurs et Jurés seront tenus de prendre soin de faire célébrer une Messe où bon leur semblera, tous les premiers Mardis de chaque mois, pour prier Dieu pour la Santé et Conservation de nôtre Roy, et pour le bonheur et prospérité de ses armes; et pareillement tous les Jeudys de chaque Semaine ainsi on continuera de faire dire la Messe à la Chapelle de St. Clair, pour les Tailleurs trépassés comme on a accoûtumé.

VII

De plus que toutes les Aumônes, offrandes et argent qui se trouveront dans les Troncs et Bassins pendant toute l'année et le jour de Saint-Clair, aussi les amendes aplicables audit Saint, ne pourront être diverties ni employées à autre sujet, qu'à la Decoration de la chapelle St. Clair, Honneur et Gloire de Dieu, et pour l'assistance des pauvres Maîtres ou leurs Familles, comme pauvres Filles à marier; Et les Prieurs sortant de leurs Charges, ne pourront laisser la Compagnie engagée ni endettée en ce qui regarde les Cierges de la Luminaire (1), et autre chose qu'on a accoûtumé de payer annuellement, à peine d'en souffrir en leur propre, toute fois (2) pendant le tems de son exercice.

VIII

Que aucun (3) Maître ne pourra être élû à la charge de premier et second Prieur, s'ils ne sçavent (4) lire et écrire et les Prieurs qui seront de service à la Chapelle seront obligés de faire celebrer et dire les Messes deux fois la Semaine, conformement à la Transaction passée avec les Chanoines du Chapitre Nôtre-Dame

---

(1) Du Luminaire, édit. 1756.
(2) Toutefois, édit. 1756.
(3) Qu'aucun, édit. 1756.
(4) S'il ne sçait lire..., édit. 1756.

des Acoules, les jours et heures établies par ladite Transaction, lesquels jours et heures les Prieurs seront obligés d'allumer ou faire allumer les Cierges pour le Service de l'Autel de ladite Confrérie (1) St. Clair, où les dites Messes doivent être dites (2), afin d'ôter toute excuse et pretexte ausdits Prêtres : Et toutes les fois que le Prieur qui sera de service manquera de ce faire, il payera une livre Cire à ladite Confrérie.

IX

Que nulle personne ne pourra être Maître Marchand Tailleur, tenir Boutique, ni travailler en Chambre ni ailleurs dans ladite Ville de Marseille, ses Faux-Bourgs ni dans son Terroir, soit en Habits et Accoûtremens d'Hommes, Femmes (3) ni autres, s'il n'a été reçu Maître en ladite Ville de Marseille, et fait son Chef-d'œuvre suivant l'usage et ancien Statut, pardevant

---

(1) Confrairie, édit. 1756.
(2) Cf. Tom. Ier, IIe p. ch. VII, p., 251.
(3) Les Tailleurs avaient encore le privilège exclusif de faire, sans aucune exception, tous les vêtements des deux sexes (« faire et vendre toutes sortes d'habits dont l'on se sert et dont l'on pourra se servir à l'avenir pour couvrir et habiller toutes sortes de personnes, de quelque qualité, âge et sexe qui se puissent présenter » : — Article 2 des *Statuts* de 1660, renouvelé en 1665 par les *Tailleurs d'habits — Chaussetiers. Les Corporations ouvrières de Paris...*; p. ALFRED FRANKLIN — Tailleurs, — p. 10, 11), et ils conservèrent ce monopole jusqu'en 1675, époque où les couturières furent érigées en corporation. — Cf. *Statuts et Ordonnances des marchands maîtres Tailleurs d'habits — Pourpointiers, Chaussetiers de la ville ; Fauxbourgs et Banlieue de Paris*. 1763, in-12, p. 53.— Il est bon de dire que la Corporation de *Tailleurs d'habits* de Paris avait son bureau, situé quai de la Mégisserie. Les Tailleurs étaient placés sous le patronage de la Trinité : La confrérie, que les statuts de 1583 (art.11) font remonter jusqu'à l'année 1402, se rassemblait à l'église de la Trinité, dans la rue Saint-Denis. La communauté avait pour armoiries : *De gueules, à des ciseaux d'argent ouverts en sautoir*. (Biblioth. nationale, ms., *Armorial général*, t. XXV, p. 322.) — *Les Corporations ouvrières de Paris*, p. A. FRANKLIN, *jam citato*.

les modernes et anciens Prieurs et Jurés de ladite Ville et les huit Elus, nonobstant même qu'ils eussent été reçûs et fait Acte de Chef-d'œuvre en d'autres Villes, ausquelles y auroit Maitrise et Jurande et même dans la Ville d'Aix (1), et enfin sous quelque prétexte que ce soit, s'ils n'ont été effectivement reçûs et examinés audit Marseille, à peine de confiscation de leurs Ouvrages qui seront à cet effet saisis, et de trente livres d'amende chacune fois pour laquelle ils y seront contraints, applicable moitié au Roy et l'autre moitié à la Luminaire de St. Clair, et ce pour éviter tous Procez et Contentions qui auroient survenu arrivés (2) entre les Maîtres desdites Villes.

Suivent encore vingt articles qui règlementent la Corporation, quant aux Maîtres Marchands, à l'apprentissage, aux Garçons et Compagnons (3) Tailleurs,

---

(1) Et même dans la ville d'Aix : ces mots ne se trouvent pas dans l'édit. de 1756. — Les « Statuts et Réglements du Corps et Communauté des Marchands drapiers, toiliers, etc. » de la Ville d'Aix, dressés le 1ᵉʳ Déc. 1721, indiquent comme patrons : La Nativité de Notre-Dame, saint Joseph et saint Antoine de Padoue. (Fonds Arbaud, Aix.)

(2) Et ce pour éviter tout Procès qui seroient survenus entre les Maitres desdites Villes ; édit. 1756.

(3) Art. 23. C'est l'art. 22 des « Statuts » de la Communauté des Tailleurs de Paris, dont il est question ci-dessus p. 128. Voici le texte de chaque article :

MARSEILLE. Art. 23 des « Statuts » de 1721 et 1756 :	PARIS. Art. 22 des « Statuts » de 1660 :
Tous Garçons et Compagnons Tailleurs seront tenus de prendre Maître, incontinant qu'ils seront arrivés audit Marseille, dans la huitaine du jour de leur arrivée, et pour cet effet, se retireront vers le Clerc dudit Métier pour leur être pourvû d'un Maître, ou sortir de la Ville et	Tous garçons et compagnons Tailleurs seront tenus de prendre Maître incontinent qu'ils seront arrivés en ladite Ville et Fauxbourgs de Paris, dans la huitaine du jour de leur arrivée, ou bien se retirer vers le Clerc dudit métier, pour leur être pourvu d'un Maître, ou

APPENDICE 135

etc. ; il y est traité de ce qui doit servir à « la conservation de la Communauté et à l'observation des Privilèges ». Toutes les fois qu'il y a lieu d'appliquer une amende, une partie en est affectée « au Luminaire de Saint Clair ».

XXX

Et finallement pour obvier aux Débats, Seditions, Querelles et Monopoles qui peuvent arriver à la Chambre où les Maîtres s'assemblent pour deliberer aux Affaires de la Communauté ou Confrerie, tous ceux qui se trouveront assemblés seront obligés de se contenir et demeurer avec respect, sans y mener aucun bruit, ayant donné leur Suffrage modestement lorsqu'ils seront appelés par les Prieurs et Jurés ; Et faisant au contraire, tomberont à la peine de trois livres d'amende : Et au cas que parmy les Maîtres, quel-

Faux-Bourg, à peine de prison : Et seront pour ce regard les Arrêts et Reglemens comme est porté à Paris, observés à la rigueur, et Deffense, seront faites à tous Compagnons de servir aucun Chambellan et Couturier, pour travailler dudit Métier de Tailleur, sous peine d'emprisonnement de leur personne, et de châtiment exemplaire, et ne pourront être lesdits Compagnons et Garçons Tailleurs placés chez les Maîtres, que par le Clerc dudit Métier, afin de les pouvoir trouver, si besoin étoit. Et Deffenses sont faites audit Clerc de les placer à autre part que chez les Maîtres dudit métier, à peine de six cens livres d'amende contre le contrevenans applicable comme dessus (moitié au Roy, moitié au Luminaire). (Fonds Arbaud, Aix.)

sortir de la Ville, Faubourgs et Banlieue, à peine de prison... Et ne pourront lesdits compagnons et garçons Tailleurs être placés chez les Maîtres que par le Clerc dudit métier, afin de les pouvoir trouver si besoin étoit et defenses sont faites audit Clerc de les placer autre part que chez les Maîtres dudit métier, sur peine de soixante livres d'amende contre les contrevenans. » (*Les Corporations ouvrières de Paris*, ... p. ALF. FRANKLIN, *Tailleurs*, p. 11, note 8.)

qu'un se licenciât d'injurier en parolles deshonnêtes, seront amendés de dix livres, le tout applicable à la Boëtte de la Confrerie ; Et si aucun juroit le Saint Nom de Dieu, il sera informé contre luy par les Prieurs et mis en justice. A l'égard des Lettres Patentes données par nos Roys pour l'Authorisation, Elles seront gardées dans les Archives du Corps (1).

Dans l'édition de 1756, immédiatement après l'art. xxx on lit : « Nous Soussigné Greffier de Messieurs les Lieutenants-Généraux de Police de cette Ville, certifions à tous qu'il appartiendra, que les Statuts du Corps des Maîtres Tailleurs d'Habits de cette Ville, du six Février mil six cens soixante-quinze, dûement autorisés et enregistrés ont été encore enregistrés au Greffe de la Police le vingt Octobre mil sept cens deux, et pour être la vérité telle, j'ai délivré le Présent pour servir et valoir ainsi que de raison. A Marseille le dix-huit Juillet mil sept cens trente deux.

Signé, Trouilhier.

« Nous Echevins, Conseillers du Roy, Lieutenans-Généraux de Police : certifions et attestons à tous qu'il appartiendra, que Mᵉ Trouilhier qui a signé ci-dessus est tel qu'il se qualifie : En foi de quoi Nous avons fait expédier les présentes, et fait apposer à icelles le Sceau et Armes de cette Ville accoûtumés. A Marseille le dix-huit juillet mil sept cens trente-deux.

Signé, Latil, Echev., Crozet-Monteaux, Echev.

Suit la « Teneur de lettres-patentes pour confirma-

---

(1) Cette dernière phrase ne se trouve pas dans l'édit. de 1756. (Fonds Arbaud, Aix.)

tion des Privilèges des Statuts des Maîtres Tailleurs » données à Paris le mois de juin l'an de grâce mil six cens septante cinq et du règne de Louis XIV le trente-troisième. *Et sur le reply* par le Roy Comte de Provence, Dedordes. Scellées du grand Sceau de cire jaune, à lacs de soye rouge et verte. — *Il y a arrêt à la Barre le 15 mars 1696.* *Signé*, Billon.

Pour extrait tiré des Registres des Lettres-Royaux du Greffe Civil de la Cour du Parlement de ce pays de Provence séant à Aix. *Signé*, Chambe *et* Imbert.

...... Tout considéré. Dit a été que la Cour à ordonné et ordonne que lesdits Statuts et Lettres-Patentes seront registrées ès Registres de la Cour, pour être gardés, observés et exécutés suivant leur forme et teneur. Publié à la Barre du Parlement de Provence seant à Aix, le treize Mars mil six cens septante six.

Collationné. *Signé*, Chambe *et* Imbert.

Délibération du 5 mars 1732 en addition des Statuts

Ce jour cinquième de Mars mil sept cent trente deux, sur les trois heures après-midi, par devant Nous Notaire Royal à Marseille, soussigné ; s'est assemblé dans la Salle commune, le Corps et Communauté des Maîtres Tailleurs d'Habits sous le Luminaire de Saint Clair, érigé dans l'Eglise Collegiale et Paroissiale Notre-Dame des Accoules de cette Ville, où furent présens Jean-Pierre Guérin, premier Prieur, Pierre Luc, second Prieur, Loüis Moutet, premier Juré, Joseph Bressard, second Juré, Esprit Giraudon, troisième Juré, Jean-Baptiste Mayaret, quatrième Juré, Jean-Loüis Audibert, Henri Chaupin, François Garroux, Joseph Marithier, François Salomon, Cosme

Isnard, Victor Jaubert, Joseph Arnoux, Guillaume Bourges, François Esquier, François Manille, Leger Saget, Loüis Audric, Joseph Serre, Jean Alben, Jean Alben, Jean-Benoît Hugues, Jean Darrad, Joseph Gontard, Antoine Aillaud, François Lescure, Vallery Eitié, Melchior Franc, Antoine Laugier, Pierre Deblieux, Joseph Rigod, Jean Aubert, Theophile Esmieu, Jacques Kfler, Jacques Canet, Jean Giraudan, Alexis Jean, Balthazard Maunier, et Loüis Grimod ; et après avoir attendu plus de trois heures après celle donnée par assignation, sans qu'il soit survenu un plus grand nombre, ledit Guérin, premier Prieur, a exposé que l'état present des charges et dettes passives du Corps que ses Prédécesseurs et lui ont été obligés de contracter pour subvenir aux differentes Taxes, etc... ; pour à quoi obvier, et après en avoir conféré plusieurs fois avec les membres dudit Corps, et mûrement examiné les divers moyens proposés pour survenir au soulagement et utilité dudit Corps, rien ne lui a paru plus essentiel et plus convenable que de proposer ainsi qu'il propose.

Primò. Que l'un des Prieurs et le Trésorier, poursuivront diligemment pendant leur exercice, le recouvrement de tous les Arrérages des Cottes et Cottités...

Secundò. Qu'à l'avenir les Aspirans à la Maîtrise payeront lors de leur réception, deux cens livres à la Boëte du Corps (sans préjudice des autres droits)...

Tertiò. Qu'à l'avenir les Tailleuses ou Coûturieres payeront chacune lors de leur réception cinquante livres en deux payemens égaux, si les Prieurs le jugent à propos, moitié lors de leur entrée dans ledit Corps, et l'autre moitié six mois après.

Quartò. Les Maîtres Tailleurs, Tailleuses ou Coûturieres qui sont et seront reçûs à l'avenir, payeront annuellement le jour et Fête de Saint Clair, sçavoir : les Hommes vingt-cinq sols de Cotte, et les autres vingt sols, outre les Cottités déjà établies, suivant l'Arrêt d'homologation rendu par Nosseigneurs de la Souveraine Cour de Parlement de cette Province le dixième de Février 1702.

Quintò. Que les Garçons et Ouvriers payeront aussi annuellement le même jour six sols chacun.

Sexto. Que les Aprentis et Aprentisses entrant en Aprentissage payeront au Corps six livres, dont leurs Maîtres et Maîtresses seront responsables respectivement.

. . . .

Suivent quatre autres articles ayant trait à la règlementation du travail, à la vente des habits, à la réception des Aspirants et des Maîtres étrangers de la ville de Paris ou de la ville d'Aix.

Fait et publié dans la Salle commune, sise audit Marseille et à la Ruë Panoucherie, en présence des sieurs Jean-André Conte et Joseph-François Mollet dudit Marseille, Témoins requis et signés avec les délibérans qui ont sçû, les autres ont dit ne savoir écrire, de ce requis à l'original. Controllé le   Mars audit an.   *Signé*, BRÉS.

Un « Arrest de Parlement du 10 Novembre 1732 » porte « homologation et execution de la Délibération du 5 mars même année » (1).

---

(1) Fonds Arbaud, Aix.

A Nos seigneurs du Parlement,

Supplient humblement les Prieurs du Luminaire de Saint-Clair, régi par le Corps des Maîtres Tailleurs d'Habits de la Ville de Marseille.

Remontrent que par l'art. III de leurs Statuts autorisés et confirmés par Arrêt du Conseil du mois de Juin 1675, il est porté entr'autre que chaque Maître de la Confrairie sera tenu, pour survenir à la dépense, de mettre six sols dans la Boëtte tous les ans, et les Compagnons cinq sols, pour être lesdits deniers employés aux Charges de la Confrairie, et le restant distribué aux pauvres du Corps et que lesdites aumônes seront faites par les Prieurs qui seront en charge.

Par l'article XVI des mêmes Statuts (1), il est porté que les Veuves des Maîtres tant qu'elles garderont viduité jouïront des mêmes privilèges que leur Mari et seront soumises aux mêmes Cottes qu'eux ; et comme il y a un nombre de Contribuables qui n'acquittent pas annuellement leurs Cottes,...

Afin qu'il vous plaise, Nos seigneurs, octroyer contrainte aux Suplians contre les Maîtres, les Veuves, Compagnons, Femmes ou Filles Couturières qui résident dans la Ville de Marseille et son Terroir, pour le payement des Cottes et Taxes sur eux imposées........

Signé, Gilles.

Je n'empêche la Contrainte pour les Cottes légitimement dûës. Délibéré le 5 Mars 1725.

Signé, Boyer Deguilles.

---

(1) Les « Veuves des Maîtres, tant qu'elles se contiendront en viduité, jouïront des pareils privilèges que leur défunt mari ; mais si elles se remarient à un homme qui ne soit de la vocation, elles seront déchûës de jouir de la Maîtrise... » Art. XVI.

A Monsieur de Gautier,

Soit montré au Procureur-Général du Roy. Fait à Aix le 5 mars 1725.

Nonobstant les Conclusions de Monsieur le Procureur-Général du Roy au susdit chef de la Requête des Suplians.

Plaira à la Cour, de sa grâce, leur octroyer toutes les fins par eux ci-dessus prises, et sera justice.

Signé, Gilles.

Louis, par la Grâce de Dieu, Roy de France et de Navarre, au premier des Huissiers de notre Cour de Parlement de Provence, ou notre Sergent sur ce requis, Salut. Nous, à la Requête des Prieurs du Luminaire Saint-Clair, regi par le Corps des Maîtres Tailleurs d'Habits de notre ville de Marseille, et suivant l'ordonnance ce jourd'hui renduë par notre dite Cour, mise au bas de la Requête ci-dernier, attachée sous le contre-Scel de notre Chancellerie, te mandons contrainte les Maîtres, les Veuves, les Compagnons, Femmes ou Filles Couturières qui résident audit Marseille et son Terroir, pour le payement des Cottes et Taxes sur eux imposées, comme aussi les autres débiteurs du Corps;... Donné à Aix en notre dit Parlement le 6 Mars 1725 et de notre règne le dixième. Par la Cour. *Signé,* Heraud. Controllé. *Signé,* Chambe. Dûement scellé.

Collationné par Nous, Ecuyer, Conseiller-Secrétaire du Roy, Maison Couronne de France. Fabron (1).

---

(1) Fonds Arbaud. Aix. — Voir aux *Pièces justificatives* divers actes concernant la Confrérie des Tailleurs d'habits de la ville de Marseille. Ces documents deviennent de jour en jour plus rares et introuvables, et c'est pour les sauver de l'oubli que je crois pouvoir en donner de larges extraits aux *Pièces justificatives.* Ils sont tirés de la bibliothèque si riche en documents Provençaux du distingué et très obligeant M. Arbaud, d'Aix-en-Provence,

QUATRIÈME PARTIE

DOCUMENTS INÉDITS
ET PIÈCES JUSTIFICATIVES

I. — DOCUMENTS INÉDITS

Tome 1ᵉʳ. Page 115, note 1, et page 189, note F.

Saint-Geoire (Isère).

Enregistrement de Requettes, ordonnance et Actes ci-après relativement à l'interdiction de différentes chapelles de l'Eglise de Saint-Geoire et à la transferance de leurs services en celle de la maison forte de Longpra.

« A Monseigneur de Pompignan, Archevêque et Comte de Vienne, Primat des Primats des Gaules.

« Supplient humblement Mʳᵉ Pierre-Antoine Pascalis, seigneur de la maison forte de Longpra, conseiller au Parlement, et noble Alexandre-André Pascalis, Sʳ de Piquet, son fils, clerc tonsuré du diocèse de Grenoble, le père en la qualitté de Patron des chapelles de Ste-Catherine fondée dans le cimetière de l'Eglise St-Geoire, de St-Sébastien, St-Etienne et St-Blaise réunies, de St-Pierre et Paul et de St-Nicolas fondées dans l'intérieur de la dite Eglise, Patron aussi ensuite de l'extinction de la famille de Villetons, chapelle de St-Claude fondée dans la même Eglise, suivant l'acte en forme d'association au Patronage de lad. Chapelle survenu entre noble Pierre Villeton et les hauteurs du supliant par devant Chaneton, Noʳᵉ, le 18ᵉ février 1687 par lequel il est entrautre porté qu'au deffaut des Villetons le Patronage appartiendra à la famille de Longpra, led. Acte enregistré au Greffe de l'officialité de Vienne par Michel Greffier le 9ᵉ mars 1688. En suitte d'ordonnance de Monseigneur

Larchevesque du 2ᵉ des même mois et an ; cô patron avec Monsieur et Madame La Vicomtesse de Pons, Seigneur et Dame de Clermont, de nôtre Dame ditte de l'hopital fondée au hameau de Cabarot dud. St-Geoire ; cô patron aussi avec Monsieur le president de Barral, Seigneur de Montferra, de Celle de St Clair, fondée aussi en l'Eglise de St-Geoire, et le fils en qualité de recteur de celles de Nôtre Dame ditte de Lhopital de Ste-Catherine, de St Sébastien, St Etienne et St Blaise.

« Representent que la destruction antiere des Chapelles etc. les supliant recourent

« A ce qu'il vous plaise, Monseigneur, interdire diffinitivement et ordonner l'antière supression des Chapelles de Ste Catherine, de Nôtre Dame ditte de Lhopital, de St Clair, de St Sébastien, St Etienne et St Blaise, de St Pierre et St Paul, de St Nicolas et St Claude qui avoient été établies tant au dehors qu'au dedans de l'Eglise de S. Geoire, et en transférer les titres et services dans la chapelle de la maison forte de Longpra, pour y etre accomplie aperpétuitté, par les chapelains qui seront choisis par les propriétaires de lad. maison, et ce produit de la portion des Revenûs desd. Chapelles qu'il vous plaise d'y appliquer, et le nombre des messes être celebrées aproportion du taux qu'il vous plaira de fixer tant pour les Dimanches et fetes, que pour les jours ouvriers, où autrement comme vous verrés mieux être et les supliant continueront leurs vöéux pour la conservation de vos prétieux jours ; signé Pascalis de Longpra, Pascalis de Fiquet.

« Jean-George Le Franc de Pompignan, Archeveque et Comte de Vienne, vû la requette à nous presantée par Monsieur de Longpra, Conseiller au Parlement, et par Mr Labé de Longpra, son fils, vû aussi les actes de consantement de Monsieur le Vicomte de Pons tant en son nom qu'au nom de Madame la Vicomtesse de Pons son Epouze, de Mr de Barral, Seigneur de Montferra et de Mr le Curé de St Geoire, lesd. actes de consantement anexés à la presente requette.

1° Nous avons interdit et interdisons diffinitivement et sans retour les Chapelles de Ste Catherine, de Nôtre Dame ditte de Lhôpital, de St Clair, St Sébastien, St Etienne et St Blaise, de St Pierre et St Paul, de St Nicolas et St Claude établies tant en dehôr qu'audedans de l'Eglise paroissialle de St Geoire, deffandons que celles desd. chapelles dont les baptimants ne subsistent plus soient rebaties Et ordonnons que les baptimants et hôtel qui subsistent encor pour plusieurs desd. Chapelles soient demolis.

2° Nous avons transferé et transferons le service desd. Chapelles dans la chapelle domestique du château de Longpra, à l'effet de quoi les Titulaires desd. Chapelles contribueront tous les ans aud. service de la moitié du produit net des revenus desd. chapelles, et par cette contribution ils demeurerons déchargé nonseulement du service auquel ils étoient obliges par le titre de leurs chapelles, mais encor de toutes fournitures de vases, ornements, linges et livres sacrés, du pain, vin et cierges necessaires pour la célébration de la Ste Messe, ainsi que de toutes réparations et entretiens de la chapelle domestique du chateau de Longpra.

3° Nous avons fixé et fixons l'honoraire des messes qui seronts acquittées dans la chapelle domestique du château de Longpra en representation du service ci-devant affecté aux sept chapelles susdites dont nous avons ordonné l'interdiction et supression totale, à quinze sols pour les messes qui seront dittes les jours ouvriers à vingt sols pour celles qui le seront les jours de fête et Dimanches, Ainsi avons réduit et réduisons le service antier des sept chapelles susd. lequel nous avons transféré dans la chapelle du château de Longpra au nombre de messes qui pourront être acquittées chaque année suivant les honoraires que nous venons de fixer, sur la moitié du produit net des revenus des sept dittes chapelles.

4° Pour assurer l'Execution des deux articles ci-dessus, nous ordonnons que les titulaires des sept dittes chapelles remetrons ou ferons remettre tous les ans entre les mains du receveur Comptable de la marguillerie ou fabrique de l'Eglise ou Paroisse de St-Geoire la moitié du produit net des revenus de leur chapelles conformemants aux beaux qu'ils en auronts passés, où si les biens desd. chapelles ne sont pas affermés à un état signé deux que lesd. titulaires presanterons des revenus de leurs chapelles. Le receveur comptable où l'un des receveurs s'il y en a plusieurs payera sur la contribution qui lui aura été remise par les titulaires des sept dittes chapelles l'honoraire tel que nous venons de le fixer, des messes qui auronts été célébrées dans la chapelle du château de Longpra, en vertû du service que nous venons de transferer, il sera dressé et randû un compte particulier de la recepte et depance pour led. service transferé dans la chapelle de Longpra, lequel compte sera antandû et arreté tous les ans dans la même forme que les comptes ordinaire de la marguillerie et fabrique de Leglise et paroisse de St Geoire, le Curé de lad. paroisse et le Seigneur de Longpra oû quelcuns de sa part etants presants aud. compte.

5° Le service que nous venons de transférer dans la chapelle domestique du château de Longpra seront acquitté ou par l'aumonier ordinaire dud. chateau ou par tel autres prêtres que Mr de Longpra oû ses héritiers et successeurs dans la possession dud. chateau choisiront pour cet effet.

6° La messe ne pourra être ditte en vertu dud. service dans la Chapelle domestique du chateau de Longpra les fêtes prohibées, sans une permission spéciale par écrit, et quant aux fetes ordinaires et jours de Dimanches, elle ne pourra y être ditte qu'a une heure approuvée par le Sr Curé de St-Geoire.

7° Le service transféré dans le chateau de Longpra retournera de plain droit dans l'Eglise paroissiale de St Geoire si par quelques evenements imprévus il ne peut plus se continuer dans lad. chapelle et en ce cas il serat acquitté par le curé de la paroisse où quelcuns de ses vicaires sur le maître hôtel où quelqu'autres de lad. Eglise paroissialle.

8° Toutes les fois que le Seigneur oû Dame de St-Geoire seronts dans leurs château de lad. terre, le pretre chargé du service que nous venons de transferer dans la chapelle du chateau de Longpra serat obligé de leurs donner la messe dans la chapelle domestique du chateau de St-Geoire pendant le séjour qu'ils y feront et cette portion de service qu'il y aura acquitté lui sera payé de la même maniere et sur le meme pieds que s'il avait dit la messe au chateau de Longpra, le tout à concurrance seulement du revenu de la chapelle de lh'opital dont led. Seigneur et Dame sonts cô-patrons avec Mr de Longpra.

Serat notre presante ordonnance enregistrée dans nôtre secretariat ainsi que dans les registres de Leglise et fabrique de St-Geoire : Donné à Vienne dans nôtre palais épiscopal le onze octobre mil sept cent quatre vingt-un, Signé †.Jean George, archeveque de Vienne; Par Monseigneur, Pichot S^{re}.

Enregistré dans les registres du Secretariat de Làrcheveché par nous Secretaire archiepiscopal le douze octobre mille sept cent quatre vingt-un. Pichot, S^{ro} signé.

Par devant les Cons^{iers} du Roy No^{res} à Grenoble soussignés fut presant haut et puissant seigneur Messire Charles-Armand-Augustin Pons, sire et vicomte de Pons, comte de Clermont, premier Baron conetable de Dauphiné, Grand maître hereditaire des Maisons des Dauphins et Dauphiné, premier Commis né des Etats de lad, province, Marquis de Clion et de Rutin, Vicomte de Meaux, Baron de Champlérinx, seigneur du Poirier, etc., etc., chevalier de lordre Royal et Militaire de St Loüis, ci-devant Messire de Monseigneur le Dauphin actuellement Roi, colonel Commandant du regiment de Dauphin infanterie, actuellement en cette ville et agissant tant en son nom qu'en celui de haute et puissante Dame Madame Pulchérie-Eleonor de Lannion sa femme, Dame de Clermond, St-Geoire et autres lieux, lequel de gré a declaré et déclare consentir que le service de la Chapelle de Nôtre Dàme ditte de Lh'opital, fondée dans les Bains de St-Geoire où Cabarot, dont le patronage appartient alad. Dame Vicomtesse de Pons, par indivis avec Mre Pierre-Antoine de Longpra conseiller au Parlement de Dauphiné, soit transféré dans celle de la Maison de

Longpra située aud. St Geoire à condition 1° que le Patronage de lad. chapelle dont le service serat ainsi transféré dans celle de la maison de Longpra, sera commun et indivis comme par le passé entre lesd. Seig^r et Dame de Pons d'une part, et Monsieur le Cons^{er} de Longpra d'autre. 2° Que le service qui serat réglé par Monseig^r. L'archeveque et Primat de Vienne à raison de lad. chapelle de Nôtre Dame ditte de Lh'opital sur l'Etat qui serat donné des revenus d'icelle par les côpatrons où leurs Gens d'affaires et par eux atestés serat fait a perpetuitté dans la chapelle du château de St Geoire apartenant à lad. Dame vicomtesse de Pons, tant que lad. Dame, led. Seig^r. vicomte de Pons, les leurs herittiers et ayants Droits où l'un d'iceux habiteront led. Chateau et ce par le Titulaire de lad. Chapelle de Nôtre Dame ditte de Lh'opital s'il est Pretre où par un autre pretre aux frais dud. titulaire tant qu'il n'aura pas la pretrise toutes cès conditions faisant partie expresse du susd. consantemant, sans lequel led. Seig^r. vicomte de Pons ne laurait pas donné et au moyen d'icelui led. Seig^r. consent encor la demolition de lad. Chapelle Notre Dame ditte de Lhôpital comme inhutile et dailleurs en trés mauvais état comm' aussi toutes procedures quil pourroit échoir de faire pour la susd. translation, sans qu'il soit besoin d'une plus ample adhezion de la part dud. Seig^r. Vicomte de Pons : ce qui fut ainsi fait et publié à Grenoble dans Lhôtel dud. Seig^r. L'an mille sept cent quatre-vingt-un, le quinze septembre avant midi et a led. Seig^r. signé à la minutte restée au pouvoir de Gautier lun de nous, laquelle a été Con^{tre}. à à Grenoble par le Sr Bremond = Collectionné — Rey, Gautier signés.

Je soussigné en qualitté de Curé de St-Geoire consant volontiers que les chapelles dont il est fait mantion dans la Requette ci-jointe soient demolies et que le service en soint transferé dans la Chapelle domestique du Chateau de Longpra, à condition que led. service retournera de plain droit à mon Eglise paroissialle au cas qu'il ne puisse plus se continuer dans lad. chapelle, à St-Geoire 27° septembre 1781. Tournû, Curé signé.

A la Tronche, le 6ᵉ novembre 1780.

J'ai attendû, Monsieur et très cher Confrere, que mon fils fut de retour de Tournon pour repondre a la lettre que vous m'avez fait lhonneur de m'écrire. Nous sommes l'un et l'autre fort aise que la translation du service de la Chapelle de St Clair, à la Chapelle de vôtre maison, vous soit agreable et nous i donnerons tous plus amples consantemants l'orsque vous le jugerés apropos, Etant fort empressé de trouver des occasions de vous prouver le respectueux attachement avec lequel j'ay lhonneur d'être, Monsieur et très ch. Confrere, votre très humble et très hobéissᵗ. serviteur. Barat de Rochechouart signé.

Et au dos est écrit : a Monsieur = Monsieur de Longpra, conseiller au parlemt., au château de Longpra, par St-Geoire.

Ainsi tout ce que dessus et ci-devant a été enregistré ce 4 janvier 1782.

Ordonnance de Mgr l'Archev. concernant la demolition de plusieurs chapelles

Jean-Georges Le Franc de Pompignan, etc. Par ce qui nous a été représenté par le Sʳ Tournus, curé de

St. Geoire, que de l'avis de ses paroissiens il desirerait d'être autorisé par nous à la demolition de neuf chapelles situées dans son eglise dont les noms seront ci-après, attendu que la dite démolition doit contribuer à l'embellissement de l'Eglise et à la décence du culte divin — ayant aucunement égard à la dite requête et supposant le consantement tant des particuliers que des patrons et recteurs des chapelles dont s'agit, sans lequel consentement nous n'entendons que la présente ordonnance soit exécutée, nous autorisons la démolition de neuf chapelles situées dans l'église paroissiale de St. Geoire, savoir, celle de saint Jean-Baptiste, de St Pierre et de St Paul, toutes trois attenantes au pilier de l'Eglise et six autres chapelles le long des murs qui sont celle de Ste Magdeleine, de St Laurent, de N.-D. de Pitié, des Dix mille martyrs, de la Trinité et de St Antoine. Après la démolition desdites neuf chapelles nous en transferons le service de celle de St Clair, quoique la demolition de celle-ci ait été ordonnée par notre Ord^{ce} du onze octobre dernier ; le s^r Curé de St Geoire nous ayant representé que ladite chapelle de S. Clair est très bien placée à l'extrémité supérieure de la nef collatérale de son Eglise du côté de l'Evangile, qu'elle fait parallèle à la chapelle de Notre-Dame du Saint-Rosaire, et qu'enfin le peuple de sa paroisse a beaucoup de dévotion à St. Clair. En conséquence nous dérogeons a l'article de notre ord^{ce} du onze octobre dernier concernant la demolition de la chapelle de St Clair. Le surplus de notre Ord^{ce} demeurant en son entier notamment la translation du service de ladite chapelle de St. Clair dans la chapelle domestique du château de Longpra. Permettons au s^r Curé de St. Geoire de réitérer la bénédiction de cette chapelle de St. Clair sous le vocable de Saint Clair (1) en y ajoutant le vocable des neuf autres chapelles dont nous venons d'autoriser la démolition. Et sera notre presente ordonnance lue et publiée par le s^r Curé de St Geoire trois dimanches consécutifs, au prône de la Messe paroissiale et déposé tant dans les titres et papiers de la cure que dans ceux de la fabrique ou marguillerie. Donné à Vienne sous notre seing, le sceau de nos armes et le contreseing de notre secrétaire le treize février mil sept cent quatre vingt deux. † J. G. Arch. de Vienne, pour Mgr: Pichot, s^{re}.

— *Ladite ordonnance a été lue et publiée ainsi qu'il est porté sans opposition, fin le dix mars de l'an mil sept cent quatre vingt deux. — Tournus, curé.*

(Copié par moi-même sur le *Registre de la fabrique de St. Geoire commencé le 17 février 1759.* J'ai cru devoir conserver le style et l'orthographe.)

Tome 1er. Page 116, note 4, et page 218, note C.

Saint-Antonin (Bouches-du-Rhône). — L'importance des deux pièces suivantes n'échappera à personne ; nous remercions bien sincèrement notre vénéré confrère de nous les avoir adressées.

« Saint-Antoine, 11 août 1897.

« Monsieur le Curé et bien cher Confrère,

« Je m'empresse avec joie, de vous envoyer la copie
« textuelle et authentique du procès-verbal que nous
« venons de découvrir dans les archives de Saint-
« Antonin, constatant l'existence dans notre église

---

(1) C'est aujourd'hui la chapelle Saint-Joseph.

« des précieuses reliques de saint Clair, Abbé de
« Vienne, en Dauphiné. Nous avons trouvé ce procès-
« verbal dans les archives de l'hôtel-de-ville de cette
« commune. Nous ignorions ici complètement la pos-
« session de ces précieuses reliques, car nous consi-
« dérions cette ancienne statue (très bien conservée
« du reste), comme représentant anciennement saint
« Antoine, patron de la paroisse. Notre attention ne
« s'était jamais portée au bas de la statue, pour y lire,
« à travers une petite glace, le nom des reliques ou
« ossements du même saint. Grande a été notre sur-
« prise et notre joie lorsque nous nous sommes aper-
« çus qu'elle représentait saint Clair, Abbé de Vienne,
« en Dauphiné.

« Je vous envoie avec plaisir ces précieux rensei-
« gnements qui pourront vous servir ou vous être
« utiles en écrivant la vie de ce grand Saint... »

P. ROUSSET, curé.

« Translation de St. Clair, an 1787.

« Le 23 du mois de décembre, en conformité de la permission que nous avons obtenue de MM. les Vicaires généraux, nous Curé de cette paroisse avons procédé à la bénédiction solennelle du corps saint du bienheureux Clair, abbé à Vienne en Dauphiné. Deux lévites ont porté avec vénération la statue au chant des hymnes propres à cette cérémonie — selon le rite du rituel Romain. — On a tiré des boêtes quand au son des cloches le saint a fait son entrée dans l'Eglise. — Nous l'avons placé dans un lieu honnorable destiné pour le recevoir.

« On voit au bas de la statue et au travers une

petite glace les reliques ou ossements du même Saint avec son authentique par l'un de MM. les Vicaires généraux — cette statue était dans l'Eglise de Ste-Catherine dans la ville d'Aix que l'on a démolli pour la construction du palais. — Elle était dans un bien mauvais état. — Mais avant d'en faire la translation nous l'avons faite réparer et elle est à présent comme si elle avait été faite à neuf.

« La cérémonie de la susdite translation a été faite en présence de tout le peuple de la paroisse et plusieurs autres qui ont accouru des paroisses voisines et en particulier de Joseph Fabre et de Louis Boulli habitant dans la paroisse et signé avec nous qui avons fait acte de la présente translation et des reliques de St. Clair et servir de monument à la postérité et assurer la piété et la foi des fidèles.

Roussillon, curé de St. Antonin.

« Pour copie conforme de cette pièce trouvée dans les archives de l'hôtel-de-ville de Saint-Antonin,

« Saint-Antonin, ce 8 juillet de l'an 1897.

« P. Rousset, curé. »

Tome Ier. — Page 141, note 1.

Office de saint Clair. — « Monseigneur l'Evêque ne
« pense pas qu'il y ait lieu de donner suite pour le
« moment à votre demande et à d'autres de ce genre.
« Quand on fera une nouvelle édition du Propre, on
« pourra demander des concessions spéciales pour
« certaines paroisses.

« Fréjus, le 15 décembre 1894.

« Manfrédi, vic. gén. »

Tome Ier. — Page 179, note A.

Voir ci-dessus, aux *Pièces justificatives*, page 182.

Tome Ier. — Page 200, note 1.

Capitaines du Castellet de 1645 à 1708 :

TITULAIRES	DATES DE L'ÉLECTION	GAGES
MAISTRE François.	4 juin 1645	. . . . .
BARTHÉLEMY Pierre de Zaccarie.	18 mai 1646	. . . . .
ISNARD Pierre.	9 juin 1647	. . . . .
BARTHELEMY Jehan à feu André.	2 mai 1658	. . . . .
OLLIVIER Estienne.	28 mai 1649	. . . . .
BREMOND Anthoine.	24 mai 1654	. . . . .
BARTHELEMY Jehan, *mignon*.	16 mai 1655	. . . . .
ESTIENNE André.	4 juin 1656	. . . . .
BARTHELEMY Pascal.	20 mai 1657	. . . . .
DÉCUGIS Louis.	9 juin 1658	. . . . .
PISTRÉ Nicolas (1).	 1661	. . . . .
MONTAGNE Jehan.	13 mai 1663	. . . . .
GANTELME Nicollas, à feu Honoré.	1er juin 1664	. . . . .
BONIFAY Anthoine.	24 mai 1665	. . . . .
DECUGIS Melchior.	13 juin 1666	. . . . .
IMBERT Honnoré.	29 mai 1667	Aux gages de 15 sous et 30 deniers.
GUIRAN Jacques.	6 juin 1677	On lui donne 50 livres.
DÉCUGIS Blaise.	29 mai 1678	Il fera la fonction suivant la coustume.
BARTHELEMY Laurens.	. . . . .	23 janvier 1681. Mandat de 40 livres pour son gage de capitaine.
BARTHELEMY Laurens.	1687-1688	. . . . .
GIBOIN Barthélemy.	6 juin 1688	Aux gages de 200 liv.
PENON Honnoré.	29 mai 1689	Aux gages ordinaires de 100 livres.
PENON Honnoré, *sirurgin*.	14 mai 1690	Aux gages ordinaires.
ESPANET Joseph.	3 juin 1691	Aux gages de 100 liv.
MAISTRE Honoré.	26 mai 1697	Aux gages de 30 livres.
DÉCUGIS Marc.	18 mai 1698	Aux gages de 50 livres.
JOUVENAL Anthoine.	7 juin 1699	. . . . .

---

(1) 1661. — Mme de Lombard de Castellet, devant bientôt arriver en son château, M. Nicolas Pistré, d'une des premières familles de ce lieu (du Castellet), est nommé par le Conseil capitaine, à l'effet de porter les armes à cette dame. Ledit capitaine doit s'adjoindre un enseigne et un officier pour faire ce service d'honneur. (Archiv. parois. du Castellet.)

TITULAIRES	DATES D'ÉLECTION	GAGES
ICARD Denis.	15 mai 1701	Aux gages ordinaires.
ICARD Denis, à feu Louis, a esté nouveau capitaine.	4 juin 1702	Aux gages ordinaires.
ESPANET Joseph.	27 mai 1703	Id.
DÉCUGIS Jean, à feu Claude.	18 mai 1704	Id.
BREMOND Honnoré.	31 mai 1705	Id.
TERRIN Anthoine.	23 mai 1706	Id.
DECUGIS Joseph.	12 juin 1707	Id.
DECUGIS Joseph.	27 mai 1708	Id.

Tome Ier. — Page 230, note C.

PAROISSE
DE
LE CASTELLET

(Diocèse de Fréjus)

Le Castellet (Var), le 2 décembre 1896.

A Sa Grandeur
Monseigneur l'Evêque,
Fréjus.

Monseigneur,

. . . . , . . .

Désireux de favoriser selon mon pouvoir l'extension du culte rendu à ce grand saint (s. Clair), très populaire dans le diocèse de Fréjus, et spécialement dans ma paroisse, je supplie humblement Votre Grandeur d'enrichir les prières traditionnelles — dont ci-inclus copie — du trésor des indulgences. Sans doute, autrefois, des grâces spirituelles devaient être accordées au pèlerinage à Saint-Clair, au Castellet, si j'en juge par ce qui se passait au xviiie siècle dans le diocèse de Marseille, dont dépendait alors le Castellet. Une indulgence plénière pouvait être gagnée le jour de la Saint-Clair, dans quelques églises de Marseille, notamment à celle de Saint-Cannat, centre de la dévotion au saint Abbé de Vienne. Malheureusement ce qui a rapport à cette question est introuvable dans les Archines paroissiales et communales du Castellet...

Comme au temps passé, la foule se presse toujours très nombreuse aux pieds de notre statue vénérée, quand arrive le 2 janvier. L'église est alors trop petite, pour y faire asseoir tous les dévots serviteurs de saint Clair.

C'est donc au nom de mes Paroissiens qui seront reconnaissants de cette nouvelle marque de paternelle sollicitude de leur Evêque ;

C'est au nom des Pèlerins qui visitent mon église au jour de la fête de Saint-Clair, et qui y viennent même dans le courant de l'année ;

C'est au nom de ceux que leur état de santé ou l'éloignement privent de la visite de mon église, mais récitent pieusement les susdites prières ;

C'est au nom de tous que je sollicite de Votre Grandeur, la faveur des indulgences pour le Pèlerinage à Saint-Clair du Castellet et aussi pour les prières ci-incluses . . . .

J'ai l'honneur d'être,
Monseigneur,
de Votre Grandeur,
le fils respectueux et soumis,
M. BLANC, curé.

Tome Ier. — Page 252.

La Confrérie de Saint-Clair a été érigée à *Samoëns* (Haute-Savoie), en 1645.

« Au nom de Dieu soit, et l'an de grâce courant mil six cent quarante-cinq, et le second jour du mois de janvier, par devant moi notaire soussigné, les témoins bas nommés personnellement se sont constitués les cy après nommés de leurs métiers, Maitres Tailleurs, lesquels considérant les graces et merites de saint Clair la fête duquel notre sainte Mère l'Eglise célèbre ce jourd'hui, desirant lui sacrifier cedit jour pour leurs dévotions et le prier être leur patron et intercesseur envers la divine Majesté notre Seigneur et Sauveur, Rédempteur de nos âmes et de solenniser et vouer la dite fête du dit Glorieux St Clair, pour son honneur plus dignement vaquer au service divin et implorer aide et miséricorde de Notre-Seigneur, Rédempteur Jésus-Christ.

« A ces fins tous les bas nommés Maîtres Tailleurs et unanimement d'un commun accord et consentement pour eux et leurs héritiers et successeurs universels donnent, baillent et confèrent et par le présent acte et par la teneur d'ycelui, donnent, baillent et confèrent de fondation perpétuelle qui ne se put ci après par les dits fondateurs révoquer, et elisent en confrérie perpétuellement durable à l'honneur et gloire du dit Bienheureux St Clair, — comme cy après sçavoir :

« Honorable Jean de Vallon, deux florins ; Claude, fils de Gaspard Gindre, deux ducatons ; Aimé, son frère, cinq florins ; Jean Renard du Bourg, quatorze florins ; François Amoudruz, deux florins ; Claude Gaspard Pomet, quatorze florins ; Pierre, son frère, sept florins ; Nicolas Tronchet du Villard, vingt et un florins ; Aimé Biord, deux florins ; Nicolas Amoudruz Dugin, deux florins ; Claude Dussangey, deux florins ; Claude Désarmod, deux florins ; Aimé Cullaz, deux florins ; Jean Claude fils d'Etienne Fauré, quatre florins ; Claude, son frère, quatre florins ; Jean François, fils de feu Claude Simond, douze florins; Michel Vagnat, trois florins, six sols; Theodelle Riondel, quatre florins ; Michel Richard, dix florins ; François Gindre de Chozallet, quatre florins ; François, fils de François Simond de Chantemerle, sept florins ; Jean Riondel du Cruz, deux florins ; Claude François Ramel, quatre florins ; Bernard, fils de Michel Jay, trois florins, six sols ; Pierre, fils de Jean Dunoyer des Rottes, deux florins. —

« Lesquelles sommes de fondation sus-données, tant ensemblement, unies et calculées, arrivent à la somme de cent huitante un florins, six sols ; qui seront payées par les dits Confreres fondateurs pour sa part que chacqu'un se tienne cy dessus avoir donné de fondation de ce jourd'huy en un an prochain, sans que pendant la presente année se paye aucune sense, passé laquelle présente année de mil-six-cent quarante-cinq, termes desdits Confrères fondateurs, payera la sense annuelle, et perpétuelle toujours le jour et fête du Glorieux St Clair, a raison de cinq pour cent et pour la somme capitale que chaque confrère s'estimera avoir fondé. —

« Lesquels Confrères établiront deux procureurs pour l'érection annuelle du dit jour desdites senses des sommes capitales de la presente fondation, et en prendront et lèveront autant toutes choses, pour faire dire une Grande Messe en la présente Eglise avec Diacre et Sous-Diacre, ensemble un *Libera me* au devant le Maître Autel de la dite Eglise avec les prieres secutives propres à l'office du dit St Clair, et des Trépassés, seront données les messes à chacun desdits sieurs Chanoines par le Prieur de ladite Confrérie à sa diligence comme et de coutume de faire aux autres Confréries érigées en la dite présente Eglise et sera aussi offert un pain de charité au Prône pendant la dite Messe, qui sera fait par le Prieur de la dite Confrérie à ses dépens selon la portée de ses moyens, ayant les dits Confrères délibéré, arrêté et déterminé que les procureurs constitués pour l'exaction des dites censes annuelles, de sus et dit emploiront le reste d'icelle sense après avoir payé ce qui regarde le service divin, par avis et délibération de la dite Confrérie érigée.

« De plus les dits Confrères fondateurs ou des leurs, et les presser au change du cinq pour cent aux Confrères et autres personnes qui se trouveront en vouloir faire emprunt, moyennant suffisante caution, étant préférable les dits Confrères aux autres sans pouvoir placer moindre somme que trente florins a aucun particulier leur etant permis et loisible de contraindre les fondateurs ou les leurs au payement de ce que chacun s'estimera avoir fondé par toutes voies de justice et à ces fins obtenu tout mandats de contrainte, mise en possession et autres à ce necessaires pour obtenir le payement des dites sommes données de fondation par les dits Confrères, à forme du consentement que sur a les uns et les autres Confrères ont protesté par le present chascun en ce qui le regarde.

« Item ont délibéré et déterminé que tous les ans, la dite assemblée jour et fête de ce jourd'huy du dit St Clair sera fait et établi un sous-prieur, à ces fins aura soin de prendre garde, s'il y avait quelque dissension criminelle entre les dits Confrères ou aucun de ceux de les pacifier à l'arbitrage de la dite Confrérie, à peine contre les recusants la dite reconciliation, d'être privé de la dite Confrérie.

« Ainsi le tout convenu et arrêté entre les dits Confrères fondateurs, lesquels pour eux et les leurs ont promis avec foy et serment corporel, prêtté aux mains de moi dit Notaire le present acte avoir agréable et perpetuellement valable sans jamais y contrevenir en manière que ce soit même chacqu'un de leurs Confrères fondateurs de bien payer la dite somme capitale, cense annuelle d'icelle chacun pour sa part sera donné entre les mains des procureurs de la dite Confrérie à la forme sus déclarée.

« A peine de tous depens, dommages et intérêts et sous l'obligation de tous leurs biens présents et futurs, qu'à ces fins se constituent tenus obliges pour l'observation des payements des dites sommes capitales et censes annuelles d'ycelles ; avec renonciation de tous droits et moyens à ce contraires et clauses requises, fait et prononcé a Samoens dans la maison de la Françoise Désfaugt, veuve de François Pomet.

« Présent : François, fils de Mʳ Berthod Simond ; Jean, fils de feu Claude Davisaz, François, fils de feü Claude Guillet, tous du quartier de la Lanche, paroisse du dit Samoëns.

« Témoins requis.   « Duboin, notaire. »

(Communication de M. l'archiprêtre de Samoëns.)

Tome Iᵉʳ, page 252, note 4.

Réorganisation de la société Saint-Clair, à Samoëns.

« L'an dix huit cent trente, le six janvier, les confrères de la Confrérie de St Clair existante en cette commune, formant les deux tiers et plus de ceux ayant droit de délibérer, agissant tant à leur nom, qu'à celui des autres membres absents,

« Après avoir vu un acte signé : Duboin Nʳᵉ sous

la date du second janvier 1645, portant établissement pour la plus grande gloire de Dieu et à l'honneur de St Clair, d'une confrérie sous son vocable en cette commune,

« Un livre contenant tous les actes relatifs à la dite Confrérie en 190 feuillets utiles ; commençant par le dit acte du 2 janvier 1645, avec les prieurs successifs dès sa datte et tous les comptes rendus par les procureurs, jusqu'en 1792, époque de la Révolution, qui absorbât tous les fonds. En 1809, les anciens confrères, par leur grande dévotion et piété, pour suivre le zèle qui avait porté les anciens fondateurs à la dévotion eue envers St Clair, commencèrent à s'installer et refonder peu à peu la dite confrérie, première époque dès la Révolution Française.

« Considérant 1° que les temps et circonstances nécessitent des changements aux statuts et reglements de la dite confrérie, que d'ailleurs est convenable de les réunir tous en un seul et même acte.

« 2° Qu'est indispensable de constater par écrit les diverses délibérations verbalement prises dès le rétablissement de la dite Confrérie relativement au mode d'admission et à la fixation des droits de Réception.

« Enfin qu'il est de leur intention de donner toute stabilité possible à la dite Confrérie momentanement affaiblie pendant les premières années de la Révolution, soit en lui créant des avoir en remplacement de ceux perdus pendant le même temps, soit en lui rendant toute l'importance annoncée par sa création primitive, soit en remplissant fidèlement le but de son institution et en opérant la réunion une fois chaque année dans une fête Religieuse de toutes les personnes attachées à la dite Confrérie.

« Ont délibéré et fait les divers statuts et règlements qui suivent :

« Article 1ᵉʳ.

« La Confrérie de Saint-Clair ici établie dès l'an 1645 est au besoin recréée et maintenue suivant le but et l'objet de son institution.

« Article 2ᵉ.

« La dite Confrérie sera toujours présidée par un Prieur choisi chaque année à raison de l'ancienneté d'admission sur le rôle des Confrères, cette qualité sera facultative, pour le cas de refus, l'on compulsera le rôle, l'on interpellera et on l'offrira aux Confrères suivants dans l'ordre d'admission, jusqu'à l'acceptation de l'un d'eux ; la désignation du Prieur aura toujours lieu en l'assistance des Vice-Prieurs, Procureurs et Députés dont va être parlé.

« Article 3ᵉ.

« Il y aura toujours aussi un Vice-Prieur, qui sera le Prieur de l'année précédente, et devra remplacer le Prieur pour le cas de décès dans l'année ou d'empêchement.

« Article 4ᵉ.

« La Confrérie aura un Procureur chargé d'administrer tous ses biens et avoirs, les pouvoirs pour ce nécessaires lui seront conférés, par acte authentique par les Prieur, Vice-Prieur annuels, et par les dits députés pour ce autorisés d'en faire le choix et d'agir en tout pour et au nom de tous les Confrères.

« Article 5ᵉ.

« La Confrérie aura onze députés spéciaux, dont trois seront par elle choisis dans la section du Bourg, deux dans celle de la Lanche, deux dans celle de Mathonex et Vigny, deux dans celle de Vallon, deux dans celle de Verclaud. Les fonctions de ces députés sont : outre celles ci-devant attribuées, d'entendre les comptes du Procureur, de le libérer, de donner leur avis sur le choix du Prieur, de recevoir et admettre conjointement avec celui-ci, le Vice-Prieur et le Procureur les nouveaux Confrères qui seront toujours élus unanimement, et généralement de faire tout ce qu'ils croiront de bien et d'avantageux dans l'intérêt de la Confrérie.

« Les fonctions des Députés seront de la durée de onze ans, sauf que la moitié de ceux à nommer en ce moment sortira dans cinq ans par la voie du sort, soit en chaque section, les six autres à nommer en remplacement le seront par les six autres restants, le Prieur, le Vice-Prieur et le Procureur, c'est-à-dire que la moitié sera renouvelable tous les cinq et six ans.

« Article 6º.

« Au frais et à la charge du Prieur sera la grande Messe du jour de la Fête, dont il versera le prix entre les mains du Procureur, pour être payée en même temps que les autres cérémonies Religieuses, les collectes qui sont en usage d'être faites dans l'Eglise Paroissiale par plusieurs personnes le jour précédent, soit le premier jour de l'an et le jour de la fête, et la musique, plus il devra fournir le local nécessaire pour la réunion le jour de l'assemblée, le Prieur aura le droit de faire agréger gratuitement l'un de ses enfants, le Procureur aura le même droit après six ans d'exercice.

« Article 7º.

« Outre la Grande Messe et les cérémonies Religieuses d'usage le jour de la Fête, se célèbrera le dimanche suivant une Grande Messe de mort avec *Libera me*, pour le repos de l'âme des Confrères décédés pendant l'année.

« Cette Messe sera aux frais de la Confrérie.

« Article 8ᵉ.

« La rétribution pour admission en la dite Confrérie est désormais fixée à une livre neuve, pour tous indistinctement, elle devra être payée comptant entre les mains du Procureur.

« Article 9ᵉ.

« Ayant formé un nouveau Rôle pour les Confrères de la dite Confrérie et dorénavant ayant porté le prix de réception à une livre nouvelle pour chaque Confrère qui se présenteront ; l'on entend point faire contribuer aux anciens Confrères agrégés avant le présent Règlement le surplus de cette augmentation, qui serait de vingt-deux centimes chaque ; Et l'on observe que les chandelles sont gratis pour l'offrande de chaque Confrère, et deviennent aux frais des avoirs de la dite Confrérie.

« Article 10ᵉ

« Ne seront admises dans la dite Confrérie que des personnes de bien, d'honneur et de probité, elles seront sévèrement scrutinées sur ce point par les dits Prieurs, Vice-Prieurs, Procureurs et Députés. Tous Confrères admis qui postérieurement s'écarteraient dans leur conduite des règles de l'honneur et de la délicatesse pourront être exclus et rayés du nombre des Confrères par une délibération motivée des dits Prieurs, Vice-Prieurs, Procureurs et Députés. L'exclusion ne pourra être prononcée qu'à la majorité des voix.

« Article 11°.

« Tous dons faits par des Confrères, soit à titre d'augmentation des avoirs, soit à d'autres titres, seront mentionnés honorablement, et donneront à celui ou ceux les ayant faits le droit d'être Prieur l'année suivante.

« Article 12°.

« Est désigné aux Députés pour le choix d'un Procureur, le Sr Claude François Renaud, vice-sindic.

« Article 13°.

« Sont nommés Députés sçavoir : en la section du Bourg et des dépendance, les sieurs Ratellier, Parchet, François Simond, Jean François et Simond Joseph.

« Pour la section de la Lanche : Simond Claude François et Guillet François Joseph, le Cadet. Pour les sections de Vigny et Mathonex : Dunoyer François Joseph et Nachon Charles Louis. Pour la section de Vallon : Deplace Louis-Joseph et Gurlie Joseph François. Pour la section de Verclaud : Deslesmilières Joseph et Favre Claude Joseph.

« Article 14°.

« Toutes les sommes produit d'admission seront après payement des frais faits annuellement mises en réserves, et dès que sera une somme de cinquante livres, elle sera prêtée par le Procureur et le Prieur, en rente constituée ou par acte obligatoire pour produire intérêts en faveur de la dite Confrérie. Ce prêt ne sera fait qu'avec et moyennant bonne et solvable caution d'après l'acte de fondation du 2 janvier 1645 cy-devant énoncé.

« Article 15º.

« Sera formé un nouveau registre pour soutenir dorénavant toutes les notes administratives des Confrères. Ce registre commencera par la présente délibération qui sera suivie du Rôle des Confrères à inscrire aux termes de l'article 9... ci-devant, outre les noms et prénoms de ceux-ci seront portés les sommes par eux payées pour augmentation des avoirs.

« Article 16º.

« A la suite duddit Rôle sera aussi à l'état des avoirs actuels, soit des capitaux appartenant à la dite Confrérie.

« Le Procureur devra chaque dimanche qui suivra la fête de St Clair, rendre compte de son administration aux Prieurs, Vice-Prieurs, Députés de la dite Confrérie.

« Article 17º.

« Les fonds et avoir de la Confrérie s'augmenteront et se prêteront jusqu'à ce que le revenu annuel puisse satisfaire au payement des cérémonies Religieuses, d'après le surplus sera divisé le jour du rendement de compte du Procureur, aux Prieurs, Vice-Prieurs et Députés, proportionnellement pour l'employer en aumônes aux pauvres de leur hameau respectifs, sans entendre cependant par l'augmentation de ces fonds décharger le Prieur annuel de payer la grande Messe qui se célèbrera le jour de la fête de St Clair, qui reste toujours exclusivement à sa charge ainsi que les collectes et la musique comme il est dit dans l'article 6 du présent Règlement.

« Article 18º.

« De tous les comptes rendus des choix des Prieurs

et Députés de toutes admissions de Confréries et de tout acte administratifs quelconques intéressant la Confrérie seront faits et dressés des écrits réguliers qui seront couchés et rédigés sur le dit Registre tout de manière à ce que l'on puisse à perpétuité reconnaître les faits et actes des administrateurs.

« Article 19°.

« Toutes les dispositions des fondateurs contenues dans l'acte du 2 janvier 1645 cy devant écrit sont expressément maintenues.

« Le présent Règlement sera signé par le R^d Jean François Michaud, curé de Samoëns, comme directeur de la Ste Société, pour l'approbation du présent, et de l'observer et faire observer dans toute sa forme et teneur. »

(Communication de M. l'Archiprêtre de Samoëns.)

Tome 1er, Page 267, Note C. — *Le Castellet*.

Extrait de la délibération du 5 mars 1812, en ce qui concerne saint Clair :

« Vu le second article de la même délibération du premier Décembre mil huit cent onze tendant à ce que le Bureau soit autorisé à faire peindre l'autel de la Sainte-Vierge, de *Saint-Clair*, du Maître-Autel qui sont sans couleur, doivent être peints en marbre, délibère de le faire peindre en marbre et que la dépense faite par économie n'excèdera pas la somme de quatre-vingt-quatre francs ;

« Le Conseil considérant le besoin et l'urgence que ces autels ont d'être peints approuve la délibération du Bureau, et charge MM. les Marguilliers de son exécution, moyennant que la dépense n'excèdera pas la somme de quatre-vingt-quatre francs. Et ainsi a été délibéré et ont signé : Ganteaume ; Jean-Laurent Ollivier, Joseph Espanet, François Baude, Guiot, Queirel, maire, Lions, curé. »

Dans le Compte de 1811-1812, on peut lire :

Chapitre II
De la Dépense.
Section 2 : Des Dépenses Extraordinaires :

Article 1er. — Fait dépense le Comptable de la somme de deux cents francs qu'il a payée à Vincent, menuisier, pour avoir fait les deux tombeaux de *Saint Clair* et de la Sainte Vierge, autorisée par délibération du Conseil de Fabrique, en date du 20 d'Octobre de l'année dernière, ainsi qu'il conste par le mandat à lui délivré le 21 Mars, sous le n° 13 — ci.... 200 fr.

. . . .

Article 3. — Fait dépense le même de la somme de huitante francs, qu'il a payée au sieur Michaud, peintre, pour avoir fait l'*Autel de Saint Clair*... autorisé par délibératiou du 5 Mars, ainsi qu'il conste par le mandat à lui délivré le 31 mars, sous le n° 15 et suiv. — ci. . . . . 84 fr.

Le Trésorier : Ganteaume.

(Archives paroissiales du Castellet.)

Tome Ier. Page 316. — *Les Abbés de la Jeunesse.*

Ce mot est écrit diversement selon les années ; on trouve : Abé, Habbé, Aba, Abbé.

QUATRIÈME PARTIE

TITULAIRES	DATES D'ÉLECTION	GAGES
Balthasar Barthélemy, *sandin*.	4 juin 1645	. . . . .
Jacques Maistre.	18 mai 1646	. . . . .
Jehan Montagne.	9 juin 1647	. . . . .
Antoine Barthélemy, *mounoy*.	2 mai 1648	. . . . .
Estienne Imbert.	28 mai 1649	. . . . .
Pascal Barthélemy, fils de Jean.	5 juin 1650	. . . . .
Henri Décugis.	28 mai 1651	. . . . .
Guilhem Giboin.	30 mai 1652	. . . . .
Guilhem Ollivier, *blanc*.	1er juin 1653	. . . . .
Anthoine Ollivier, *blanc*, à feu Jehan.	24 mai 1654	. . . . .
Nicollas Gantelme, à feu Honoré	16 mai 1655	. . . . .
Melchior Décugis.	4 juin 1656	. . . . .
Anthoine Beaumier.	20 mai 1657	. . . . .
Laurens Ollivier.	9 juin 1658	. . . . .
Guilhem Saurdon (?).	1er juin 1659	. . . . .
Barthelemy Ollivier.	16 mai 1660	. . . . .
Louis Penon.	5 juin 1661	. . . . .
Charles Barthélemy.	28 mai 1662	. . . . .
Guilhem Barthélemy de Louis.	13 mai 1663	. . . . .
Jacques Guiran.	1er juin 1664	. . . . .
Louys Ollivier.	24 mai 1665	. . . . .
Jacques Décugis, fils de Jehan.	13 juin 1666	. . . . .
. . . . .		
Joseph Décugis, à feu Mathieu.	10 mai 1693	Onze livres.
. . . . .		
Honoré Maistre.	26 mai 1697	Trente livres.
Marc Décugis.	18 mai 1698	. . . . .
. . . . .		

(Archives communales du Castellet (Var) : Reg. délib. 1688-1694 ; 1694-1699).

II. — PIÈCES JUSTIFICATIVES

I

Tome Ier. Page 92, note 1 ; et page 221, note E.

« Au nom de Dieu soit-il. L'an mil six cens soixante
« neuf et le dixiesme jour du mois d'Aoust, par devant
« nous Pierre de Beausset, Prévost en l'église cathé-
« drale, Vicaire général et official de Monseigneur
« illme. et R^{me}. messire Toussain de Forbin, par la
« grâce de Dieu et du St Siège apostolique, Evesque
« de Marseille, est comparu frère Pierre Chaine (1),
« presbtre religieux recolest du couvent de Rome,
« lequel nous a présenté deux caisses de bois noir
« fermées et scellées du sceau de Monseigneur l'émi-
« nentissime Cardinal Janet, Vicaire de N^{re} St Père le
« Pape, lesquelles caisses sont garnies aux quatre
« costez de christail transparent et dans lesquelles y
« a divers reliques que led. frère Chaine dict avoir
« eues de N^{re}. dict St Père et par les mains dud. Sei-
« gneur Cardinal, et après avoir ouvert lesdites caisses
« avons trouvé dans l'une d'icelles le crane de St
« Fauste, une piesse du bras de St Clair, une piesse
« du bras de St Victor, une coste de St Clair, une
« coste de Ste Luce, une petite [parcelle] d'os de St
« Just, le genouil de St Valentin, ung os de St Benin,
« tous martyrs suyvant leur inscription. Et dans l'autre
« boyte y avons trouvé le bras de St Félix, le crane de

---

(1) Ou Jaine, Pierre, recollet, prédicateur distingué. Il apporta de Rome à Cassis, au mois d'octobre 1669, diverses reliques qu'il avait obtenues, en faveur de sa ville natale, du pape Clément IX. (Alfred Saurel. *Statistique*, p. 208.)

« St Clair (1), ung os de St Adauctes, ung os de St Just,
« une coste de St Victorin, l'os du pied de St Restitut,
« ung de St Victor, et un de St Adjute, aussi martyrs,
« tous lesquels reliques sont mantionnez dans l'auten-
« tique et attestation dudit seigneur JANET, et de
« Monsieur son vice-gérant, du vingt-cinq Mars der-
« nier et parceq. les avons trouvées conformes aux
« dictes attestations portant que lesd. reliques ont été
« tirées du cimetière pretextat, permettons la véné-
« ration et exposition publique d'icelles et pour cet
« effect les avons d'abondant remises aud. frère CHAINE,
« pour les distribuer aux églises et chapelles du lieu
« de Cassis. suyvant l'advis du Sr. Vicaire de la pa-
« roisse. Fait à Marseille ez soins de Mes^{re} MARC FABRE,
« vicaire dud. Cassis. Les sieurs André et Jean BRE-
« MOND, Consuls dud. Cassis. DE BAUSSET, prevost vic.
« gén., f. Pierre CHAINE Recole, A. BREMOND, J. BRE-
« MOND, signez à l'original.

« Extrait à l'original estant au greffe de l'évêsché
« de Marseille deube collaon faicte. »

(A. SAUREL. *Statistique de la Commune de Cassis*, p. 112-114.)

II.

Tome Ier. Page 122, note 3.

Histoire de Condrieu et des Environs depuis l'an 39 avant J.-C. jusqu'à notre époque, 1850. — Chapitre XIII. La fête de Saint-Clair. (p. 143-150). — C'était la plus imposante fête que les bachelards de Condrieu célé-

---

(1) Il y a à Pont-de-Beauvoisin (Savoie) le chef *entier* d'un S. Clair, martyr. Et il est dit ici que ces reliques ont été apportées de *Rome*. Les reliques de S. Clair, martyr d'Apt, Pont-de-Beauvoisin, etc., ont sans doute la même origine.

braient avec une grande pompe. Elle devait son origine à la première récolte de vin blanc dont le plant avait été apporté soigneusement par le bon empereur Probus. Un acte de 1502 fait mention de la concession faite, par la maison d'Arces (1) (pour le maintien de cette coutume), aux jeunes gens des Roches, du Port et de la Maladière, auxquels on accordait le privilège de percevoir, le jour de Saint-Clair, 2 janvier, de chaque année, les droits de bac pour le passage du Rhône, sous la condition qu'ils maintiendraient la police du port.

Cette fête vraiment curieuse par ses cérémonies et les dépenses qu'elle occasionnait, commençait le 31

---

(1) On voyait encore en 1792 dans une des chapelles de l'église paroissiale de Condrieu, sous le vocable de Saint-Christophe, le tombeau de la famille d'Arces. Au-dessous de la statue d'un chevalier, on lisait une inscription latine, dont voici la traduction : « A l'éternelle mémoire de noble Jean d'Arces, homme d'armes, chevalier de l'ordre du Roi de France, et gentilhomme de sa chambre. Son père fut illustre et héroïque seigneur Antoine d'Arces, qui résidait, au nom du roi de France, en Ecosse, où il fut le défenseur et le vengeur de la reine Marguerite régente. Il avait parcouru les royaumes d'Espagne, d'Aragon, de Grenade, de Portugal, de Navarre, d'Angleterre, d'Ecosse, à la manière des héros des anciens jeux olympiques, et en avait rapporté le surnom de Chevalier Blanc. Sa mère était dame Françoise de Ferrières, d'une des plus anciennes maisons du royaume. Ce seigneur Jean d'Arces, seigneur de la Bastie-Meylans et baron de Lyvarrot, mourut à Condrieu, pendant les guerres civiles qui ravageaient la France, au mois de juin 1590, âgé de 75 ans. Dame Isabelle de Sylans son épouse, très chère et très chaste, lui a fait élever ce monument, en attendant le jour de la résurrection. » — Ce Jean d'Arces fut père : 1° de Lyvarrot qui tua Schomberg, en 1577, dans le fameux duel de trois contre trois ; 2° de Jeanne d'Arces, qui devint l'épouse d'André d'Oraison, comte de Bourbon, seigneur de Soleilhas et de Barles. — A la famille de Lambert avait succédé au XVe siècle, la famille d'Arces, par le mariage de Louise Lambert avec Bon d'Arces. Cette dernière famille prenait pour devise ce rébus singulier : *Le tronc est vert, mais les feuilles sont arses.* — On trouve un Jean d'Arces, cardinal, en 1433. Claude d'Arces, fils de Bon et de Louise Lambert, fut d'abord célérier de l'Ile-Barbe, ensuite abbé de Boscodon, et enfin élu archevêque d'Embrun. (COCHARD, *Statistique. Condrieu.*)

décembre au soir. Le chef avait le titre de roi, et ses sujets celui de *bachelards*. En tête du cortège marchait toujours Sa Majesté décorée du bâton royal, et l'officier, porteur du drapeau ou enseigne de Saint-Clair, mi-parti de bleu céleste et de blanc. Ces jeunes gens heureux marchaient dans le plus grand ordre, précédés de fifres, de violons et de tambours. Ils allaient aussi donner des sérénades à leurs parents et aux notables de la ville, et un bal terminait cette première journée.

Le 1er janvier, cette société assistait à la messe de paroisse. Tous ses membres étaient habillés de beau drap bleu clair, et chaussés de souliers de même étoffe ; leurs chapeaux étaient garnis de plumes bleu clair et blanc ; ils portaient l'épée au côté, ils se plaçaient dans le chœur, et faisaient donner des aubades au-devant de la chapelle de la famille d'Arces et de celle de S. Nicolas ; après la Messe ils allaient visiter le Curé qui leur délivrait la liste des personnes mariées dans l'année.

De là ils allaient au port dîner ensemble dans l'hôtellerie qui leur était accoutumée ; puis ils se rendaient au Port-Neuf, appelé Rafour, et y faisaient danser leurs parentes. Celles qui avaient dansé recevaient ce qu'on nommait *la livrée* ; c'était un petit ruban (*une faveur*) qu'elles attachaient à leur sein et qu'elles portaient soigneusement pendant toute la fête. Ils allaient de là chez le Maire, qui faisait distribuer à chacun d'eux une branche de laurier ; on y dansait encore, et à l'issue des vêpres, la bande joyeuse se transportait à la porte de la ville du côté du chemin du port. C'est en cet endroit que l'on mettait à l'enchère la ferme du bac, pour le lendemain, en réservant l'*Arrièvc*, et l'*Ancienneté* (1), c'est-à-dire le droit de passage gratuit pour ceux à qui appartenaient ces propriétés.

Le roi de la fête, monté sur une pierre élevée (2), recevait les mises, et, pendant cette opération on buvait le vin blanc en mangeant les biscuits que le propriétaire de l'*Ancienneté* était dans l'usage d'offrir aux bachelards. Si l'adjudication ne se tranchait pas, on faisait une nouvelle criée au port ; la boîte de St. Nicolas était aussi mise à l'enchère, et le produit de ces objets couvrait une partie des frais de la fête. On achevait la journée par des sérénades et un bal.

Le lendemain, 2 janvier, l'adjudicataire du bac était de bonne heure en exercice ; les bachelards passaient le Rhône, et allaient entendre la messe au village de Saint-Clair ; ils dansaient encore sous un orme, puis se rendaient à Vernon, revenaient aux Roches, et repassaient à la Maladière. Le conducteur du bac à qui ces diverses courses donnaient de l'occupation, recevait pour salaire un dindon, deux pains bis de trois livres et quatre bouteilles de vin blanc.

Le propriétaire ou fermier de la vigne de *Chéry* (3) était tenu de présenter à chacun des bachelards, au moment où ils allaient de la Maladière à la place de Condrieu, un échalas qu'ils portaient comme un tro-

---

(1) L'*Arrièvc* est une vigne, et l'*Ancienneté* une maison dont les propriétaires étaient exempts des droits de bac.

(2) Cette pierre existe encore (1850) à la porte du sieur Favier.

(3) Cette vigne appartenait aux Religieuses de la Visitation de Sainte-Marie. Elles voulurent faire cesser cet usage en 1694. Une procédure criminelle fut instruite contre les Bachelards qui étaient allés prendre les échalas dans la vigne ; mais elle n'eut aucune suite, et les échalas ont continué d'être fournis jusqu'à la Révolution. Il y a apparence que ce bois était anciennement destiné à faire un feu de joie sur la place. (COCHARD. *Statistique. Condrieu.*)

phée, et s'en servaient pour s'exercer à l'escrime, au port du Sablier ; le soir ils allaient chercher deux des anciens rois, les conduisaient à l'hôtellerie où le souper était servi, et, en leur présence, on passait l'adjudication au dernier miseur de la canne ou bâton royal, et de l'enseigne de Saint-Clair. Pendant le souper on portait des toasts au nouveau et aux anciens rois, au porte-drapeau, et chaque fois les verres'étaient jetés en l'air.

Après le souper, le bal commençait par le branle du roi, par celui du porte-enseigne, des anciens et des nouveaux mariés, etc., etc. ; l'on dansait une partie de la nuit.

Le 3 janvier, les bachelards allaient toujours en grand costume entendre la Messe à l'église des Récollets. Les Religieux, auxquels ils envoyaient des dindons rôtis, des pains bis (1) et une certaine quantité de bouteilles de vin blanc (2), leur donnaient à déjeuner à l'issue de la messe, ajoutant le surplus nécessaire au repas. On faisait ensuite la farandole le long des cloîtres, et le nouveau roi, qui, ce jour-là, portait la canne, conviait ses sujets à dîner, en commençant par le Supérieur de la communauté des Récollets.

Après le dîner, la boîte de Saint-Nicolas était attachée à une barre de fer. Deux des garçons la portaient, et la troupe des bachelards visitait, toujours la musique en tête, les jeunes mariés du Port, de la Maladière et des Roches, et exigeaient de chacun d'eux quinze sous qui étaient mis dans la boîte. Si quelqu'un des nouveaux mariés, pour se soustraire à la taxe, fermait sa porte, le roi la faisait enfoncer avec

---

(1) Six pains bis (COCHARD, *loc. cit.*)
(2) Douze bouteilles (COCHARD, *loc. cit.*)

la barre de fer, et contraignait les récalcitrants à payer.

Enfin le 4 janvier, les bachelards, après le déjeuner, faisaient emplir une cruche de vin, on l'attachait à la barre de fer, portée par deux garçons ; ils parcouraient la ville, faisant boire, à chaque coin de rue les personnes de leur connaissance, et parvenus à la porte des Granges, ils suspendaient la cruche à un arbre (*un noyer*), et la compagnie lançait des pierres jusqu'à ce que la cruche fût cassée. On se retirait ensuite pour vaquer à ses affaires (ou plutôt se reposer des fatigues de la fête), en chantant ce couplet :

> La Saint Cliar è morta
> Nin sué pas la causa.
> Laisse vegni l'an que viens,
> Ne serons ben mès de gins (1).

C'est ainsi que se terminait cette fête mémorable, dont l'origine est si ancienne. Cette société était tellement indisciplinée qu'en 1486 ceux qui la composaient se permirent d'aller chasser aux Ayes, au mépris des ordonnances de police, de ravager les récoltes, et d'injurier les officiers du lieu qui avaient voulu s'opposer à leurs excès. Ils poussèrent même l'audace jusqu'à faire précéder leur incursion d'un avis affiché en plusieurs endroits. Cet écrit était ainsi conçu :

« L'on vous fait à savoir de par les bachelards, et
« de par le maistre de la chasse et des chasseurs,
« que tout homme qui a coutume de chasser à les
« lièvres, les biches, cornils et chevreuils, et nous

---

(1) La Saint-Clar è morta,
Ge nin soi pas causa ;
Laissi veni l'an que vint,
No serons ben mé de gins. (COCHARD, *loc. cit.*)

« mangerons de venaison en dépit des envieux ; s'il y
« a homme en la compagnie qui ne soit chasseur,
« qu'il aie à vuider la compagnie, autrement il sera
« *baculé* (1). »

Cet audacieux placard prouve combien Condrieu était environné de forêts, et, cette fois-là, comme tant d'autres, personne n'osa former opposition à la volonté des bachelards.

Une sentence rendue par le châtelain Roger Rodier, en date du 21 janvier 1437, les maintient encore dans leur droit de chasse, conformément, est-il dit, à leurs privilèges, et il rappelle un autre jugement de 1443, qui l'avait déjà ainsi prononcé.

III

Tome 1er. Page 124, note 3.

DIOCÈSE DE MARSEILLE *Marseille, le 27 décembre 1894.*

PAROISSE
DE LA
TRÈS-SAINTE TRINITÉ
(La Palud)

A Mesdames et Mesdemoiselles
Maîtresses d'Ateliers et a toutes leurs Ouvrières
Tailleuses et Couturières.

Mesdames et Mesdemoiselles
Maîtresses d'Ateliers,

J'ai l'honneur de vous informer que Mercredi prochain, 2 janvier, la fête de saint Clair, Patron de toutes les Tailleuses et Couturières, sera célébrée solennellement dans notre Eglise de la Trinité.

Le matin à 7 h. 1/2, Messe avec Chants, Instruc-

---

(1) Donner du derrière contre un banc, en patois la *batacula* ou *bassacula*.

tion, Bénédiction du Très-Saint-Sacrement et Distribution de Pains bénits.

Je serais très heureux, Mesdames et Mesdemoiselles, de vous voir assister à cette cérémonie avec les nombreuses ouvrières de vos ateliers renommés.

Agréez mes salutations respectueuses.

Le Chanoine Chazal,
Curé de la paroisse.

L'*Echo de N.-D. de la Garde*, de Marseille, du 2 janvier 1898, sous la rubrique : **Paroisse de la Sainte-Trinité** écrit : « Lundi 3 janvier : Fête de Saint-Clair, renvoyée du 2. Le matin à 7 h. 1/2 réunion annuelle de toutes les Ouvrières qui reconnaissent saint Clair comme le patron et le protecteur de leurs corporations. »

Et dans le numéro suivant de l'*Echo de N.-D. de la Garde* nous avons le compte-rendu suivant : « **La Trinité.** Le lundi 3 janvier, plus d'un millier d'ouvrières tailleuses, couturières, modistes, corsetières, fleuristes, repasseuses, sont venues dans l'église de la Trinité, à l'occasion de la fête de saint Clair, pour demander à Dieu la bénédiction sur les travaux de la nouvelle année.

« Après la messe, pendant laquelle on a entendu le chant de beaux cantiques, Monsieur le Curé est monté en chaire et a souhaité une bonne et sainte année au nombreux auditoire et a parlé du travail qu'il fallait faire consciencieusement, activement et chrétiennement. Après le salut, la distribution des pains bénits a duré une heure et un quart. »

IV

Tome Ier. Page 125, note 1.

Précis de la convention entre les Dames d'Hyères et le Curé de Gémenos pour Saint-Clair. — Lesquelles désirant de tout leur cœur que la Chapelle que le dit Monastère a au terroir du dit Gémenos fondée sous le titre de St-Clair soit servie et entretenue dans l'état quelle est présentement et augmentée, si faire se peut — ont les dites, convenu avec Messire Ant. Taurel, vicaire perpétuel, qu'il sera tenu, comme il le promet, de servir la dite chapelle St. Clair et dans icelle faire le divin service aux jours accoutumés ainsi et dans la forme que jusqu'à présent, et a fournir pour ce sujet tout ce qui y sera requis et nécessaire sans que les dites Dames y puissent être de rien tenues sous quelque prétexte que ce soit — de quoi le dit M^{re}. Taurel les a déchargées moyennant lequel service toutes les offrandes et oblations qui seront faites dans la dite chapelle aux dites Dames appartenant seront et appartiendront au dit Taurel durant le temps qu'il fera le dit service, comme chose sienne et lui appartenant — lequel service le dit Messire Taurel continuera sous le bon plaisir des dites, sans que pour raison de ce, le dit M^{re}. Taurel puisse prétendre aucun salaire ni autre chose contre les dites Dames, lequel a reconnu en tout et partout les droits qu'elles ont dans la dite chapelle sans qu'elles puissent s'en départir par moyen de la présente convention laquelle durera pour le temps que le dit Mes^{re} restera en ce monde, et, après le décès d'icelui la dite convention ne pourra préjudicier aux droits des dites Dames, lesquelles pourront à l'instant remettre le dit service à tel prêtre que bon leur semblera.

Fait et publié à Gémenos. 9 Juin 1629. Not^{re} Martinot, à Aubagne.

(Communiqué par M. J. d'Aillaud de Caseneuve.)

V

Tome 1er. Page 139, note 1.

Mandement de Monseigneur l'Evêque de Grenoble (1) annonçant et prescrivant le Rétablissement de la Liturgie romaine dans son Diocèse.

« Il nous est enfin permis, dit le vénéré prélat, de
« mettre à exécution le projet arrêté, depuis plusieurs
« années, de rétablir la Liturgie romaine dans notre
« diocèse.

« Quoique sincèrement attaché à la Liturgie en
« usage depuis près d'un siècle, notre Clergé s'est
« montré heureux de donner ce témoignage de sa res-
« pectueuse soumission aux volontés du Pontife heureu-
« sement régnant. Il a tenu à se rapprocher encore
« davantage de ce Siège auguste d'*où est sortie l'unité*
« *sacerdotale,* et de recevoir de lui la loi de la prière
« comme il en reçoit celle de la foi...

« Le Souverain Pontife, dans sa bonté pleine de
« sagesse, a daigné agréer *le Propre* des saints que nous
« lui avions soumis ;... Il nous a été d'ailleurs per-
« mis à nous-même de rendre ce changement moins
« sensible, en conservant le chant auquel vous êtes
« depuis si longtemps accoutumés...

---

(1) Mgr Jacques-Marie-Achille Ginoulhiac.

« *A ces causes*... Nous avons ordonné et ordonnons
« ce qui suit :

« **Art. I.** — La Liturgie romaine est rétablie dans
« notre diocèse.

« **Art. II.** — L'adoption de la Liturgie romaine
« sera *obligatoire* dans notre Eglise Cathédrale, dans
« toutes les Eglises et Chapelles de la ville de Greno-
« ble, et pour tous les prêtres qui y sont attachés, et
« aussi dans nos trois Séminaires, à dater des pre-
« mières Vêpres de la fête prochaine de la Purification
« de la très-sainte Vierge.

« **Art. III.** — Elle sera obligatoire dans toutes les
« autres Eglises et pour tous les autres prêtres du dio-
« cèse, à dater des premières Vêpres de la fête de
« saint Hugues, qui se célèbre le second dimanche
« après Pâques.

« **Art. IV.** — Nous autorisons MM. les Curés qui
« le pourraient sans inconvénients, à devancer dans
« leurs Eglises l'époque fixée dans l'article précédent.

« **Art. V.** — Nous révoquons toutes les autori-
« sations et permissions antérieurement données par
« nos Prédécesseurs ou par Nous, et qui seraient con-
« traires aux prescriptions de la liturgie romaine.

« . . . .

« Donné à Grenoble sous notre seing, le sceau de nos
« armes, et le contre-seing du Chanoine secrétaire de
« notre Evêché, le 6 janvier, jour de la fête de l'Epi-
« phanie de l'an de grâce 1869. »

« M.-Achille, *Évêque de Grenoble.*

« Par Mandement :

« Auvergne, *Chanoine, Secrétaire général.* »

VI

Tome Ier. Page 185, note I.

Extrait d'une lettre écrite le 21 juillet 1746 par l'Abbé Delacour, maître de chœur du Chapitre de St-Barnard, à l'Abbé Chalvet de S. Etienne, sacristain de la même église.

« Quoique le hameau de Pisançon n'ait jamais été une paroisse, il y avait anciennement une chapelle sous le vocable de St. Clair. L'église paroissiale, sous le vocable de St. Michel de Pisançon, était éloignée dudit hameau d'environ demi-quart de lieue. Cette église fut détruite par les religionnaires, et le service de la paroisse transféré dans la chapelle de S. Clair. L'église de cette chapelle étant en mauvais état et indécente, les auteurs de M. de Pisançon, qui avaient besoin du sol de cette chapelle, proposèrent à la communauté de l'abattre, et, des matériaux, en faire construire une église dans un lieu plus reculé du château et dans un sol que ledit seigneur donna aux habitants. Le chapitre (de S. Barnard de Romans duquel dépendait Pisançon) fit signifier des actes de protestation contre le presbytère (chœur) de cette nouvelle église, non voûtée, alors que celui de l'ancienne l'était ; il sommait les habitants de réparer et entretenir la nef de l'ancienne église et protestait que les paroissiens ne pussent à l'avenir l'obliger de voûter le presbytère de la nouvelle église...

« Le 13 septembre 1696, le chapitre donna requête à Mgr l'Evêque (de Valence), tendant à se plaindre de la bénédiction de la nouvelle église de Pisançon sous le vocable de S. Michel, qui est celui de l'église paroissiale, au lieu de la bénir sous le vocable de S. Clair, celui de S. Michel devant être réservé pour la nouvelle église du Bourg-de-Péage, afin d'éviter les équivoques et prétextes qu'on pourrait prendre à l'avenir de faire ériger la dite église succursale en cure. Le 24 avril 1698, eut lieu la bénédiction de la nouvelle église du Bourg sous le vocable de saint Michel, archange, par le sieur Didier, curé d'Alixan. »

(A. LACROIX. *Romans et le Bourg-de-Péage avant 1790*, pp. 184 et 185-6. — Communiqué par M. le chanoine Cyp. Perrossier, du diocèse de Valence.)

VII

Tome Ier. Page 215, note E, et page 224, note E.

La Murette (Isère). — M. le curé de cette paroisse, par sa lettre du 8 juin 1897, déclare avoir des reliques de S. Clair, abbé ; or la pièce qui accompagne la lettre ne parle que de S. Clair, sans autre désignation. Il a donc fallu placer la Murette sous deux rubriques différentes. Maintenant je transcris fidèlement le document qui m'a été bienveillamment communiqué : « Copie de « l'authentique du Reliquaire où est renfermée la Reli- « que de saint Clair. »

(Place du sceau de l'Evêque, imprimé.)

Philibertus de Bruillard, miseratione divinâ et Sanctæ Sedis Apostolicæ gratiâ, Episcopus Gratianopolitanus :

Universis et singulis præsentes Litteras inspecturis fidem facimus et attestamur quòd nos ad majorem omnipotentis Dei gloriam, suorumque sanctorum venerationem et fidelium pietatem augendam, recognovimus ex authenticis locis extractas sacras Reliquias ex ossibus SS. Clari, Antonii, Constantii, Fortunati et Clementis.

Quas reverenter reposuimus in thecâ lignea deauratâ, or f^æ, *bene clausâ, ex funiculo serico coloris Rubri colligatâ, ac sigillo nostro signatâ, easque consignavimus cum facultate apud se retinendi aliis donandi, et fidelium venerationi publicè exponendi. In quorum fidem has Litteras testimoniales nostri* Vicarii Generalis *manu subscriptas nostroque sigillo munitas, per infrà-scriptum Episcopatûs nostri Secretarium expediri mandavimus.*

Datum Gratianopoli, die 29 *mensis* Julii *anno* 1836.

TESTOU, vic. gen^{lis}.

De mandato illustrissimi ac reverendissimi D. D. Episcopi,

BOUNARD,

(Sceau de l'Evêque, timbre sec.)   Pro-S^{re}.

— Le curé de La Murette était à cette date M. l'abbé Perrin.

VIII

Tome Ier. Page 217, note C, et page 220, note C, à la fin.

Marseille-Saint-Cannat. — Procès-verbaux. Relique « ex ossibus » de S. Clair, abbé.

Carolus Philippus Place
Dei et S. Sedis Apostolicæ gratia
Episcopus Massiliensis
Sacro pallio insignitus et Pontificis solio assistens.

Visis et recognitis duobus testimoniis authenticis quorum tenor sequitur : 1° le vingt-neuf décembre mil sept cent nonante sept, nous soussignés, prêtres, faisant partie du s. ministère catholique, dans l'église de St. Trophime d'Arles, en présence des citoyens : Audran, Charles Gravel, commissaires administrateurs de la dite église, avons extrait de la châsse de Saint-Clair la parcelle des reliques dudit saint Clair, renfermée dans cette boëte. En foi de quoi à Arles le vingt-neuf décembre mil sept cent nonante sept. — Clastre, prêtre, Clarion, prêtre ; — Audran, Gravel.

2° Le vingt-neuf décembre mil huit cent deux, maître Tourrel, capitaine de bâtiment de mer, actuellement commissaire à l'église de S. Trophime, nous a présenté une relique dite de Saint-Clair, contenue dans une petite boëte de fer blanc, en forme de grosse bague, renfermée dans une petite bourse de soie de couleur bleue paraissant contenir une authentique et ayant pour attache à son anneau trois rubans de soie, l'un de couleur blanche, l'autre de couleur rouge et le troisième de couleur bleue, nous soussignés y étant autorisés par Monseigneur l'Evêque d'Aix et d'Arles et après avoir invoqué les lumières du S. Esprit, avons prié le dit Tourrel de nous dire d'où lui était venue la présente Relique. A quoi il nous a été répondu qu'elle avait été conservée dans la sacristie de l'église de S. Trophime depuis le commencement de la Révolution et que M. Clarion, prêtre de la ville d'Arles, lui avait certifié que l'os renfermé dans la petite boëte de fer blanc était véritablement une relique de saint Clair et que feu M. Clastre, prêtre assermenté de la ville d'Arles, avait extrait ledit ossement de la chasse de St. Clair, laquelle chasse existe encore et renferme des reliques dudit Saint. Ledit Tourrel requis de signer avec nous a déclaré ne savoir écrire. — Nalis, prêtre, et Truchet, prêtre. . .

Insuper viso rerum actarum instrumento (procès-verbal) *dato die vigesima mensis Julii 1872 ab nostro Vicario generali Sti. Victoris archidiacono confecto, quem revisorem et Recognitorem Reliquiarum quæ in Ecclesia parochiali St. Cannati hujusce urbis conservantur designavimus, ex quo juxta formam juris Authenticum prædictæ sancti Clari Reliquiæ concedi queat;*

Hanc sacram Reliquiam de ossibus sancti Clari, denuò recognitum ex theca albata ferrea, in qua juxta indicia in documento diei 29^{α} decembris 1802 relata, asservabatur, extraximus et reverentèr deposuimus in theca deaurata, figuræ ovatæ, unico chrystallo munita, quatuor funiculis sericis coloris rubei colligata, interius exteriusque variis ornamentis decorata, bene clausa ac nostro in cera hispanica rubra impresso sigillo obsignata. . .

Datum Massiliæ die vigesima quinta mensis septembris. anno 1876.

BLANCARD, vic. gen.

De mandato Illustrissimi ac Reverendissimi
DD. Episcopi Massiliensis.

J. BLANC, ch. p.

(Extrait par moi-même des archives de la paroisse Saint-Cannat, de Marseille, avec l'autorisation du vénéré curé de cette paroisse.)

IX

Tome 1er, page 217, note D.

Melve (Basses-Alpes). — Authentique de la relique renfermée dans un reliquaire :

Nous Marie-Julien Meirieu, par la miséricorde du Saint-Siège Apostolique, Evêque de Digne, certifions avoir placé dans un reliquaire en argent, de forme ovale, garni d'un verre, une relique authentique de saint Clair, abbé, *retenue par un fil de soie rouge, scellée de notre sceau en cire rouge, et permettons qu'elle soit exposée à la vénération des fidèles.*

Fait à Digne, le 28 janvier 1873.

Pour Monseigneur empêché, le Vicaire général,

(Place du sceau
de l'Évêché.)   BARBEROUX.

(Communiqué par M. le Curé de Melve, le 7 décembre 1895.)

X

Tome Ier, pages 218-219, note G.

Saint-Clair-sur-Rhône (Isère). — Une chose frappera dans l'authentique ci-dessous ; il n'y est pas donné à saint Clair le titre d'*abbé*. Cela n'a pas dû paraître nécessaire dans la paroisse qui tire son nom de son bien-aimé Patron.

Jacobus-Maria-Achilles Ginoulhiac, miseratione divinâ et Sanctæ Sedis Apostolicæ gratiâ, Episcopus Gratianapolitanus.

Universis et singulis præsentes litteras inspecturis fidem facimus et attestamur, quod nos, ad majorem omnipotentis Dei gloriam suorumque Sanctorum venerationem, recognovimus, ex authenticis locis extractas reliquias sancti Clari, *quas reverenter reposuimus in thecâ* argenteâ, *figuræ* ovalis, crystallo præmunitâ, bene clausâ, et funiculo serico coloris rubri colligatâ, ac sigillo nostro signatâ easque tradidimus cum facultate apud se retinendi, aliis donandi, et in quacumque ecclesiâ, oratorio aut capellâ, publicæ fidelium venerationi exponendi.

In quorum fidem has litteras testimoniales manu Vicarii

nostri generalis *subscriptas, nostroque sigillo firmatas, per infra scriptum Secretarium nostrum expediri mandavimus.*
Datum Gratianopoli, die 12 9^{bris}, anno 1867.

(Place du sceau épiscopal.)   ORCEL, vic. gen.

De mandato D. D. Episcopi :

AUVERGNE, chan. secr.

(Extrait des archives de la paroisse de Saint-Clair-sur-Rhône.)

XI

Tome Ier, page 222, note C.

Minzier (Haute-Savoie).

Claudius-Maria Magnin
Dei et Apostolicæ Sedis gratia
Episcopus Anneciensis

Universis et singulis præsentes litteras inspecturis fidem facimus ac testamur, quod Nos, ad majorem Dei gloriam, suorumque Sanctorum venerationem, sacras Reliquias ex ossibus sancti Clari martyris *ex locis authenticis extractas recognovimus, priusque venerati, illas collocavimus in theca* ferrea candida rotunda et in alia lignea deaurata inclusa *vitro et vitta serica coloris rubri clausa, sigilloque nostro munita, cum facultate in quacumque Ecclesia Fidelium venerationi, intra Diœcesis nostræ fines, illas exponendi.*

In quorum fidem eas a Vicario nostro Gen^{li}, *subscriptas litteras, sigilloque nostro munitas, per infra scriptum Secretarium nostrum expediri mandavimus.*

Datum Annecii, in Palatio nostro, die nona *mensis* Martii, *anno Domini millesimo octingentesimo sexagesimo sexto.*

                          CHALLAMEL, vic. gen.

MEYNET, Starius.

(Transcrit mot à mot sur l'authentique bienveillamment communiquée par M. le Curé de Minzier, le 11 septembre 1895.)

XII

Tome 1er, page 324.

De la Danse.

GRANDEURS, PÉNITENCE ET MARTYRE DE SAINT JEAN-BAPTISTE.

. . . .
. . . .

Hérodias veut que sa fille danse,
L'ayant ornée et couverte d'atour,
Lorsque le Roi, le jour de sa naissance,
Fait un festin aux plus grands de sa cour :
Cette effrontée entend si bien le mal,
Que ses beaux tours charment ce roi brutal ;
    La compagnie
    En est ravie,
Et chacun dit qu'il n'a rien vu d'égal.

Le Roi qui lors tout honneur abandonne,
Lui dit : Demande ce que tu voudras ;
Quand il faudrait partager ma couronne,
Je te promets que soudain tu l'auras.
Il jure même, et sans plus marchander,
La baladine ose lui demander
    La tête auguste
    De l'homme juste
Qui lui prêchait sans rien appréhender.

Hérode ici témoigne qu'il se fâche,
De sa promesse et de son jurement ;
Mais il se rend, cet inhumain, ce lâche,
Il dit qu'on aille au cachot promptement.
Jean se prosterne, et d'un air plein d'appas,
Dit au bourreau de ne l'épargner pas,
    Il veut qu'on porte
    Sa tête morte,
Pour condamner Hérode en son trépas.

Hérodias prend cette sainte tête,
Et du poinçon qui retient ses cheveux,
Perçant à jour la langue du Prophète,
Elle s'écrie : On a rempli mes vœux !
Sa fille ensuite ayant pris le bassin,
Court au tyran tout plongé dans le vin :
  Cette danseuse,
  Fière et joyeuse,
Fait voir la tête à tous ceux du festin.
. . . .
Voilà le prix d'une vaine danseuse ;
Voilà les maux que fait la volupté ;
Voilà la fin sanglante et glorieuse
Du saint martyr de la pudicité.
Fuyez, jeunesse, et la danse et l'amour
Qui troubleront votre âme au dernier jour ;
  Durant la danse,
  Le démon pense
A votre perte en tournant à l'entour.

(*Cantiques de l'âme dévote de Marseille*, par UN PRÊTRE du diocèse de Toulon. Nouvelle et dernière édition, 1805. Liv. III, p. 72-74.)

Respouesto à uno cansoun en favour dei danços.

. . . .
Lou Sagi dis que la trevanço
  L'on deou fugi
D'uno fillo ou femo que danço,
  Per noun peri ;
Et vous disez, per qu'empacha
Lei jouinei fillos de dança ?

Hélas ! qu que sieguez, peccaire,
  Qu'autorisas
La danço dins aqués terraire,
  Vous fachez pas :
Se disen que vouestro cansoun
Noun a ni rimo ni raison.

Lorsque la Sagesso Eternello
  Nous avertis,
Que fugen uno dançarello;
  A vouestre avis,
Va dis-ti per lou ben que fan
Lei jouinei fillos en dançan ?

Qu'un Chrestian qu'aura l'insoulenci
  Dins lei jours sants
De dansa, fasse penitenci,
. . . .
. . . .
. . . .

Diou voou que l'on se rejouisse
  Quu dis que noun ?
Mai que l'on noun si divertisse
  Qu'en son sant nom.
Or la danço es-ti per l'hounour,
Et dins la visto dou Seignour ?

. . . .
Nouestro règlo es la lei Chrestiano,
  Que fa lei Sants ;
Et l'Evangilo que condamno
  Lei plaisirs vans,
Et que nous enseigno a ploura,
Et noun pas à rire, à dança.

Dis pas soulament que l'on quitte
  Cés qu'és pecca,
Mai voù tamben que l'on évite
  De s'expousa
En ce que n'es uno occasion,
Et que pouerto à la tentation.

Or que de jouinesso s'assemble,
  Fillos, garçons,
Cantant, risent, sautant ensemble,
  Fasent de bonds,

Au son joyoux deis instruments,
Sont-ti pas prés per tous lei sens ?

L'enfié et lou libertinage,
    La vanita,
Leis battarié, lou carnage,
    L'impureta,
Soun ben souvent l'effet fatal,
Et la tristo suito doù bal.

Que procuré la mouer cruello
    Dou grand sant Jean ?
Uno famouso dançarello
    Lorsque dançan
De sa danço aqueou prix aguet
Doù Rei cruel en quu plaset.

(*Cantiques spirituels à l'usage des Missions de Provence*. Nouvelle édition. A Marseille, chez Jean Mossy. MDCCLVI.)

XIII

Tome II, p. 11, note 2.

« Innocentius, episcopus, servus servorum Dei, dilectis filiis obedientiario et capitulo ecclesie sancti Justi Lugdunensis salutem et apostolicam benedictionem. — Immensa devotio quæ vestra sancti Justi ecclesia erga nos et apostolicam sedem, dum apud ecclesiam ipsam moram traximus, claruit evidenter, juste promeruit ut eamdem ecclesiam caritate intima prosequentes singularibus illam gratiis honoremus, nullo etenim tempore ab ejusdem sedis memoria excidere poterit cum quanta nos ipsa veneratione receperit et cum quanta semper affectione curaverit honorare, sed hoc in scrineo pectoris perpetuo conservabit ut crebra eorum rememoratione sepe nos dictam ecclesiam cordis oculo comprehendat, quos in absentia non poterit corporaliter intueri. Hec siquidem est ecclesia que omni sinceritate conspicua Romanum pontificem patrem fidelium omnium et pastorum tanquam specialis ipsius filia devotissime recognovit; hujus utique canonici merito reputandi sunt gratia nostra digni qui omnimodam nobis honorificentiam impendere studuerunt, justum est itaque ut eamdem sancti Justi ecclesiam, juxta preclara ipsius obsequia, honorabili munere attolamus. Volentes igitur grandem affectum, quem ad vos et eamdem ecclesiam, consideratis vestris gratis obsequiis, gerimus, opere demonstrare, de Brinhays et de valle Soanna castra cum pertinentiis suis Lugdunensi diocesi, que de nostra emi pecunia fecimus, vobis et per vos eidem ecclesie apostolica liberalitate concedimus et donamus, et quia donum eo utilius est et gratius qua plenius et liberius retinetur, castra eadem ab omnibus collectis, exactionibus, pedagiis, plateaticis, et prorsus ab omni dominio seculari auctoritate presentium duximus eximenda, ita quod nec castra ipsa nec vos, ratione ipsorum, neque habitatores eorumdem teneamini aliquatenus ad premissa. Districte autem precipimus ut ex illorum proventibus anniversarium pro nobis et aliis Romanis pontificibus in eadem ecclesia statuatis pro nostre ac eorumdem pontificum animarum remedio annis singulis devote et solempniter celebrandum, quinque soldis ad minus usualis monete pro quolibet canonico necnon capellano de ipsius ecclesie corpore existente, qui eidem anniversario interfuerit, perpetuo stabilitis. Nulli ergo omnino hominum liceat hanc paginam nostre concessionis et donationis ac exemptionis et precepti infringere vel ei ausu temerario contraire. Si quis autem hoc attemptare presumpserit, indignationem omnipotentis Dei et beatorum Petri et Pauli apostolorum ejus se noverit incursurum.

« Datum Lugduni, idus aprilis, pontificatus nostri anno octavo (1). »

XIV

Tome II, p. 141, note 1.

Embauchage et concurrence.

« Ce jourd'hui quatorzième de May mil sept cent trois après midy, dans la chambre ordinaire de la maison de Claude Lombard, M^re tailleur d'habits, située dans l'enclos de cette ville de Marseille, quartier du corps d'icelle, Rüe traverse au dessus le Cheval blanc, se sont assemblés les Maîtres Tailleurs d'habits de cette Ville, ensuite de la convocation faite par billets et à la manière accoutumée, par Mandement des Prieurs et Jurez du corps desdits Maîtres Tailleurs, où furent présens André Bourges, Joseph Velleron, Jean-Louis Audibert et Antoine Brignol, Prieurs dudit Corps, et encore du Luminaire de St. Clair, érigé dans l'église paroissiale des Acoules ; Jacques Mezoyer, François Demende, Antoine Feraud et Pierre Prevendel, jurez ; François le Cor, Jean Long, Jean-Baptiste Lentier, etc.

« Auxquels lesdits Prieurs ont représenté que depuis quelque tems il se glisse un gros abus sur ce que plusieurs Garçons Tailleurs étrangers et autres cabaloient entr'eux et s'ingeroient à faire rançonner les Maîtres Tailleurs sous prétexte d'un plus gros gain

---

(1) 13 avril 1251. L'original est aux archives du Rhône, fonds de Saint-Just, liasse 1, n° 2. La bulle en plomb du pape Innocent IV reste encore appendue à l'acte.

qu'il n'est de coutume, et pour cet effet ils pretendent de les abandonner pour venir à bout de leurs desseins, et cela lorsqu'ils les voyent le plus occupés et accablés de travail. . . . .

« Sur quoi lesdits assemblés, d'un commun accord, ont résolu et unanimement délibéré, qu'à compter du jourd'hui à l'avenir, aucun Garçon Tailleur ne pourra s'ingérer ni directement ni indirectement, de placer d'autres Garçons chez aucun desdits Maîtres et autres pour travailler dudit Métier, puisque cela regarde uniquement le Clerc dudit corps (art. XXIII)…, à peine contre les contrevenans de vingt livres d'amende pour chacune contravention, applicables la moitié pour les réparations dudit Luminaire St. Clair, et l'autre moitié à l'Hôtel-Dieu, sans que ladite peine puisse être réputée comminatoire. . . . . , ...
. . . .

« Écrivant nous Pierre Seguin, notaire Royal audit Marseille, soussigné, et se sont lesdits assemblés signé qui a sçû, et les autres ont fait leurs marques de ce requis à l'original. Contrôlé à Marseille le 15 desdits mois et an par CAY, payé cinq sols, icelle à Marseille le 15 may 1703. *Signé* CAY. Collationné, SEGUIN.

« Registré rière le Greffe de la Lieutenance générale de Police, ensuite de l'ordonnance rendue par Monsieur le Lieutenant de Police le 23 juin 1703. A Marseille, le 25 desdits mois et an. SOSSIN, Greff. »

(*Statuts et Reglemens du Corps des Maîtres Marchands Tailleurs de la ville de Marseille.* M DCC LVI, p. 30-32. Fonds Arbaud, à Aix-en-Provence.)

XV
DE PAR LE ROY
TAUX
DES OUVRAGES DES TAILLEURS ET TAILLEUSES D'HABITS, ETC.

Façon des Habits d'Hommes, Justaucorps, Veste et deux Culottes, y compris le Fil, la Soye, Poil de chèvre et Riette au plus . . . 11 liv.
De ceux bordés d'un Gallon d'Or ou d'Argent. . . . . 14 liv.
De ceux à Boutonieres d'Or ou d'Argent . 16 liv.
Des bordez et à Boutonieres d'Or ou d'Argent. . . . . 10 liv.
Façon des Habits des Enfans à proportion.
La journée des Garçons Tailleurs. . . . 16 s.
Façon des Habits de Femmes, Manteau et Juppe n'excedera. . . . . 5 liv.
Des Robes de chambre dites Andriennes doublées . . . . 3 liv.
De celles non doublées. . . . . . . 2 liv. 10 s.
Des Robes de chambre communes de quinze à trente sols. . . . . . . 1 liv. 10 s.
Le Replissage des Habits pour les mettre à la mode . . . . 1 liv. 10 s.
Corps de femme façon et fourniture. . . 12 liv.
Ceux des Filles de douze à quatorze ans. . 8 liv.
De celles de cinq à six ans. . . . . . 6 liv.
Les Robes d'Enfans avec le Corps . . . 7 liv. 10 s.

Le Taux cy-dessus sera gardé et observé suivant sa forme et teneur, jusqu'à ce que autre en soit fait, très expresses inhibitions et deffenses étant faites, ce Requérant le Procureur du Roy à tous Tailleurs et Tailleuses d'Habits, Garçons et Compagnons Tailleurs,

à pièce, de rien exiger et recevoir au-dessus dudit Taux sous quelque prétexte que ce puisse être, à peine de restitution du sus exigé et de 10 livres d'amande, de huit jours de prison, outre l'amande à la première rescidive et du carcan à la deuxieme. Fait et donné par nous Echevins, Conseillers du Roy, Lieutenans Generaux de Police. A Marseille, le dernier avril 1725. *Signé* Cordier, Mallet, Alphanty, David.
                             Collationné
                             Capus, Greffier.

(*A Marseille, chez J.-P. Brebion, Imprimeur du Roy et de la Ville. — Affiche blanche de 33^c×44^c. —* Fonds Arbaud, à Aix-en-Provence.)

XVI

DÉLIBÉRATION

du Corps des Maîtres-Marchands Tailleurs d'Habits *de la Ville de Marseille.*

Ce jour neuf du mois de mars de l'an mil sept cent quatre-vingt-neuf, à trois heures de relevée, pardevant nous Notaire Royal à Marseille, s'est assemblé le corps et communauté des Marchands Maîtres Tailleurs d'Habits de cette ville, ensuite de la convocation faite par billets imprimés, distribués à la manière accoutumée, à la diligence des Prieurs ; et après l'heure d'expectative expirée ont été présents :

Prieurs.

Pierre Laugier, Jacques Maurin, Antoine Malcor, Pierre Villain aîné.

Jurés.

Joseph Truquis, Pierre Chabert, Louis Carichon, Pierre Palle.

Syndic.

Jean-Baptiste Tilliet.

Maîtres.

Jean-André Kock, Jean-Marie Rousselet, Pierre Brezer, Étienne Calas, Antoine Icard, André Grignon, François Turin, Étienne-François Lucq, George Douet, Jean-Baptiste Bestoso, Antoine Perrin, Joseph Boude, Frédéric Gandolphe, Joseph Isnard, Antoine Bosq, François Mussey, Jean-Louis Maugerel, André Haberey, Pierre Fraissinet, Paul Authier, Joseph Guérin, Philippe Paul, Jean-Baptiste Doneulain, Étienne Roustan, Antoine Guérin, Claude Maille, Jacques Moërs, Pierre Delcour, Denis Berneron, Sébastien Abeille, François Meurant, Simon Rivière, Pierre Esquier, Lazare Chesneau, Bernard Pacquetet, Joseph Gervais, Thomas Tollon, Jean-Baptiste Cauvin.

Le sieur Laugier, premier Prieur, portant la parole, a dit :

Nous touchons au moment de la Reformation des abus et de la régénération de la France ; la Nation sera assemblée, non par Ordres distincts, ce qui ne formerait que des comités particuliers qui ne pourroient se dire les Représentants de l'Etat ; mais par Ordres réunis, formants ce tout composé des diverses classes de citoyens appellés pour le salut commun, et qui seuls ainsi réunis, peuvent agir au nom de la généralité et la représenter.

Attendons tout du concert mutuel de ces généreux Représentants de la Nation. Ils seront pénétrés de cette vérité, que ce n'est pas pour l'intérêt de l'ordre auquel ils tiennent, par leur naissance, ou par leurs dignités, qu'ils sont appellés auprès du Père des Français; mais que c'est pour la Nation, pour l'intérêt de tous et le bien général qu'ils doivent agir.

Ce jour à jamais mémorable pour les Français, si terrible à nos ennemis, va ramener parmi nous la paix et l'abondance, et y faire renaître cette égalité si long-temps désirée, dans la contribution individuelle aux charges de l'État,

Un plus grand bien sera le résultat de cette Assemblée : accoutumés à se prêter mutuellement secours, à agir de concert pour opérer le bien général, les Français se dépouilleront de ces gothiques préjugés, reste inique de la barbarie féodale, qui les séparoient les uns des autres ; ils se regarderont tous comme frères, en conformant néanmoins le respect, les égards que l'on doit à la naissance et au rang. L'amour de la Patrie produira encore des héros, et ce mot ne sera plus un vain nom, désignatif seulement de la terre qui nous a vu naître.

Les efforts que la Nation fait pour retourner à cette égalité, dont nos pères se sont écartés, ou dont ils ont été dépouillés, tendent à consoler le pauvre, à l'alléger d'un fardeau trop pesant, et sous lequel il succomberoit, s'il ne rendoit bientôt à ceux qui s'étoient reposés sur sa bonne volonté, la charge qu'ils auroient dû porter. Le bien général doit nécessairement s'opérer et refluer sur tous.

Il sera sans doute consolant pour nous, Citoyens de Marseille, de voir les Français nos Frères, ceux à qui nous nous sommes unis, dont nous avons recherché, adopté et chéri le nom, les mœurs et le gouvernement, jouir d'un bonheur commun.

Suivent des vœux au sujet de la répartition de l'impôt, au point de vue général ; puis entrant dans la question ouvrière, et plus particulièrement de la classe si intéressante des Tailleurs d'habits, l'orateur ajoute :

Depuis l'année 1750, nous sommes assujettis au même tarif qui fixe le prix de nos ouvrages, et toutes les fois que nous avons demandé une augmentation proportionnelle à la cherté des vivres, nous avons été refusés. Cependant nous supportons pour nous, nos femmes, nos enfants, l'augmentation progressive qu'il y a eu depuis tant d'années sur les impositions et sur les loyers.

Nous sommes les seuls parmi les Artisans de cette Ville, qui n'ayons pu profiter des bénéfices progressifs que le tems et la prospérité du commerce ont ammenés sur chaque objet ; aussi éprouvons-nous que la misère se propage parmi nous.

Succomberons-nous à nos peines sans tenter de nous relever, et lorsque tout se meut pour obtenir soulagement, resterons-nous dans l'inaction ? Non : la nécessité nous y force, le Roi nous y invite, nous y autorise, la Nation le désire.

L'auteur passe ensuite en revue les divers points sur lesquels doit se porter la révision de l'assiette de l'impôt; il cite « la gabelle », les droits « de Piquet et de Lauret » ; *voudrait modifier l'impôt sur* « le blé » *et sur* « l'entrée et la vente des bestiaux : moutons, bœufs, veaux » ; *la grande consommation qui est faite des* « agneaux et chevreaux et des cochons », *réclame aussi l'attention des législateurs pour en remanier l'impôt actuel* ; « l'huile, le vin, les peaux, la graisse, les loyers des maisons et fabriques » *ne sont pas oubliés dans cette nomenclature; nous citons ce vœu* : « L'on ne doit pas imposer les propriétés de terre, parce que leur stérilité semble commander impérieusement la franchise de toute imposition.

Nous prions l'Assemblée de délibérer sur notre exposé.

Sur quoi, l'Assemblée a unanimement déclaré remercier les sieurs Prieurs des soins qu'ils se sont donnés pour le bien commun ; a approuvé les représentations et plan ci-dessus motivés, comme contenant son vœu, et en conséquence, elle les a chargés de faire imprimer la présente Délibération, d'en présenter des exemplaires à MM. le Maire, Échevins et Assesseurs, avec prière de prendre en considération les projets de réforme qui y sont contenus, et de les référer au Conseil Municipal.

Il a été délibéré de plus, d'en adresser des exemplaires à MONSIEUR Frère du Roi, à Mgr de Villedeuil, Ministre et Secrétaire d'État, à Mgr Necker, Ministre et Directeur-général des Finances, à Mgr le Prince de Beauvau, Gouverneur de la Provence et de Marseille, et à Mgr de la Tour, Premier Président et Intendant.

Fait et publié dans la Salle Syndicale ; présens sieurs Jean-Baptiste Fornier et Joseph Chappe, Praticiens de cette ville, signés avec ceux des Membres qui l'ont sçû et voulu ; les autres ont dit ne le savoir ou ne le vouloir, de ce requis à l'original, contrôlé par le sieur Chambon qui a reçu quinze sols.

Collationné, CASTELLANET, Notaire.

(A *Marseille, Imprimerie de Pierre-Ant. Favet, rue du Pavillon, 1789.* — Broch. pet. *in-12 de 16 pp.* — Fonds Arbaud, à Aix-en-Provence.)

XVII
DOLÉANCES
des Corps et Communauté
des Maîtres
Marchands Tailleurs d'Habits
de la Ville de Marseille

Pour servir à la rédaction du Cahier général des Doléances du Tiers-État de la même Ville.

Le sentiment particulier que la Corporation des Marchands Tailleurs a manifesté pour la reformation du régime observé en cette Ville, pour la répartition des charges communes, est universellement adopté par la généralité des autres Corporations, et toutes les voix se résument à demander une constitution nouvelle. Il est naturel de penser que les honorables Citoyens appellés à l'Assemblée du Tiers-État, sanctionneront ce vœu général en proscrivant le système actuel de notre Administration.

Nos maux particuliers ne sont pas les seuls auxquels il faille apporter remède ; l'État a des besoins pressans, et tous les Ordres sont appellés pour les calmer. Nous ne serons pas les derniers à donner nos idées pour la régénération de l'État, et à répéter avec la généralité des Citoyens qui ont déjà écrit :

1° Que la Nation doit se charger de la dette générale de l'État, après en avoir fixé l'importance ; mais que la loyauté du Tiers-État doit se manifester dans tout son éclat au moment d'une régénération tant désirée, en ne recherchant pas les causes secrètes ni les auteurs de nos maux.

2° Tous les Privilèges, Franchises et Exemptions

prétendus par les deux premiers Ordres et par certains Corps et Villes, doivent cesser; et tout Français doit concourir également à la contribution de l'impôt qui sera voté.

3° Il faut que pour l'établissement et la répartition de cet impôt, il soit pris des Commissaires librement élus dans chaque Ordre, et dans la proportion de un pour le Clergé, un pour la Noblesse et deux pour le Tiers-État, afin que les intérêts de l'un ne soient pas sacrifiés en faveur des autres.

4° Il est de toute justice que l'on ne délibère que par tête et non par Ordre, et cette résolution doit être prise avant toute délibération sur l'impôt, et doit former loi pour l'avenir.

5° L'on doit fixer le retour périodique des États-Généraux, et ne consentir l'impôt que d'une tenue à l'autre.

6° Les douanes intérieures, entraves cruelles à la liberté du Commerce et du Voyageur, doivent être confinées aux extrémités du Royaume.

7° On doit se hâter de supprimer les Fermes générales, parce qu'elles vexent le peuple, ruinent le commerce et oppriment la Nation.

8° L'on doit supprimer toutes les Compagnies privilégiées, et laisser à tous les Français la liberté de commercer dans nos possessions et dans nos concessions.

9° L'on doit aussi supprimer les droits de contrôle, de centieme denier et d'insinuation, dont la perception est onéreuse, vexatoire et souvent arbitraire. Chaque Citoyen doit désirer que Municipalités soient chargées d'aviser au moyen de constater la date des actes.

10° Nous espérons que les États-Généraux réformeront le Code civil et le Code criminel, et qu'ils abrogeront la diversité des peines et les humiliantes distinctions qui existent pour leur application.

11° Qu'ils établiront un Tribunal particulier pour juger sommairement et sans frais les demandes relatives à nos fournitures, et qu'on abrogera cette disposition rigoureuse qui prononce la perte de notre créance après l'année de la fourniture.

12° Que le privilège accordé aux Maitres d'Arts et Métiers des Villes Capitales sera aboli ; et qu'ils ne pourront plus exercer leur profession dans les autres villes de la Province, qu'en payant leur droit d'agrégation et faisant les expériences ordinaires. Que si ce droit leur est cependant conservé, ils ne pourront en jouir qu'après avoir exercé pendant plusieurs années leur profession dans la ville où ils auront obtenu la Maîtrise.

13° Qu'il sera établi à Marseille un Conseil permanent de trois cens Citoyens, librement élus, et dans lequel chaque Corporation aura un Representant.

14° Que les charges de la commune ne seront plus prises sur les alimens de première nécessité, *le Pain, la Viande et le Vin;* mais qu'en remplacement on imposera sur les revenus des Logemens en Ville et de la Campagne, et sur les Hôtels et Chambres garnis.

15° Que si les suppressions que l'on fera exigeoient la levée d'une contribution personnelle, chaque Citoyen doit la supporter, excepté les Femmes, les Enfans et les manouvriers journaliers.

16° Enfin il paroit que l'on pourroit se conformer à ce que l'on observe pour les deniers de l'Etat, et rendre annuellement compte par la voie de l'impression, de l'emploi des revenus de la Communauté.

Nous prions l'Assemblée de prendre nos Doléances en considération.

Délibéré dans l'Assemblée générale, tenue le 23 mars 1789 par les Prieurs et Députés soussignés, au nom de la Généralité.

Signés Mazoillier, Député; Laugier, Prieur et Député; Truquis, Député; Malcor, Maurin et Villain, Prieurs.

(*Sans nom d'Imprimeur, in-18, 6 pp.* Fonds Arbaud, Aix-en-Provence.)

XVII

DÉLIBÉRATION

du Corps
des Marchands-Maîtres
TAILLEURS D'HABITS
de la Ville de Marseille
d'un Don patriotique fait à la Nation à l'Assemblée du 1ᵉʳ octobre 1789

CE JOURD'HUI, premier jour d'octobre de l'an mil sept cent quatre-vingt-neuf, à trois heures de relevée, par devant Nous Notaire Royal, à Marseille, écrivant sur la minute de Mᵉ Castelanet, notre Confrère, s'est assemblé le Corps et Communauté des Marchands-Maîtres Tailleurs d'Habits de cette Ville, ensuite de la convocation faite par billets imprimés, distribués à la manière accoutumée, à la diligence des Prieurs; et après l'heure d'expectative, ont été présens :

MM. Pierre Laugier, Antoine Malcor, Pierre-René Vilain, Prieurs; Joseph François Masvillier, André Mingot, Antoine Boneviale, Etienne-François-Joseph

Lucy, André Grignon, Philipe Paul, Jean-Pierre Deauvejoul, Lazare Chesneau, Jean Puech, Antoine Perrin, Antoine Pousin, Joseph Isnard, Jean-André Kock, Etienne Roustan, Jean-Baptiste Saumon, Antoine Mandaroux, Pierre-Simon Rivière, Frederic Gandolphe, Denis Berneron, Félix Isnardy, Antoine Alliès, Antoine Maniaval, André Pelas, Victor Fabre, Antoine Sevetre, André Haberi, Claude Maille, Louis Gondran, etc., etc.

Les Prieurs, le sieur Laugier, premier d'entr'eux, portant la parole, ont dit :

Les circonstances critiques où se trouvent les finances du Royaume, ne sont plus un mystère pour ses habitants. On doit les regarder comme un grand mal, qui peut cependant être supporté, par l'idée que c'est à ce désordre que nous devons l'Assemblée Auguste, de laquelle la France attend aujourd'hui sa régénération et son bonheur. Mais en laissant à l'Assemblée Nationale la recherche des moyens qui doivent amener un nouvel ordre des choses, assurer le repos public, et améliorer le sort de chaque individu, tout vrai patriote doit concourir à ce qui peut accélérer le bien général. On ne peut se dissimuler que les besoins de l'Etat sont dans cet instant, la plaie la plus profonde, celle qui exige les secours les plus prompts, la seule que la sagesse, dénuée de moyen, ne puisse guérir. La révolution la plus heureuse n'a pas été exempte d'orage ; c'est principalement la partie des finances qui s'en est ressentie ; c'est la seule qui mérite l'attention sur-tout de tous les Français.

Des Dames qui honorent leur sexe et les arts, ont donné l'exemple des sacrifices. Des Particuliers riches, des Laboureurs honnêtes, des Ecclésiastiques vertueux, des braves Guerriers, l'ont suivi ; et l'Assemblée Nationale se convaint journellement par l'expérience, de ce que peut sur les Français l'amour de la Patrie. Ne voyons pas avec une admiration stérile, des efforts si dignes d'éloges. Fils d'une Mère commune, venons, comme les autres, offrir nos secours à ses besoins ; concourons à prouver à l'Europe, que l'Assemblée Nationale a eu raison de compter sur les plus grands sacrifices, lorsqu'il s'agit de sauver l'Etat ; répondons à la confiance et aux espérances du meilleur des Rois et du plus digne Ministre.

Ce n'est pas pour des dons particuliers et personnels que nous vous avons assemblés ; ceux d'entre vous qui voudront venir au secours de la Nation d'après leur fortune, en trouveront facilement les moyens, c'est un sacrifice de Corps que nous venons vous indiquer aujourd'hui; persuadés qu'on est aussi utile à l'Etat, en abandonnant ce qu'on est en droit d'exiger de lui, qu'en offrant ce qu'on ne lui doit pas. Les sentimens de tous les membres qui composent cette Assemblée nous sont trop connus, pour craindre qu'ils ne partagent pas notre patriotisme ; et c'est dans cette confiance, que nous vous proposons d'offrir à la Nation l'abandon du capital qui est dû à notre Corps par le Roi, ensemble les arrérages d'intérêts qui pourroient être perçus. On n'a pas trouvé le titre qui établit le capital ; mais d'après le paiement qui a été fait des intérêts, on pense que ce capital monte aux environs de quatre mille livres (1).

Nous prions l'Assemblée de délibérer sur notre Exposé.

---

(1) Le capital et les arrérages s'élèvent à cinq mille deux cent treize livres quatorze sols dix deniers.

Cependant, Messieurs, avant de délibérer, permettez-nous de vous observer qu'il ne suffit pas de concourir au bien général par des actes pécuniaires, il faut encore y concourir par une conduite sage et pleine de fermeté. Le bien général ne peut s'opérer au milieu des orages ; il faut un temps calme et tranquille. Ce seroit n'avoir rien fait, si nous ne continuions à entretenir la paix dans notre Corps. Redoublons donc d'efforts, pour prévenir l'action et les tentatives de ceux qui voudroient la troubler.

Sur quoi l'Assemblée, flattée de pouvoir prouver son patriotisme, a applaudi avec transport à la proposition des Prieurs, et a délibéré à l'unanimité que le Corps fait à la Nation l'abandon entier, absolu et irrévocable de la somme capitale due au Corps par le Roi, quelle que soit cette somme, et de quel titre quelle puisse procéder, ensemble des intérêts et arrérages d'intérêts dûs jusqu'à cet instant, renonçant au moyen de ce à tous les droits compétant au Corps, en vertu de ses titres. L'assemblée a délibéré de joindre à l'abandon ci-dessus, une somme de mille livres comptant, prise dans la caisse d'amortissement au moyen de ce que dessus, et pour assurer les exécutions, l'Assemblée donne pouvoir aux sieurs Prieurs de faire la recherche des Titres constitutifs du capital abandonné, et de les envoyer avec les mille livres en espèces, et l'extrait de la présente Délibération à Monseigneur le Président de l'Assemblée Nationale, avec une adresse respectueuse pour le supplier de faire agréer à l'Assemblée Nationale l'offre faite par le Corps, et la reconnaissance infinie des pénibles et glorieux travaux dont elle s'est occupée jusqu'à ce jour, et de ceux auxquels elle continue de se sacrifier.

Fait et publié dans la Chambre Syndicale, en présence des sieurs Jean-Baptiste Fornier et Joseph Chappe, Bourgeois de cette Ville, témoins signés avec les Membres présens qui ont (*la suite manque*).

(Fonds Arbaud, à Aix-en-Provence.)

FIN DE LA QUATRIÈME PARTIE ET DU TOME SECOND

TABLE BIBLIOGRAPHIQUE

Explication des abréviations. — A. P., archives publiques ; A. P., archives particulières ; — B. P., bibliothèques publiques des villes et communes, et d'établissements publics ; — B. P., bibliothèques particulières ; — M., de ma bibliothèque ; — H., ouvrage offert en hommage.

A*** M***. *Heures nouvelles.* Dédié à la Reyne, 1759. — Manque le frontispice. — (M.)

ACTA SS. Ord. Sti Bened. Sæculum secundum, quod est a Christo nato septimum. Collegit *Lucas d'Achery*, ac cum eo edidit *Joannes Mabillon.* Lutetiæ Parisiorum, apud Carolum Savreum. CIƆ.IƆC.LXIX. — (B. P. de M. le Chanoine U. Chevalier, Romans.)

ADONIS (Sancti). Cronicon et martyrologium. Paris, Migne, 1852. *Patrol. lat.*, t. CXXIII. — (M.)

ALEXIS ED. *Etudes sur la signification des noms des communes de Provence.* Aix, imprimerie J. Nicot, 1876. — (M.)

ALLMER A. et ALFRED DE TERREBASSE. *Inscriptions antiques du Moyen-Age, de Vienne en Dauphiné.* Ire Partie : Inscriptions de Vienne, 5. — De Terrebasse : Inscriptions du Moyen-Age, tome Ier. — (B. P. Vienne, Isère.)

— IIe Partie : Inscriptions du Moyen-Age antérieures au XVIIe siècle, par Alfred de Terrebasse, I. — (B. P. de M. l'Abbé J. Chevalier, prof. au G.-S., Romans.)

ALMANACH *des Saints de Provence* pour les années 1888, 1895, 1896. Marseille, Imprimerie Marseillaise. — 1re, 8e et 9e années. — (M.)

ALMANACH *du Duché de Savoie,* pour les années 1841 à 1846, inclus. — (B. P. Chambéry.)

ALMANACH-GUIDE *de l'Imprimerie, de la Librairie et de la Papeterie,* 1873. Paris, Librairie Pagnère. — (B. P. des RR. PP. Bénédictins, Marseille.)

ALMANACH-HACHETTE, grande édition de 1895 ; — 1896, édition simple. — (B. P. A. M. L. Saint-Geoire.)

ALMANACH *illustré de Provence,* avec l'approbation de Mgr l'Évêque de Marseille. 1re année (1896). M. Ollive, éditeur, Marseille. — (B. P. RR. PP. Bénédictins, Marseille.)

ALMANACH ROYAL. Année M.DCC.LXI. A Paris, chez Le Breton, imprimeur ordinaire du Roy, au bas de la rue de la Harpe. Avec Approbation et Privilège du Roy. 1761. — (b. p. M. l'Abbé Allary, curé de Figanières, Var.)

ANALECTA JURIS PONTIFICII. Dissertations sur divers sujets de Droit canonique, Liturgie et Théologie. Trente-troisième livraison. Juillet et août 1859. Rome, place de Venise, 115. 1859. — (b. p. M. l'Abbé Léocard, vicaire à Figanières, Var.)

— Trente-quatrième livraison. Septembre et octobre 1859. Rome, place de Venise, 115. 1859. — (b. p. M. l'Abbé Léocard, vicaire à Figanières, Var.)

ANNALES *des Alpes*. Recueil périodique des Archives des Hautes-Alpes. 1re année. — (M.)

ANNÉE DOMINICAINE *ou Vies des Saints, des Bienheureux, des Martyrs et des autres personnes illustres ou recommandables par leur piété, de l'un et de l'autre sexe*, distribuées suivant les jours de l'année. Nouvelle édition. Lyon, X. Jevain, imprimeur-éditeur, 1889. — (B. P. des RR. PP. Dominicains, Marseille.)

ANNUAIRE-ALMANACH *Catholique du Dauphiné*, publié par la *Croix de l'Isère et du Dauphiné*; 8, avenue Thiers, Grenoble. 1896. Imprimerie E. Vallier et Cie, rue Docteur-Mozet.— (M.H.)

ANTIPHONAIRE de 1783, selon le rit Viennois. — (B. P. paroisse de Saint-Geoire, Isère.)

APPOLINARIS SIDONIUS. Œuvres trad. en franç., avec le texte en regard et des notes par Grégoire et Collombet. Lyon, Rusand, 1836. 3 vol. — (M.)

ARCHIVES communales du Castellet, en liasses dépareillées ; année 1656. — (A. du Castellet, Var.)

ARCHIVES paroissiales, ou Statistique religieuse de la Cadière, faisant suite à l'histoire du Prieuré de Saint-Damien, par l'Abbé Magl. Giraud, chan. honor. de Fréjus et d'Ajaccio, lauréat de l'Institut, etc., etc., recteur de Saint-Cyr. Toulon, imprimerie et lithographie d'E. Aurel. 1858. — (Fonds Arbaud, Aix-en-Prov.)

ARMANA MARSIHÉS per l'annado 1890..., publica souto la direicien de Agusto Marin. 2º annado. Marsiho, empremariè doù « Pichoun Marsihés ». — (M.)

— 1892, publica souto lo direicien de Agusto Marin ; F. Reynaud, amenistrator. 4º annado... — (M.)

ARMANA POPULARI dei Bastido et Cabanoun per lou bouan an 1896. — (B. P. de F. Domenc, libraire, rue Paradis, Marseille.)

ARMANA PROUVENÇAU per lou bel an de Dieù : 1877. Avignoun, Enco de J. Roumanille, libraire-editour. (Ann. 1884, 1889, 1891 à 1894 incl.) — (M.).

— Annados 1880 à 1889 incl. — (b. p. de B. Ricard, à La Valette-du-Var.)

B..... Alphonse. *Les Bords du Rhône de Lyon à la mer*. Chroniques, légendes, avec cartes et gravures. Paris, Maison, édit. 1843.
— (b. p. de M. Rabilloud, Curé de Saint-Clair-s-Rhône, Isère.)

BAILLET Adrien (Messire), prestre du diocèse de Beauvais, bibliothécaire de Mgr le président de Lamoignon. *Les Vies des Saints*. A Paris, chez Louis Genneau. MDCCXXIV. Avec approbation et privilège du Roy. 3 vol. in-f°. — (B. P. des RR. PP. Dominicains, Marseille.)

BALUZIUS Stephanus : Ex Historiæ Tutelensis libro primo. Ex dissertatione de sanctis Claro, etc. — (b. p. de M. le Chanoine Poulbrière, Tulle.)

BARTHÉLEMY Ch. *Annales hagiologiques de la France*. Les Vies de tous les Saints de France. Versailles, 1867. 8 vol. — (B. P. de la Grande-Chartreuse.)

BENOIST Charles. *Les Ouvrières de l'aiguille à Paris*. Notes pour l'étude de la question sociale. Paris, Léon Chailley, éditeur, 8, rue Saint-Joseph. 1895. — (M.)

BENOIT P. (Dom). *Historique de l'Abbaye et de la Terre de Saint-Claude*. Montreuil-sur-Mer, 1890. — (b. p. de M. l'Abbé J. Chevalier, prof. au G.-S., Romans.)

BÉRAULT-BERCASTEL. *Histoire générale de l'Eglise depuis la prédication des Apôtres jusqu'au pontificat de Grégoire XVI...*; publication dont les neuf premiers volumes contiennent le texte rectifié de *Bérault-Bercastel*, et les quatre derniers la continuation, depuis 1719 jusqu'à l'an 1840, par M. le baron Henrion, commandeur de l'Ordre de Saint-Grégoire-le-Grand. Troisième édition. Paris, Gaume frères, libraires. 1840. — (M.)

BERNARD (Saint). Œuvres complètes, traduites en français par MM. les Abbés Dion et Charpentier. Troisième édition. Paris, Louis Vivès, libraire-éditeur, 13, rue Delambre. 1878. — (M.)

BERTRAND Isidore (Abbé). *Nouveau Manuel de piété*. Dévotion à saint Clair. Valence, impr. Chaléat. 1864. — (b. p. de M. le Chanoine Cyp. Perrossier, Romans.)

BIBLIOTHÈQUE choisie des Pères de l'Église Grecque et Latine, tome XXVIII. — (B. P. paroisse de Signes, Var.)

BLANC Marius (Abbé). *Petite Vie de Saint Clair, abbé, patron des tailleurs et des couturières, et son culte dans les diocèses de Fréjus et de Marseille*. Fréjus, Cisson J., imprimeur de l'Evêché. 1894. — (M.)

BLEMUR S. J. (de). *Vie des Saints* tirée des Auteurs ecclésiastiques anciens et modernes, divisée en quatre tomes, augmentée de plusieurs Vies qui n'ont point encore paru en notre langue. Lyon, Pierre Valfray. M.DC.LXXXIX, avec approbation et privilège du Roy. 1re édition. 4 vol. gr. in-fo. — (B. P. de la Chartreuse de Montrieux, Var.)

BLION (l'Abbé), chanoine titulaire de Châlons-sur-Marne. *Nouvelles fleurs de la Vie des Saints pour tous les jours de l'année.* Paris, Librairie des Livres liturgiques illustrés. 2 vol. — (B. P. paroisse de Signes, Var.)

BOUCHE Honoré, docteur en théologie. *Histoire de Provence.* Aix, Charles David, impr. M.DC.LXV. 2 vol. gr. in-fo. — (M.)

BOURASSÉ J.-J., chanoine de Tours. *Dictionnaire d'Archéologie sacrée.* Paris, Migne, 1862. 2 vol. — (M.)

BREVIARIUM ad sancte Viennensis ecclesie usum in melius noviter fuerit emendatum. Anno Dⁱ millesimo quingentesimo visegismo secundo, octavo idus Octobris (1522).— (B. P. Vienne, Isère.)

BREVIARIUM ad usum insignis et collegiatæ Ecclesiæ beati Barnardi de Romanis. Lugduni, sumptibus Guillielmi Linocerii. MDCXII. — (B. P. de M. le Chanoine Cyp. Perrossier, Romans.)

BREVIARIUM ad usum Metropolitanæ Ecclesiæ Aquensis. 1526. — (B. P. Aix-en-Provence.)

BREVIARIVM in vsvm maioris et cathedralis ecclesie Aptensis noviter impressvm et emendatvm. 1532. — (Fonds Arbaud, Aix-en-Provence.)

BREVIARIUM ROMANUM. Tornaci, 1889. (*Au Supplément :* Propre de Belley.) — (B. P. G. Ebrard, libraire à Lyon.)

BREVIARIUM ROMANUM. Proprium Ecclesiæ Lugdunensis. Ed. 1869. — (B. P. Vitte, libraire, Lyon.)

BREVIARIUM sanctæ Viennensis Ecclesiæ, Illustrissimi ac Reverendissimi in X^{to} Patris et Domini Domini Henrici de Vilars, Viennensis episcopus et comites, maximi Galliarum Primatum Primatis, etc. Nunc denuo Illustrissimi et Reverendissimi D. Domini Armandi de Montmorin, Viennensis archiepiscopi et comitis. Viennæ, apud Vincentium Bonard. M.DC.XCIX. — (B. P. de M. le Chanoine Cyp. Perrossier, Romans.)

BULLETIN du Comité de la Langue, de l'Histoire et des Arts de la France. Paris, Imprimerie Impériale. MDCCCLVII. 3e vol. — (B. P. des RR. PP. Bénédictins, à Marseille.)

BUTTLER Alban. Vie des Pères, des Martyrs et des autres principaux Saints,... traduit librement de l'anglais par M. l'Abbé Godescard, chanoine de Saint-Honoré. Nouvelle édition. 13 vol. Paris, chez Barbou. MDCCLXXXIII. — (B. P. Chambéry.)

— Nouvelle édition, revue, corrigée et augmentée, avec figures.

A Lyon, chez Sens, imprimeur-libraire, éditeur... 1818. 12 vol. in-8. — (M.)

CAHIER Ch. (le Père), de la Compagnie de Jésus. *Caractéristiques des Saints dans l'art populaire.* Tome I. — (B. P. Grande Chartreuse.)

CAHOUR (l'Abbé), chanoine de Nantes et d'Autun. *L'Apostolat de S. Clair, premier évêque de Nantes.* Tradition nantaise. Nantes, imprimerie de l'Ouest. 1883. — (M.)

— *L'Apostolicité de l'Eglise de Nantes*, réponse à M. de La Borderie. Nantes, librairie Lanoë et Métayer. 1885. — (M.)

— *Documents pour servir à l'histoire du diocèse de Nantes.* IVe livraison. Nantes, imprimerie du *Nouvelliste de l'Ouest.* 1894. — (M. H.)

CALENDARIUM Ecclesiæ Tarentasiensis ad annum MDCCCLXXVII. Illmi ac Revermi D. D. Caroli-Francisci Turinaz episcopi Tarentasiensis, Conflentii et Sancti Sigismundi Principis, Prælati Domestici S. S. Solio Pontificio Assistentis, jussu editum. Camberii ex typis Chatelain, cleri typographi, 1876. — (M. H.)

CALENDRIER ROMAIN, contenant l'origine des Cérémonies de l'Église et des Fêtes qu'elle célèbre dans le cours de l'année ; avec un Précis des Ordres monastiques et un État de la Cour de Rome. 1783. — A Paris, chez Grange, imprimeur-libraire, rue de la Parcheminerie. Avec approbation et privilège du Roi. — (M.)

CALENDRIER Spirituel et Perpétuel pour la ville de Marseille, avec un État spirituel de tout le diocèse. 1713. — (M.)

CALENDRIER Spirituel, contenant les Fêtes que l'on célèbre dans chaque Eglise de Marseille et de ses Fauxbourgs, Avec un Précis historique des Paroisses, de l'Abbaye de Saint-Victor et des Ordres Religieux. Les Noms de MM. les Dignitaires, Chanoines... A Avignon (1). M.DCC.LIX. — (M.)

CANONES in officio Primæ legendi, jussu Reverendissimi DD. Hieronymi-Mariæ Champion de Cicé, archiepiscopi Aquensis et Arelatensis. Aquis Sextiis, apud Antonium Henricy, DD. Archiepiscopi typographum. MDCCCIX. — (B. P. paroisse du Castellet, Var.)

CANTUS paroissialis. Rite viennois. S. d., ni nom d'imprimeur. la 1re page manquant. — (B. P. paroisse Saint-Geoire, Isère.)

CARNANDET J. et Mgr J. FÈVRE, et le concours d'une société d'Ecclésiastiques. *Les Actes des Saints,* d'après les Bollandis-

---

(1) Ce livre a été imprimé à Avignon et non à Leyde, quoiqu'en dise le titre. (D'après un document manuscrit en ma possession.)

tes, Mabillon et les plus récents hagiographes, traduits et publiés pour la première fois. Tomes III et IV. Martyrologe d'Usuard. Lyon, Librairie Catholique de Louis Gauthier. 1866 et 1867. — (M.)

CEILLIER Rémy (Dom), Bénédictin de la Compagnie de Saint-Vannes et de Saint-Hydulphe, coadjuteur de Flavigny. *Histoire générale des Auteurs sacrés et ecclésiastiques*... Nouvelle édition. Tome huitième. Paris, Louis Vivès, libraire-éditeur. 1861. — (B. P. Chartreuse de Montrieux, Var.)

CÉRÉMONIAIRE paroissial, transcrit au commencement du siècle dernier. Prières liturgiques. — (B. P. paroisse du Castellet, Var.)

CHARVET C., prêtre, archidiacre de la sainte Église Romaine, du titre de La Tour. *Histoire de la sainte Eglise de Vienne*. A Lyon, chez Cizeron. M.DCC.LXI. — (B. P. Grenoble.)

— *Mémoires pour servir à l'histoire de l'Abbaye royale de Saint-André-le-Haut*, de Vienne, publiés par M. P. Allut. Lyon, N. Scheuring, libr.-édit. 1868. — (M.)

CHASTELAIN (l'Abbé). *Martyrologe universel*. Édition de MDCCIX. Paris, chez F. Léonard. — (B. P. des RR. PP. Bénédictins, à Marseille.)

CHEVALIER U. (le Chanoine), archiviste de la Drôme. *Répertoire des Sources Historiques du Moyen-Age*. — (Communication de l'auteur.)

— *Bio-bibliographie*. Supplément. Paris, Librairie de la Société Bibliographique, 76, rue des Saints-Pères. MDCCCLXXXVIII. — (B. P. des RR. PP. Bénédictins, à Marseille.)

CHORIER Nicolas. *Histoire générale du Dauphiné*. A Grenoble, chez Philippe Charvys, imp. du Roy. M.DC.LXI. — (B. P. Vienne, Isère).

— *Recherches sur les Antiquités de la ville de Vienne, métropole des Allobroges*, etc... Edition conforme à celle de 1659. Lyon, chez Millon jeune, libr. MDCCCXXVIII. — (B. P. de Mgr le Chanoine Pra, archiprêtre de Vienne, Isère.)

CLÉMENT Félix. *Les Poètes chrétiens, depuis le IVe siècle jusqu'au XVe*. Morceaux choisis, traduits et annotés, sur l'ouvrage intitulé : *Carmina e Poetis christianis excerpta*. Paris, Gaume frères, libraires éditeurs, rue Cassette, 4. 1857. — (M.)

COCHARD. *Statistique de Condrieu*. S. d. ni nom d'imprimeur, in-12, xc pp. — (M.)

COLLOMBET F.-T. *Histoire de la sainte Eglise de Vienne*, depuis les premiers temps du christianisme jusqu'à la suppression du siège, en 1801. 4 vol. Lyon, A. Mathon, 1847.— (B.P. Grenoble.)

DARRAS J.-E. (l'Abbé), vicaire général d'Ajaccio, chanoine honoraire de Quimper. *Histoire générale de l'Eglise*, depuis la création jusqu'à nos jours. Paris, Louis Vivès, libraire-éditeur, rue Delambre, 9. 1866. — (b. p. de M. l'Abbé Guigou P., c.-doy. du Beausset, Var.)

DAVIE Alexandre-Raymond (Mgr). *Rituel du diocèse de Belley.* 4 vol. 1834. — (M.)

DELACROIX. *Statistique du département de la Drôme.* Valence, Borel, imprimeur, 1835. — (M.)

DÉLIBÉRATIONS du Conseil de la Commune : 7 mai 1791- 5 floréal, an II, D. 1, 5. — (A. P. du Castellet, Var.)

DÉLIBÉRATIONS du Conseil de la Communauté : 1675-1682. — (A. P. du Castellet, Var.)

DÉLIBÉRATIONS du Conseil de la Fabrique de la paroisse du Castellet : années 1810, 1812, etc. — (A. paroissiales du Castellet, Var.)

DENIS A., ancien député du Var, ancien maire de la ville d'Hyères. *Hyères, ancien et moderne.* Promenades pittoresques, scientifiques et littéraires sur son Territoire, ses Environs et ses Iles. 4e édition, très augmentée et entièrement refondue par le Docteur R. Chassinat, médecin à Hyères. Hyères, typographie et lithographie H. Souchon. S. d. — (M.)

DEPERY Jean-Irénée (Mgr), évêque de Gap. *Histoire hagiographique du diocèse de Gap.* — (B. P. F. Domenc, libraire, rue Paradis, Marseille.)

DICTIONNAIRE de l'art de vérifier les dates des faits historiques, des chartes, des chroniques et autres anciens monuments, depuis la naissance de Notre-Seigneur jusqu'à l'année 1750..., d'après les Religieux Bénédictins de la Congrégation de Saint-Maur, publié par M. l'Abbé Migne... Paris, 1854. — (M.)

DICTIONNAIRE Ecclésiastique et Canonique portatif, ou Abrégé méthodique de toutes les connaissances nécessaires aux Ministres de l'Eglise, et utiles aux Fidèles..., par Une société de Religieux et de Jurisconsultes. Tome second. Paris, Delannoy ; Pont-au-Change, A Saint Nicolas. MDCCLXV. Avec approbation et privilège du Roi. — (b. p. de M. L. Saurin, à La Pauline, Var.)

DICTIONNAIRE Géographique-Portatif ou Description des royaumes, provinces, villes, patriarchats, évêchés, duchés, comtés, marquisats, villes impériales et anséatiques, ports, forteresses, citadelles, et autres lieux considérables des quatre parties du monde... Traduit de l'anglois sur la treizième édition de Laurent Echard, avec des addictions et corrections considérables, par Monsieur Vosgien, chanoine de Vaucouleurs. Nouvelle édition. A Paris, chez la veuve Didot, libraire, quai des Augustins, A la Bible d'or. M.DCC.LIX. Avec approbation et privilège du Roi. — (B. P. de M. l'Abbé Allary, curé de Figanières, Var.)

DICTIONNAIRE topographique du département de la Drôme. Paris, Imprimerie nationale. MDCCCXCI. — (A. P. des Hautes-Alpes.)

DROUET DE MAUPERTUY (l'Abbé). *Histoire de l'Eglise de Vienne.* MDCCVIII. — (p. b. de M. l'ab. J.-B. Rabilloud, Curé de Saint-Clair-sur-Rhône, Isère.)

DIRECTORIUM seu Ordo recitandi divini Officii et sacrilaciendi..., Evulgatus auctoritate Rdsmi ac Celsmi DD. Josephi Deruaz, Episcopi Lausannensis et Genevensis. In annum 1893. *Friburgi Helvetiorum*, typis consociationis sancti Pauli, 259, viæ dictæ de Morat. 1892. — (M. H.)

ENCYCLOPÉDIE du dix-neuvième siècle ; répertoire universel des sciences, des lettres et des arts, avec la biographie de tous les hommes célèbres. Paris, aux bureaux de l'*Encyclopédie du* XIXᵉ *siècle,* tome VIIᵉ, 1852. — (B. P. des RR. PP. Capucins, Marseille.)

ESPITALIER H. (l'Abbé), prêtre du diocèse de Fréjus. *Les Premiers Évêques de Fréjus.* Draguignan, imprimerie C. et A. Latil, 1891. — (M.)

ÉTAT-CIVIL du Castellet : 1636-1699. (A. P. du Castellet, Var.)

ÉTAT ECCLÉSIASTIQUE du diocèse de Viviers, pour l'année 1895. (Extrait de l'Ordo.) — (M. H.)

EXTRAIT d'un travail manuscrit de M. Paul Richard, de Lyon, sur les Saints de la région lyonnaise. — (Communication.)

FABRE Augustin ; *Histoire de Provence.* Marseille, Feissat aîné et Demonchy, 1833, 4 vol. — (M.)

FELLER F.-X. (de), *Biographie universelle*, ou Dictionnaire historique des hommes qui se sont fait un nom par leur génie, leur talent, leurs vertus, leurs erreurs ou leurs crimes. Nouvelle édition. Besançon, Chalandre fils.... MDCCCXLI, tomes IIIᵉ et VIIᵉ. — (B. P. des RR. PP. Capucins, Marseille.)

— Septième édition. Paris : Méquignon-Havard, libraire-éditeur. MDCCCXXVII, t. Vᵉ. —(B. P. de la chartreuse de Montrieux, Var.)

FLEURY (l'Abbé), prêtre, prieur d'Argenteuil, et confesseur du Roi. *Histoire ecclésiastique.* Tome Iᵉʳ, contenant les deux premiers siècles. Chez Jean Mariette, rue Saint-Jacques, aux Colonnes d'Hercule. MDCCCXXII. Avec approbation et privilège du Roy. — (B. P. Signes, Var.)

FODERE Jacques (R. P.), religieux de la régulière observance.

Narration historique et topographique des Couvens de l'ordre de Saint François, et monastères de Sainte-Claire... Lyon, Pierre Rigaud, MDCXIX. — (B. P. Chambéry.)

FORTIS F. M. *Voyage pittoresque à Lyon et aux environs et sur les rives de la Saône et du Rhône*, 2 vol. Paris, Bossange frères, libr. 1822. — (M.)

GAY Charles (l'Abbé), chanoine théologal et vicaire général de Poitiers, etc. *De la vie et des vertus chrétiennes considérées dans l'état religieux*, seconde édition, revue, corrigée et précédée d'un avant-propos. 2 vol. Henri Oudin, libraire-éditeur. Poitiers, 4, rue de l'Eperon ; Paris, 68, rue Bonaparte. — (M.)

GERMAIN Laurent. *Histoire de La Valette* (Var). Toulon, imprimerie A. Isnard et Cie, boulevard de Strasbourg, 56. 1889. — (M. H. de l'Auteur.)

— Deuxième édition, revue et corrigée. Toulon, imprimerie A. Isnard et Cie, boulevard de Strasbourg, 56. 1891. — (M. H. de l'auteur.)

GRADUEL (noté), à l'usage de l'Église de Vienne. Grenoble, chez Baratier, frères. 1823. — (B. P. paroisse de Saint-Geoire, Isère.)

GRANCOLAS. *Les Anciennes Liturgies*. Achevé d'imprimer pour la première fois le douzième may 1697. — (B. P. de M. L. Saurin, à La Pauline, Var.)

GRANDE CHARTREUSE (la), par un Chartreux, 5e édition. Lyon, Aug. Côte, libraire-éditeur, 8, place Bellecour. 1894.—(M.)

GRASIUS CORNELIUS (V. P.), itidem Carthusianus, Vitæ sanctorum selectissimæ : probatissimæ : quatuor Tomis distributæ, studio et labore V. P. *Cornelii Grasii, itidem Carthusiani*. Tomus primus complectens sanctos mensium Januarii, Februarii et Martii, cum licentia superiorum. — Coloniæ Agrippinæ, ex officina Bernhardi Gualteri. An. salut. hom. MDCXVI. — (B. P. Grand Séminaire, Romans.)

GUÉRIN Paul (Mgr). *Vie des Saints d'après les Bollandistes*, le P. Gury, Ribadeneira, etc. Dixième édition. 4 vol. in-12. Paris, Victor Palmé, libraire-éditeur, 1890. — (M.)

— Lettres, Sciences, Arts, Encyclopédie universelle. *Dictionnaire des Dictionnaires*. Paris, Librairies-Imprimeries réunies. 5 vol. in-f°. — (M.)

HAUTE-SAVOIE. Promenades Historiques, Pittoresques et Artistiques en Genevois, Sémine, Faucigny et Chablais, par le baron Achille Raverat. Lyon, chez l'auteur. 1872. — (M.)

HENRION (M. le baron). *Histoire générale de l'Eglise...* (Voir ci-dessus Bérault-Bercastel). — (M.)

HEURES LATINES qui enseignent le chemin du ciel, contenant les offices et prières qui se disent dans l'Eglise pendant le cours de l'année. Nouvelle édition, par le R. P. B. D. S. A Avignon, chez Fr. Chambeau, imprimeur-libraire, 1822. — (M.)

HISTOIRE de Condrieu et des environs depuis l'an 39 avant Jésus-Christ jusqu'à notre époque. Vienne, impr. et lithogr. Timon, frères. 1850. — (B. P. de M. J.-B. Rabilloud, curé de Saint-Clair-s-Rhône, Isère.)

HISTOIRE de la Ville et de l'Eglise de Fréjus par *M. G. C. D. C. D. E. T.* A Paris, chez la veuve Delaulne, MDCCXXIX, avec approbation et privilège du roy. 2 vol. — (B. P. de M. L. Saurin, à la Pauline, Var.)

HISTOIRE de l'Eglise d'Apt, par M. l'Abbé Boze, membre surnuméraire de la Société littéraire d'Aix. — A Apt, chez Joseph Tremollière, imprimeur-libraire. MDCCCXX. — (B. P. de M. l'ab. Aug. Reboul, vic. d'Apt, Vaucluse.)

HISTOIRE littéraire de la France par les Religieux Bénédictins de Saint-Maur, nouvelle édition. Paris, Palmé. MDCCCLXVI. — (B. P. des RR. PP. Bénédictins, à Marseille.)

HISTOIRE UNIVERSELLE depuis le commencement du monde..., composée en anglais par une *Société de gens de lettres,* traduite en français par une *Société de gens de lettres.* — Tomes XLII et XLIII, comprenant l'Histoire de Savoie jusqu'en 1527. Paris, MDCCLXXXV. — (B. P. de M. L. Saurin, à La Pauline, Var.)

INDICATEUR (L') *du Var,* publication de M. A. Goubet, officier d'académie, années 1895 et 1896. — (M. H. de l'auteur.)

JAGER (l'Abbé), *Histoire de l'Eglise Catholique en France,* d'après les documents les plus authentiques, depuis son origine jusqu'au Concordat de Pie VII. Ouvrage revu et approuvé à Rome par une commission nommée par N. S. Père le Pape. Paris, Adrien Le Clère et Cie, libraires-éditeurs. Tom. I, II, III. — (B. P. des RR. PP. Capucins, à Marseille.)

JEAN-CHRYSOSTOME (Saint). Œuvres complètes, traduites pour la première fois en français, sous la direction de M. JEANNIN, licencié ès-lettres, professeur de rhétorique au collège de l'Immaculée-Conception de Saint-Dizier. Bar-le-Duc, L. Guérin et Cie, éditeurs, 1867. 11 vol. — (M.)

KALENDARIUM Diœcesis Anneciensis ad annum MDCCCXCVI divini officii recitandi missæque celebrandæ ordinem complectens Revmi in Christo Patris et Dom. D. *Aloysii Isoard,* Dei et Apostolicæ sedis gratia Episcopi Anneciensis jussu editum. Annecii Excudebat J. Nierat, successor C. Burdet. 1896. — (M. H.)

LA CHESNAIS DES BOIS. Dictionnaire généalogique, héraldique, chronologique et historique. Paris, Duchesne, 1757 ; 3 vol. — (B. P. de M. G. Ebrard, libraire à Lyon.)

LAMET (de) et FROMAGEAU, docteurs de la maison et société de la Sorbonne. Le Dictionnaire des cas de conscience. Tome second. A Basle, de l'imprimerie de Jean-Louis Brandmuller et Compagnie... MDCCXLIV. — (B. P. paroisse de Signes, Var.)

LAUGIER F. (l'Abbé), ancien vicaire général. *Le Schisme constitutionnel et la Persécution du clergé dans le Var,* avec une Lettre de Mgr Mignot, évêque de Fréjus et Toulon. Draguignan, imprimerie C. et A. Latil, 1897. — (M.)

LE LIÈVRE ou LELIÈVRE Jean (messire), bachelier en théologie, chanoine-sacristain et abbé de Saint-Ferréol, en la grande Eglise dudit Vienne. *Histoire de l'Antiquité et Sainteté de la cité de Vienne en la Gaule celtique.* Imprimé par Jean Poyet. 1623. — (B. P. de M. J.-B. Rabilloud, Curé de Saint-Clair-sur-Rhône, Isère.)

LE SAINT-CLAIR. Almanach Historique du Castellet (Var). 1897. Toulon, imprimerie Catholique, cité Montéty. — (M.)

LOU FRANC-PROUVENÇAU. Armana de la Prouvenço per 1891. 15e anado. Draguignan, C. et A. Latil, imprimeurs-éditeurs. — (M.)

MABILLON : Annales Benedictini. Tom. I, lib. IV, Ann. Christi 542. Lib. XI, XXIII : Clari Abbatis gesta. Ann. Christi, 643 ; lib. XII,-VII : saint Clari Abbatis obitus. Ann. Christi, 660, édit. 1739. — (B. P. Grand-Séminaire, Romans.)

— Tome IV, lib. LXII, Ann. Christi 1066.-CVI : S. Juliani Abbatia Viennæ canonicis data. Edit. 1739 : Lucæ, typis G. Leonardi Venturini. — (B. P. de M. l'ab. J. Chevalier, Grand Séminaire, Romans.)

MAIGNE W. *Abrégé méthodique de la science des Armoiries.* Paris, Garnier frères, libraires-éditeurs, 1860. — (M.)

MANGIN Paul. *L'Année d'autrefois en Provence.* Toulon, Marius Raibaud, libr. 1895. — (M.)

MARION Jules. *Collection de documents inédits sur l'histoire de France,* Ire série : Histoire politique. Cartulaires de l'Eglise cathédrale de Grenoble, dits Cartulaires de Saint-Hugues. Cartularia S. Hugonis. Paris, Imprimerie Impériale. MDCCCLXIV. — (A. P. des Hautes-Alpes.)

MARTYROLOGE UNIVERSEL, traduction française. Paris, chez Frédéric Léonard. MDCCIX. — (B. P. des RR. PP. Bénédictins, à Marseille.)

MARTYROLOGE UNIVERSEL, contenant le texte du Martyrologe romain, traduit en français et deux additions à chaque jour des Saints qui ne s'y trouvent point; l'une des Saints de France, l'autre des Saints des autres nations ; avec un catalogue des Saints, dont on ne trouve point le jour. A Paris, chez Frédéric Léonard, imprimeur ordinaire du Roy, rue Saint-Jacques, à l'Ecu de Venise. MDCCIX. Avec privilège de Sa Majesté. — (B. B. des RR. PP. Bénédictins, à Marseille.)

MARTYROLOGIUM GALLICANUM... studio ac labore *Andreæ de Saussay*. Lutetiæ Parisiorum, sumptibus Richer Stephani. MDCXXXVII. — (B. P. Grand-Séminaire, Romans.)

MARTYROLOGIUM ROMANUM.... MDLXXXIX. — (B. P. Chambéry.)

MARTYROLOGIUM Romanum ad novam kalendarii rationem, et ecclesiasticæ Historiæ veritatem restitutum, Gregorii XIII, Pont. Max. iussu editum,.... Auctore *Cæsare Baronio Sorano*, congregationis Oratorii presbytero. Parisiis, apud Michaelem Sonnium,... MDCVII, cum privilegio regis. — (M.)

MARTYROLOGIUM ROMANUM Gregorii XIII jussu editum, Urbani VIII et Clementis X... Venatiis, typis Francisci ex Nicolao Pozzano. MDCCLXXXIV. — (M.)

MEMOIRES pour l'Histoire des Sciences et des Beaux-Arts, recueillis par l'ordre de Son Altesse Sérénissime Monseigneur Prince Souverain de Dombes. A Trévoux, chez Etienne Ganneau, libraire de Paris, et directeur de l'imprimerie de S. A. Sérénissime Monseigneur Prince Souverain de Dombes. MDCCIV, avec privilège et approbation. 12 vol. — (M.)

MERMET, aîné. *Histoire de la ville de Vienne*, de l'an 438 à l'an 1039, édit. 1833. — (B. P. de M. le Curé de Saint-Clair-sur-Rhône, Isère.)

MISSALE ad usum Metropolitanæ Ecclesiæ Aquensis. Lugduni 1527. — (B. P. Aix-en-Provence.)

MISSALE LUGDUNENSE (gothique) MDXXIV.— (B. P. Lyon.)

MISSALE Parisiense illustrissimi et reverendissimi Domini D. *Caroli-Gaspard-Guillelmi de Vintimille*, Parisiensis archiepiscopi... Lutetiæ Parisiorum sumptibus Bibliopolarum societati usuum Parisiensium. MDCCCXXX. — (B. P. des RR.PP. Dominicains, à Marseille.)

MISSALE ROMANUM (manque le titre et la 1re page). *Venetiis*. MDXCVI. Sub signo Europæ. — (B. P. M. l'abbé Allary, curé de Figanières, Var.)

MISSEL, dit de *Murri*, grand in-folio, sur velin, écrit en 1423 par *Jacques de Murri*, clerc bénéficier de Saint-Sauveur. — (A. P. Aix-en-Provence).

MISSEL de Viviers, Lyon, Jean Hilaire. MDXXVII. — (B. P. Ville de Lyon.)

NOTES devant faire partie d'un ouvrage complet d'Hagiographie Lyonnaise que M. le chanoine *Condamin*, professeur à la Faculté catholique de Lyon, doit faire paraître avec le concours de *M. Paul Richard*. — (Communiqué par M. Paul Richard.)

NOTES manuscrites de M. l'abbé R***, curé au diocèse de Grenoble. — (X***.)

NOTICE historique sur les Hommes illustres des Bouches-du-Rhône, morts avant 1789. Paris, 1829. — (M.)

NOUVELLES FLEURS (les) des vies des Saints et fêtes de l'année,... par *Un Solitaire*. A Lyon, de l'imprimerie de veuve de Claude Carteron. MDCCXXIII. Avec privilège du roi. 2 vol. in-f°. — (M.)

OFFICE (l') de la Nuit et de Laudes. Automne. IIe partie. A Paris, aux dépens des Libraires associés pour les usages du diocèse. M.DCC.XLV. Avec approbation et privilège du roi. — (B. P. M. l'abbé Allary, curé de Figanières, Var).

OFFICIA propria diœcesis Anneciensis A S. R. Congregatione approbata ac de mandato Illustrissimi ac Reverendissimi DD. *Claudii Mariæ Magnin*, Episcopi Anneciensis edita. Annecii, apud Franciscum Abry Caroli Burdet successorem Cleri Bibliopolam. MDCCCLXXVIII. — (M.)

OFFICIA propria sanctæ cathedralis ecclesiæ et diœcesis Aptensis, jussu Illustrissimi et Reverendissimi DD. Feliciani Bocon de la Merlière, Episcopi Aptensis et Principis. Avenione. Apud Josephum-Simonem Tournel, Typ., et Bibliop. in platea Sancti Desiderii. M.DCC.LXIX. — (Fonds Arbaud, Aix-en-Provence.)

ORDO divini officii recitandi sacrique peragendi pro anno 1897. De mandato Illustr. necnon Reverendiss. DD. Petri Hectoris Coulié, archiepiscopi Lugdunensis et Viennensis editus. Lugduni, ex typis Emmanuelis Vitte, 1897. — (M.)

ORDO divini officii recitandi sacrique peragendi.... ad usum Diœcesis Versaliensis pro anno 1895. De mandato Illustr. ac Reverend. DD. *Petri Antonii Pauli Goux*, episcopi Versaliensis. — (M. H.)

ORDO GRATIANOPOLITANUS... 1895. Paroisses du Diocèse et leurs Patrons. Id. 1896. — (B. P. de M. Thomasson, curé-archiprêtre à Saint-Geoire, Isère.)

PAPEBROCK. Acta Sanctorum,... illustrata a Godefrido Henschenio Daniele. Papebrochio, Francisco Baertio et Conrado Janingo societatis Jesu. *Antuerpiæ*, apud viduam Henrici Thieul-

lier, anno 1701. — (B. P. de M. Rabilloud, curé de Saint-Clair-sur-Rhône.)
PATROLOGIÆ. Cursus completus.... Accurante J.-P. Migne... tomus LXXXVIII. 1862.— (B. P. Chartreuse de Montrieux, Var.)
— Martyrologia latina... tomus CXXIV-1852. — (B. P. RR. PP. Bénédictins, à Marseille.)
PÉTIN (l'abbé), prêtre du diocèse de Saint-Dié. *Dictionnaire Hagiographique ou Vie des Saints et des Bienheureux*... depuis la naissance du christianisme jusqu'à nos jours, avec un supplément pour les Saints personnages de l'Ancien et du Nouveau Testament. 2 vol. in-4. Migne, 1850. — (M.)
PETITES ANNALES DE PROVENCE, politiques, historiques, artistiques et littéraires, paraissant tous les dimanches. 22 avril 1894-28 juillet 1895. — (M.)
PETITS BOLLANDISTES (les). Vie des Saints d'après les Bollandistes, le Père Surius, Ribadeneira, Godescard, les Propres des Diocèses et tous les travaux hagiographiques publiés jusqu'à ce jour par *Mgr Paul Guérin*, Camérier de Sa Sainteté Pie IX. Septième édition, revue et corrigée avec le plus grand soin et considérablement augmentée. Tome premier, du 1er au 26 janvier. Bar-le-Duc, typographie des Célestins, ancienne maison L. Guérin, éditeur, 36, rue de la Banque, 1874. — (B. P. RR. PP. Maristes, rue Victor-Clapier, Toulon.)
PIERRUGUES Louis (l'Abbé). *Vie de Saint Honorat*, fondateur de Lérins et évêque d'Arles. Origines chrétiennes de Provence. Ouvrage approuvé par Mgr l'Evêque de Fréjus et Toulon. Paris, chez Bray et Retaux, rue Bonaparte, 82. 1874. — (M.)
PIOLIN (R. P. Dom), bénédictin de la congrégation de France. Supplément aux Vies des Saints et spécialement aux Petits Bollandistes. Tome Ier. — (B. P. la Grande-Chartreuse.)
PONTAS JEAN (Messire), prêtre, docteur en droit canon de la faculté de Paris, et sous-pénitencier de l'Eglise de Paris. *Dictionnaire des cas de conscience....* Nouvelle édition. Tome second... A Basle, chez Jean Brandmuller. MDCCXLI. in-f°. — (B. P. Paroisse de Signes, Var.)
POUGET Franciscus Amatus, Montispessulaneus Presbyter Congregationis Oratorii Gallicani, Institutiones Catholicæ in modum catecheseos,.... Ex Gallico in latinum sermonem translatæ. Nova editio. Tom. V, VI. Nemausi, apud Michaelem Gaude, bibliopolam. MDCCLXV. — (B. P. Paroisse de Signes, Var.)
POULBRIÈRE J.-B. (l'Abbé), directeur du Petit-Séminaire de Servières, chanoine honoraire et historiographe diocésain de Tulle, vice-président de la Société des lettres, sciences et arts

de la Corrèze. *Courte notice sur la chapelle du Puy-Saint-Clair.* Tulle, imprimerie de Jean Mazeyrie. MDCCCXCV. — (Communication de l'auteur.)

PRA (Mgr), chanoine, curé-archiprêtre de Saint-Maurice-de-Vienne (Isère). *Notice sur Saint-Clair, abbé.* 14 janvier 1883. — (Manuscrit de l'auteur. M. H.)

PRODROME d'histoire naturelle du département du Var. Première partie. Draguignan, imprimerie P. Garcin, 1853. — (B. P. de M. L. Saurin, à La Pauline, Var.)

RABORY (dom), bénédictin de la Congrégation de France, de l'Abbaye de Saint-Martin de Ligugé. *Vie de Saint Martin,* évêque de Tours. Paillard, libr.-édit. Abbeville, 1894. — (B. P. Paroisse du Castellet, Var.)

RAMBERT H., chef de section à la préfecture du Var. Annuaire administratif, statistique et communal du département du Var, publié avec l'autorisation de M. le préfet du Var. Année 1891. Draguignan, imprimerie Olivier et Rouvier, place Claude-Gay, 4, 62e année. — (M.)

RAPPORT à l'Empereur sur la situation des Sociétés de Secours mutuels, présenté en exécution de l'article 13 de la loi du 15 juillet 1850, et de l'article 20 du décret organique du 26 mars 1852, par la Commission supérieure d'Encouragement et de Surveillance des Sociétés de Secours mutuels. Année 1857. Paris, Imprimerie Impériale, 1858. — (M.)

RAYNAVDVS Theophilvs, societatis Jesv Theologvs... Hagiologivm Lvgdvnense complectens ea quæ de Sanctis Lvgdvni præsidibvs, avt aliquatenvs ad hanc Vrbem spectantibus.... Lvgdvni apvd Antonivm Molin. MDCLXII. (Et au-dessous : *Cartusiæ Bonipassus 1663* ; sur le plat intérieur de la couverture, à la fin du volume : *Ipse R. P. Theophilus Raynaudus libri author dono dedit Dumno Hugoni Cattier, 1663.* — *Obiit ipse author prid. Kal. Novembr. eodem anno 1663, Ætatis LXXIX. Lugduni.* — (B. P. La Chartreuse de Montrieux, Var).

RÉCONNAISSANCE des Saintes Reliques. Procès-verbaux. Reliques extraites des ossements de saint Clair, abbé. — (A. P. Paroisse de Saint-Cannat, à Marseille.)

RECUEIL de cantiques Provençaux, 1787. — (M.)

RÉGIS DE LA COLOMBIÈRE (DE). Fêtes patronales et usages des Corporations et Associations qui existaient à Marseille avant 1789 ; leurs armoiries... Fêtes et Dévotions. Marseille, chez Boy, libraire, 1863. — (M.)

REGISTRE de la Fabrique de Saint-Geoire commencé le 17 février 1759. Enregistrement de Requettes, Ordonnances et Actes ci-après relativement à l'interdiction de différentes chapelles de l'Eglise de Saint-Geoire et à la tranferance de leurs services en celles de la maison forte de Longpra. — (A. P., paroisse de Saint-Geoire, Isère.)

REVUE du Dauphiné et du Vivarais, Tomes I et II (1877 et 1878). — (M.)

— Tome III (1879). — (B. P. Vienne, Isère.)

REVUE du diocèse d'Annecy. 15e année, n° 16, 1897. — (H.)

RIBADENEIRA (le R. P.). *Les Vies des Saints et Fêtes de toute l'année*. Traduction française, revue et augmentée de fêtes nouvelles des Vies des Saints et Bienheureux nouveaux, par M. l'*abbé Daras*. Ouvrage dédié à Mgr l'évêque de Quimper. Deuxième édition, corrigée et augmentée d'une table des matières à l'usage des prédicateurs et des catéchistes. Janvier. Paris, Louis Vivès, libraire-éditeur, 23, rue Cassette. 1857. — (B. P. RR. PP. Maristes, rue Victor-Clapiers, Toulon).

RICHARD (Mgr), évêque de Belley. *Vie des Saints de l'Eglise de Nantes*; lectures, méditations et prières pour leurs fêtes. Nantes, Vincent Forest et Emile Grimaud, imprimeurs-éditeurs, 1872. — (M.)

RICHARD (Mgr), archevêque de Larisse, coadjuteur de S. Em. le Cardinal archevêque de Paris : *Etude sur la légende liturgique de Saint Clair, premier évêque de Nantes*. Nantes, imprimerie de l'Ouest, Bloch, Le Gars et Ménard. 1885. — (M.)

RIGOLOT L. M. presbyter hugonensis. Ad Acta Sanctorum supplementum. Volumen Complectens Auctaria Octobris et Tabulas Generales. — (B. P. Grand-Séminaire, Romans.)

ROCHAS Adolphe. *Bibliographie du Dauphiné*, tom. I. Ed. 1856. — (B. P. Grenoble.)

ROHRBACHER. *Histoire universelle de l'Eglise catholique*, continuée jusqu'en 1866, par J. Chantrel... 5e édition. Tom. V (519-741). Paris, Gaume frères et J. Duprey, éditeurs, 3, rue de l'Abbaye, 1868. — (B. P. de M. l'Ab. J. Gastaud, curé de Signes, Var.)

RUFFI A. (de). *Histoire de Marseille*. 1re édition. Claude Garcin. 1er juillet 1642. (Manque le frontispice et la 1re page.) — (M.)

RUINARD Thierry (Dom), bénédictin de Saint-Maur. Les véritables Actes des Martyrs, recueillis sur plusieurs manuscrits, sous le titre de *Acta primorum martyrum, sincera et selecta*, et traduits en français par *Drouet de Maupertuy*. A Paris, à la Société catholique des Bons livres, hôtel Palatin, près Saint-Sulpice. MDCCCXXV ; 3 vol. — (B. P. Paroisse du Castellet, Var.)

SAFFRAY (l'Abbé), curé de Saint-Aquilin : *Cantique-histoire de Saint Clair, prêtre-martyr*... Bar-le-Duc, imprimerie-librairie de l'œuvre de Saint-Paul, L. Philipona et Cie, 1882. — (M. H. de l'auteur.)
— *Chapelet de Saint Clair* ou second cantique... Séez, Typ. F. Montauzé, imprimeur de l'évêché, 1883. — (M. H. de l'auteur.)
SALABERT H. (l'abbé), chanoine honoraire d'Albi et de Perpignan. *Les Saints et les Martyrs du diocèse d'Albi*. Toulouse, Edouard Privat, éditeur. — (M.)
SAMOENS : la Confrérie de Saint Clair ; 1645 et 1830. — (A. P. de Samoëns.)
SANCTUAIRES (les) du diocèse de Saint-Claude, leur histoire et leurs pèlerinages, en 1873, par un curé du diocèse (l'abbé Torfl). Typ. Dauphin et Dupont, à Grenoble. MDCCCLXXIV. — (M.)
SAVIGNÉ E. J. *Guide à Vienne* (Isère). Vienne, imprimerie Savigné, 1879. — (B. P. M. l'Abbé Baffert, vicaire à la paroisse Saint-Maurice, Vienne.)
SAVOIE. Promenades historiques, pittoresques et artistiques en Maurienne, Tarentaise, Savoie-Propre et Chautagne, par le baron Achille Raverat. Lyon, chez l'auteur. 1872. — (M).
SEMAINE religieuse du diocèse d'Avignon, année 1898. — (M.H.)
SEMAINE religieuse du diocèse de Fréjus et Toulon, années 1895, 1896, 1897. — (M.)
SEMAINE religieuse du diocèse de Lyon. 3e année, nos 8 et 11 : 7 et 17 janvier 1896. — (M. H.)
SEMAINE religieuse (*Echo de N.-D. de la Garde*) de Marseille, années 1896-1898. — (M.)
SEMAINE religieuse (la) du diocèse de Nantes, 1888, 24e année, etc...; 1895, 31e année, passim. — (M. H.)
SOLILOQUES (les) de saint Augustin, traduits du latin, nouvelle édition. Avignon, chez Séguin aîné, imprimeur-libraire, 1882. — (M.)
SPON. *Histoire de Genève*, rectifiée et considérablement augmentée par d'amples notes avec les Actes et autres pièces servant de preuves à cette histoire. 4 vol. Genève, Fabri et Barrillet, MDCCXXX. — (M.)
STATUTS des Maîtres Tailleurs d'Habits de la ville de Marseille. Fait imprimer par le sieur Jean Roux, syndic. A Marseille, chez Jean-Baptiste Bois, imprimeur du Roi et de la Ville, et marchand-libraire près la Loge, 1721. In-4, 16 pp. — (Fonds Arqaud, Aix-en-Provence.)
STATUTS et règlemens du Corps des Maîtres Marchands Tail-

leurs de la ville de Marseille. Faits par Srs Joseph Marillér, Henry Gueyroard, Joseph Mazollier et Constantin Oddo, Prieurs dudit Corps. A Marseille, de l'imprimerie d'Antoine Favet, libraire sur le port. M.DCC.LVI. In-4°, 34 pp. — (Fonds Arbaud, Aix-en-Provence.)

STATUTS et Règlemens du Corps et Communauté des Marchands-Drapiers, à Soye, Toilliers, Dentelliers, Merciers, Quinquailliers et Garnisseurs de chapeaux de cette ville d'Aix, tous unis ensemble, sous la protection de Notre-Dame, de Saint Joseph et de Saint Antoine de Padoue. A Aix, chez la veuve de J. David et Esprit David, Imprimeurs du Roy, du Parlement et de la ville. 1745. In-4°, 16 pp. — (Fonds Arbaud, Aix-en-Provence.)

SURIUS. De probatis sanctorum historiis, partim ex tomis *Aloysii Lipemani*, doctissimi episcopi, partim etiam ex egregiis manuscriptis codicibus... per *F. Laurentium Surium*, carthusianum. Coloniæ Agrippinæ, anno MDLXXVI. — (B. P. Grande Chartreuse.)

TAVERNIER HIPPOLYTE, docteur en droit : *La Confrérie de saint Nicolas à Samoëns et à Thaninge*, Mémoire historique. Chambéry, imprimerie Ménard, 1889. — (M..H. de l'auteur.)

TERREBASSE (De). *Inscriptions à Vienne*.... Voir *Allmer A.* — C. B. P. Vienne, Isère.)

TERRIS JULES. *Les Evêques d'Apt, leurs blasons et leurs familles.* Avignon, Séguin, 1877. In-4. — (M.)

TRAICTÉ de la Liturgie et S. Messe selon l'vsage et forme des Apostres et de leur disciple sainct Denys, Apostre des François, par *Gilb. Genebrard*, archeuesque d'Aix, av clergé et pevple d'Aix en Provence. Reueuë, corrigée et augmentée par l'Avthevr. Seconde édition. A Lyon, par Jean Pillehotte, à l'enseigne du nom de Jésus. MDXCIIII, avec Priuilège. (L'auteur était « né à Rouen, en Auvergne, en 1557 », d'après une note manuscrite insérée dans ce livre.) — (M.)

TRAVAUX de la Société d'Histoire et d'Archéologie de la Maurienne (Savoie). 3e volume, 5e bulletin, 1876. — (M. H. M. le chanoine Truchet, président.)

TRONCY (l'Abbé), docteur en théologie et licencié ès-lettres, curé d'Arnas. *Les Corporations*. Lyon, imprimerie Emmanuel Vitte, rue de la Quarantaine, 18. 1894. — (M.)

TRUCHET (l'abbé S.). *Le Bienheureux Ayrald, chartreux, évêque de Maurienne ; sa vie, ses reliques et son culte.* Montreuil-sur-Mer. Imprimerie Notre-Dame des Prés. 1891. — (H. M.)

TRUCHET (l'abbé S.). *Tableau chronologique des principaux*

faits de l'Histoire de la Maurienne. Saint-Jean-de-Maurienne, imprimerie Vuillermet fils, 1896. — (H. M.)

USUARD. Martyrologe. (Voir Carnandet et Mgr Fèvre.) — (M.)

VALLIER G. *Inscriptions Campanaires du département de l'Isère*, recueillies, annotées et illustrées par *G. Vallier*, membre correspondant de la Société française d'Archéologie et de plusieurs autres sociétés savantes. — Montbéliard, imprimerie P. Hoffmann, 1886. n° 181. — (M. H. de la fille de l'auteur, Mme A. M.-L.)

VIDAL REMY. *Archéologie du Var.* Six Fours, canton de la Seyne, arrondissement de Toulon. Toulon, 1896. — (M. Hommage de l'auteur.)

VIE *de Saint Clair, prêtre et martyr*, s. n. d'auteur. 1828. — (B. P. Chapitre de Bayeux.)

VIE (la) des Saints pour tous les jours de l'année, tirée des meilleurs et des plus fidèles auteurs, avec des Réflexions chrétiennes sur la vie de chaque saint, revue, corrigée et augmentée. A Lyon, chez Anisson et Posuel. MDCLXXXVI, avec approbation et privilège. 4 vol. — (B. P. de D^{me} Ve B. P., au Castellet, Var.)

VIES (les) des Saints et l'Histoire des fêtes de l'année, tome quatrième. nouvelle édition. A Paris, chez Louis Genneau, rue Saint-Jacques, à l'Image de Saint-Pierre. MDCCXXIV, avec approbation et privilège du Roy. — (B. P. des RR. PP. Domininicains, Marseille.)

VIES des Saints pour tous les jours de l'année avec une prière et des pratiques à la fin de chaque vie et des Instructions sur les Fêtes mobiles. A Paris, chez la veuve de Ph. N. Lottin et J. H. Buttard, rue Saint-Jacques, à la Vérité. MDCCLVII, avec approbation et privilège du Roy. — (B. P. de M. S. D., au Castellet, Var.)

— Nouvelle édition, revue et corrigée avec soin. Tours, Alfred Mame et fils. éditeurs. 1890. — (B. P. la Chartreuse de Montrieux, Var.)

VIES (les) des Saints..., publiées par les Religieux Augustins de l'Assomption, à Paris. — (M.)

VOSGIEN ou Nouveau Dictionnaire universel de géographie moderne. Manque la 1re page. 1832. Imprimerie de Roujoux? — (B. P. M. l'Abbé Allary, curé de Figanières, Var.)

WADINGUS LUCAS. Annales Minorum seu Trium Ordinum a S. Francisco institutorum.... Editio secunda, locupletior et accuratior, opera et studio R^{mi} P. *Josephi Mariœ Fonseca* ab Ebora.... Romæ, Typis Rochi Bernabô. MDCCXXIII.

Superiorum permissu. Cum privilegio Summi Pontificis. Tom. VI, VIII, XIV et XV. — (B. P. RR. PP. Capucins, à Marseille.)

TABLE GÉOGRAPHIQUE

ou

LISTE ALPHABÉTIQUE

DES VILLES, VILLAGES, PAROISSES, HAMEAUX OU QUARTIERS, ETC.

CITÉS DANS LES DEUX VOLUMES

Nota. — Les chiffres romains indiquent le volume ; — les chiffres arabes renvoient aux pages.

Abergement-Clementia. II. 24.
Agen. I. 8.
Ainay. I. 181, 183 ; II. 10, 11.
Aix-en-Provence. I. 81, 86, 115, 133, 170, 176, 182, 184, 190, 194, 199, 208, 218-220, 222, 229, 252, 259-261, 268, 269, 273, 274, 280, 281, 283, 289, 297, 299, 329, 331, 332, 351 ; II. 21, 124, 127, 134-139, 141, 156, 188, 198, 200, 204, 208, 212.
Aix-la-Chapelle. I. 24.
Aix-les-Bains. I. 118, 123, 170, 191, 206, 208, 214, 277, 318, 343 ; II. 114, 119.
Albi. I. 4-6, 8, 9, 91, 100.
Albiez-le-Jeune. I. 127, 170, 351.
Albiez-le-Vieux. I. 127, 170, 351.
Alex, II. 95.
Alixan. II. 186.
Allauch. I. 125, 140, 170, 171, 214, 225, 226, 250, 271, 310, 318, 320.
Allos. I. 170.
Ambournay. II. 84.
Ambronay, II. 57.
Amplepuis. II. 64.
Andance. I. 130.
Annecy. I. 74, 116, 117, 121, 127, 135, 136, 139, 141, 151, 154, 170, 176, 177, 180, 182, 190, 192, 193, 200, 203, 208, 214, 215, 219, 220, 222, 226-229, 265, 272, 275, 279, 280, 285, 304 ; II. 87-104, 191.
Anse. I. 170, 171, 264, 301 ; II. 8, 9, 55, 68.
Antioche. I. 6.
Anvers. I. 3.
Aoste. I. 170, 318.
Apt. I. 5, 81-86, 90, 91, 115, 130, 158, 170-173, 221, 259, 274, 318, 320 ; II. 122-129, 174.

Arezzo. I. 100.
Argentine. I. 124, 170, 208; II. 113.
Arles. I. 116, 170, 220; II. 187, 188.
Arras. I. 130, 140, 170, 171, 214, 224, 264, 271, 288.
Arthun. I. 318; II. 86.
Artignose. I. 170, 264, 271, 318, 325.
Artigues. I. 277.
Aubagne. I. 125, 170, 171, 250, 264, 277 ; II. 183.
Auch. I. 8.
Aups. I 170, 264, 271.
Auriol. I. 125, 170, 206, 259, 270, 271, 352.
Autun. II. 78, 80.
Avignon. I. 5, 9, 81, 82, 130, 170, 177, 184, 204, 221, 228, 259, 260, 274;
II. 122, 123, 126.

Baix. I, 318.
Balbigny, II, 34.
Balme-de-Thuy. II, 95.
Barjols. I. 88, 91, 160, 172, 173, 223, 230, 250, 304 ; II. 119.
Bauduen. I. 120, 172, 295.
Bayeux. I. 4, 8 ; II. 124.
Beauchamp. I. 16, 19, 20, 22, 58.
Beaulieu. II. 62, 63.
Beaumont-lès-Valence. I. 128.
Beaumur. I. 71.
Beaurepaire. I. 172, 339.
Beauvais. I. 8.
Beauvoir-de-Marc. I. 186.
Belgentier. I. 331, 339.
Belleville. II. 67.
Bellevue. I. 58.
Belley. I. 26, 74, 117, 139, 140, 151, 155-157, 172, 174, 176, 178, 182, 188,
190, 196, 197, 202, 226, 227, 265, 271, 274, 275, 291 ; II. 7, 9, 53, 57, 77,
79, 82, 84, 85.
Belmont. I. 172, 173; II. 9.
Bessans. I. 127, 172, 277 ; II. 109.
Bettonnet. I. 117, 138, 172, 202, 214, 225, 277, 284-286, 291, 308, 316.
Biziat. I. 117, 172, 173 ; II. 9, 10.
Bologne. I. 100, 270.
Bordeaux. I. 8.
Bormes. I. 120, 172, 181, 202, 209, 259, 264, 277, 289, 304, 312, 326, 327 ;
II. 116-118.
Bossey. II. 193.
Bourg-de-Péage. II. 186.
Bourges. II. 124.
Bozel. I. 304.
Bras. I. 120, 172, 264, 277.

Brignais. I. 121, 172, 173, 214, 225, 227, 264, 272, 277, 301, 316 ; II. 10-19, 29, 34, 86, 196.
Brignoles. I. 91, 172, 225, 264, 272, 279.
Brunet. I. 252.
Bully-sur-l'Arbresle. I. 172, 173 ; II. 19.
Bussy-Albieux. I. 319 ; II. 86.

Cabasse. I. 120, 172, 203, 259, 265.
Cahors. I. 8.
Callian. I. 120, 172, 278.
Calluire. I. 304 ; II. 48.
Camps-lès-Brignoles. I. 83, 84, 87, 88, 92, 172, 200, 221, 225, 230, 259, 272, 299, 319, 326, 327.
Cannes. I. 131, 172, 259, 326.
Carcès. I. 120, 172, 234.
Carri. I. 126, 172, 351.
Cassis. I. 92, 125, 172, 173, 175, 200, 221, 234, 265, 278, 307, 308, 316 ; II. 173, 174.
Ceyreste. I. 125, 172, 175, 225, 235, 326.
Chabeuil. I. 128, 129, 174, 175, 305.
Châlain-le-Comtal. I. 174 ; II. 20.
Chalamont. II. 53, 84.
Chalon-sur-Saône. I. 70, 99, 101, 102 ; II. 112.
Châlons. I. 75, 99.
Chamagnieu. I. 182, 214, 217, 227.
Chambéry. I. 74, 94, 117, 138-140, 151, 154, 156, 170, 172, 174, 180, 183, 184, 188, 190, 202, 214, 216, 223, 225, 273, 277, 285, 320, 327 ; II. 114, 119.
Chambost-Longessaigne. I. 319 ; II. 86.
Champagny-Saint-Clair. I. 127, 174, 304.
Champdieu et Chandieu. I. 115, 174 ; II. 20, 21.
Champlerinx. II. 150.
Charnoz. II. 21.
Charpey. I. 128, 129, 174, 175, 305.
Châtelard. II. 29, 35.
Châtillon-sur-Chalaronne. II. 10, 82.
Chaumic. I. 118, 174.
Chavannes. I. 174, 319 ; II. 22, 86.
Chazay-d'Azergues. II. 114.
Chazelles-sur-Lavieu. II. 23.
Chazelles-sur-Lyon. I. 174, 214 ; II. 22, 29, 35.
Chazey. II. 70.
Chénas. I. 122, 174, 214, 225, 272, 273 ; II. 23.
Cheyssieu. I. 68.
Civrieux-d'Azergues. I. 174, 214 ; II. 24.
Claviers. I. 120, 174, 250, 265, 278.
Clementia. I. 117, 174, 265 ; II. 24, 77.
Cléon-Dandran. I. 319.

Clermont. II. 150.
Clichy. I. 98.
Clion. II. 150.
Cogny. I. 174, 225, 265 ; II. 24, 67, 68.
Cogolin. I. 120, 174, 199, 201, 259, 285, 2C0, 325.
Coindrieu (voir aussi Condrieu). I. 61, 62.
Coligny. II. 26.
Collobrières. I. 174, 265, 272.
Collonges-sur-Saône. I. 174, 265, 272 ; II. 7, 25.
Cologny. II. 88.
Condrieu. I. 122, 174, 207, 225, 228, 229, 254, 285, 310, 321, 322 ; II. 26, 32, 59, 75, 174-180.
Cosances ou Cousances. I. 126, 174 ; II. 26.
Coucouron. I. 174.
Courzieux. I. 174, 226, 265, 278, 301 ; II. 24, 26-31, 34, 77.
Coutances. I. 4, 8 ; II. 124.
Crest. I, 306.
Cuers. I. 239, 306, 311.
Cuges. I. 125, 174, 259, 265, 278, 322, 326.
Culin. I. 114, 174, 175, 214, 272, 278, 285.
Curciat. II. 31.

Dagneux. I. 117, 176, 177, 226, 265 ; II. 31.
Dauphin. I. 176, 259, 319.
Digne. I. 118, 141, 170, 174, 176, 182, 184, 186, 188, 192, 196, 206, 259, 268, 273, 275, 280, 282 ; II. 189.
Dingy-Saint-Clair. I, 116, 176, 214, 226, 298, 304, 310 ; II. 89-100.
Dornas. I. 319.
Draguignan. I. 119, 176, 177, 204, 207, 230, 249, 305, 308 ; II. 116.

Echalas. I. 176 ; II. 32.
Echelles. I. 319.
Ecotay. I. 176, 224 ; II. 32, 39.
Embrun. I. 99, 102, 121, 176, 185, 252, 253, 310 ; II. 175.
Entrecasteaux. I. 120, 176, 254, 259, 265, 279.
Eourres. I. 309.
Epercieux. I. 176, 265 ; II. 8, 32, 33, 35, 62.
Epercieux-Saint-Paul. II. 33.
Ephèse. I. 64.
Escragnoles. I. 131, 176, 224, 272, 305.
Evian-les-Bains. I. 176, 226, 265, 319 ; II. 100.
Eydoche. I. 176.
Eymeux-sur-l'Isère. I. 130, 176, 321.

Faramans. I. 176.
Fayence. I. 120, 176, 177, 205.

Feigères. I. 176, 206, 215, 226, 229, 265, 266, 272, 279, 285, 317 ; II. 101.
Feissons-sous-Briançon. II. 115.
Ferrière. II. 62.
Feurs. I. 186 ; II. 28, 33, 61, 62.
Figanières. I. 88, 176.
Fleurie. I. 319 ; II. 23, 86.
Florence. I. 100.
Forez. II. 53.
Fox-Amphoux. I. 266.
Francheville-le-Haut. I. 176, 272 ; II. 33, 34.
Fréjus. I. 25, 88, 119, 120, 140, 141, 158, 167, 170, 172, 174, 176, 178, 180-187, 192, 194, 196, 200, 202, 203, 205, 207-210, 216, 219, 221-225, 227, 230, 254, 259, 261, 264-286, 289, 291, 339 ; II. 116, 122, 156, 158.
Fuveau. I. 116, 176, 222, 259.

Gabion. I. 14, 15, 347.
Gap. I. 98, 121, 176, 184, 345.
Garéoult. I. 120, 178.
Gémenos. I. 120, 123-125, 178, 179, 226, 266, 273, 290, 303, 310 ; II. 182, 183, 186, 187, 190, 191.
Genève. I. 121, 135, 141, 150, 157, 178 ; II. 87, 88.
Genicieu. I. 70.
Gigny. II. 89, 90.
Givors. I. 61, 349 ; II. 32, 36.
Gleize. II. 68.
Gonfaron. I. 266, 267, 270.
Gorrevod. I. 117, 178 ; II. 34.
Grand-Serre. I. 189, 303, 319.
Grans. I. 221.
Grenieu. I. 178, 215, 273 ; II. 8, 34, 35, 63.
Grezieu-le-Marché. II. 35.
Grenoble. I. 5, 15, 17, 25, 33, 35, 41, 44, 47, 62, 73, 97-102, 113, 115, 139, 151, 164, 170-174, 176-182, 186, 188, 190, 194, 196, 203, 214, 215, 218-221, 224, 227, 228, 231, 260, 261, 269-273, 275, 276, 278, 282, 283, 285, 286, 308, 335 ; II. 114, 183, 184.
Grigny. I. 103, 178, 347-349 ; II. 35, 36.

Heyrieu. II. 21.
Hyères. I. 120, 125, 178, 210, 259, 266, 273, 279, 289, 300, 304 ; II. 182.

Jarez. II. 11.
Jarnioust. II. 66.
Jons. I. 319.
Julidac. I. 77, 105.
Jurieu. II. 76.

La Balme. II. 99.
La Bastidonne. I. 185, 204.
La Cadière. I. 180 ; II. 115.
La Celle. I. 91.
La Chambre. I. 127, 180, 181, 202, 209, 215, 226, 266, 279, 282, 351 ; II. 109-111.
La Couronne. I. 126, 180.
La Favre. I. 345.
La Molle. II. 116.
La Motte-Fanjas. I. 120, 180, 215, 273.
La Murette. I. 114, 180, 206, 210, 215, 216, 224, 234, 235, 239, 285 ; II. 186, 187.
Larajasse. I. 319 ; II. 86.
La Rochette. I. 180, 308, 311.
La Roquebrussanne. I. 189, 259.
La Seyne-sur-Mer. I. 119, 180, 181, 245, 267, 279.
La Terrasse. I. 335.
La Tour-du-Pin. I. 114.
La Tronche. II. 152.
L'Aubépin. I. 319 ; II. 86.
La Valette-du-Var. I. 119, 180, 181, 205, 227, 259.
La Verdière. I. 120, 180.
La Verne. II. 117.
La Villeneuve. I. 319 ; II. 86.
La Villette. I. 92-94, 127, 180, 202, 227, 324, 326.
Lay. I. 122, 180, 216, 227, 267, 273, 319 ; II. 36, 37-39, 86.
Le Beausset. I. 120, 180, 216, 222, 259, 273, 289.
Le Bois-d'Oingt. I. 180, 273 ; II. 40.
Le Canadel. I. 187.
Le Cannet-du-Luc. I. 305.
Le Castellet. I. 120, 140, 160, 167, 180, 199-209, 213, 246, 227, 230, 235, 241, 243, 254, 259, 267, 273, 279, 285, 289, 297-299, 315, 319, 326, 327 ; II. 115, 157-159, 170, 172.
Le Champsaur. I. 185, 310.
L'Ecly. I. 239.
Lectoure. I. 5, 6, 9, 100, 293.
Le Lavandou. I. 180, 181 ; II. 116-143.
Le Luc. I. 120, 180.
L'Eluiset. I. 116, 180, 184 ; II. 89.
Leman ou Lemain. I. 183, 195.
Lemenc. I. 118, 180, 181, 216, 273.
Lentilly. I. 319 ; II. 39, 86.
Le Revest. I. 119, 180, 205, 279.
Lerigneux. I. 182, 267 ; II. 39, 59.
Les Bouchoux. I. 347.
Les Neyrolles. I. 117, 182, 227 ; II. 57.
Les Pennes. I. 116, 182, 208, 273, 289.

TABLE GÉOGRAPHIQUE 239

Les Roches-de-Condrieu. I. 60, 61, 228.
Lezigneux. II. 39.
Limoges. I. 8.
Lissieu. II. 39.
Lorgues. I. 267.
Loudun. I. 5, 9, 92, 100.
Lyon. I. 15, 61, 62, 64, 74, 78, 86, 115, 117, 121-123, 126, 136, 137, 139, 151, 153, 156, 170, 172-193, 195-197, 207, 214-219, 221, 224, 225-229, 249, 251, 257, 258, 260, 264, 265, 267-275, 277, 278, 280, 281, 283, 285, 307-312, 318, 320, 322, 325, 335, 347-351 ; II. 7-86, 90, 195, 197.
— *Sainte-Blandine.* I. 349 ; II. 42, 58.
— *Saint-Bonaventure.* II. 40.
— *Saint-Clair.* I. 186, 188, 197, 227, 273 ; II. 42-50, 56, 79.
— *Saint-Cosme et Damien.* II. 44.
— *Saint-Eucher.* II. 48, 49.
— *Saint-François-d'Assise.* II. 40.
— *Saint-Irénée.* II. 42, 45, 55, 56, 71.
— *Saint-Just.* II. 71, 80, 84.
— *Saint-Nizier.* II. 68.
— *Saint-Pierre.* I. 114, 307 ; II. 40-46, 79.
— *Saint-Roch.* II. 58.

Maclas. I. 121, 182, 217, 319 ; II. 50, 51, 86.
Mâcon. I. 122 ; II. 23, 59.
Magland. II. 101.
Manne. I. 189, 190, 290, 306.
Mantales. I. 123.
Marclopt. II. 54.
Marlens. II. 102.
Marnand. I. 182, 280 ; II. 51.
Marols. I. 182, 217 ; II. 51.
Marseille. I. 6, 83, 85, 119, 120, 123, 124, 140, 141, 167, 170-174, 178-183, 190, 192, 200, 206, 214, 221, 225-227, 230, 250, 259, 260, 264-266, 268, 271-273, 275, 276, 285, 290, 313, 320, 321, 324, 352, 353 ; II. 127-141, 158, 173, 174, 180, 181, 193, 195, 197-208.
— *La Trinité* ou *La Palud.* I. 124, 182, 207, 260 ; II. 180, 181.
— *Saint-Cannat* ou *Les Accoules* ou *Les Prêcheurs.* I. 123, 182, 206, 207, 217, 221, 227, 230, 251, 260, 268, 275 ; II. 137-139, 158, 187-189, 197.
Martigues : *l'Ile.* I. 116, 182, 260, 268, 280.
Mayence. I. 5.
Mazaugues. I. 182, 254, 260, 268, 280.
Meaux. II. 150.
Mégève. I. 319.
Melves. I. 118, 119, 182, 217, 268, 273, 280 ; II. 189, 190.
Mende. I. 8.
Menthon. II. 97.
Meounes. I. 120, 182, 260, 268, 280.

Meximieux. 1. 319 ; 11. 86.
Meylieu-Montrond. 1. 227 ; II. 53-55.
Meyrié. I. 182.
Meyrieu. I. 182 ; II. 79, 81.
Meyzieu. II. 7.
Miange. I. 182, 214, 217, 227, 273.
Milleri. I. 310.
Minzier. I. 116, 182, 222, 227, 280 ; 11. 102, 191, 192.
Montagnat. I. 117, 177, 182, 183, 202, 226, 227, 274.
Montaimont. 1. 182, 183, 352.
Montbrison. 1. 182, 221, 268 ; II. 8, 33, 39, 52, 54.
— *Notre-Dame.* II. 32, 52.
Montfavrey. I. 117, 182, 183 ; 11. 52.
Montferrat. I. 119, 182, 260, 280.
Montfuron. 1. 119, 182, 206, 217, 260, 268, 280, 282,
Montgellafrey. 1. 184, 274, 352.
Montluel. I. 177, 226 ; 11. 31, 32.
Montmerle. 1. 319 ; II. 86.
Montmeyan. II. 119.
Montréal. 1. 130, 197, 200, 229, 231, 320.
Montrieux. I. 293.
Montrond (voir aussi Meylieu-Montrond). 1. 184, 301 ; 11. 8, 34, 53-55.
Montvernier. 1. 127, 184, 274.
Morestel. 11. 7.
Mornand. II. 11.
Moutier. I. 304.

Nans. 1. 120, 184.
Nantes. I. 4, 8, 9, 60, 100, 130, 131, 292, 294 ; II. 117, 124, 125.
Nantua. II. 57.
Naves. II. 99.
Neoules. 1. 120, 184, 260, 268.
Nervieu. II. 34, 62, 63.
Néty. I. 184 ; II. 55, 56, 77, 83.
Neuville-sur-Saône. 1. 184 ; II. 7, 48, 56, 60, 85.
Nice. I. 130, 172, 176, 186, 203, 224, 259, 272, 274, 313 ; II. 117.
Noailly. 1. 184, 268 ; 11. 57.
Notre-Dame-de-Beauvert. 1. 184, 185, 345.
Noyers-le-Village. 1. 119, 184.
Noyon. I. 98, 99.

Ollioules. 1. 120, 184, 202, 260, 299.
Oyonnax. II. 84.

Paris. 1. 4, 92, 101, 272, 294, 353 ; II. 87, 128, 130, 134, 137, 139.
— *La Trinité.* II. 133.

Pavezin. I. 122, 184, 217, 228, 274 ; II. 57-59, 76.
Pélussin. I. 319 ; II. 51, 86.
Périgueux. I. 8.
Perreux. II. 59.
Pertuis. I. 130, 184, 185, 204, 221, 228, 260, 274, 306, 343.
— *Villeneuve.* I. 204.
Peynier. I. 116, 184, 185, 260, 268, 281.
Pierre-Châtel. I. 26.
Pierrefeu. I. 120, 184, 260, 281.
Pierrelatte. I. 345, 346.
Pignans. I. 120, 184, 199, 208, 254, 260, 268, 274, 281.
Pisançon. I. 58, 129, 166, 184, 185, 206, 218, 228, 230, 274, 319 ; II. 185.
Pleugnesseuc I. 239.
Poitiers. I. 76.
Poleymieux. I. 184, 269, 274, 281 ; II. 59.
Pollionay. I. 184, 218 ; II. 60.
Pons. II. 150, 151.
Pont-de-Beauvoisin (Savoie). I. 92, 118, 184, 223 ; II. 118, 174.
Pont-de-Vaux. II. 22, 34.
Porcieu-Amblagnieu. I. 115, 186, 203, 218, 260.
Puget-Théniers. I. 131, 186, 203, 224, 274, 319.
Puget-Ville. I. 120, 186, 261, 274, 281.

Randans. I. 186, 224 ; II. 8, 33, 35, 61, 62.
Rennes. I. 8 ; II. 125.
Revest-du-Bion. I. 119.
Reynier. I. 140.
Rians. I. 120, 186, 254, 261.
Ribiers. I. 309.
Riez. I. 118, 186, 187.
Riorges. I. 186, 269 ; II. 62, 63, 77.
Rive-de-Gier. II. 59, 75.
Roanne. II. 63, 77.
Rocbaron. I. 261.
Roche-sur-le-Buis. I. 319.
Rochester. I. 200.
Rognes. I. 115, 229, 252, 269, 281 ; II. 124.
Romans. *Collégiale.* I. 145, 147, 186, 187, 218, 305, 352 ; II. 185.
Rome. I. 20, 92, 93, 94, 211, 230 ; II. 173.
Ronno. I. 186, 260, 301 ; II. 63, 64.
Roquebrune. I. 186, 269.
Roquevaire. I. 326.
Rouen. I. 4, 8.
Rougiers. I. 120, 186.
Royas. I. 186.
Roybon. I. 303.
Rutin. II. 150.

Saint-Agrève. I. 319.
Saint-Alban-des-Hurtières. I. 127, 186, 209, 218, 228, 269, 274, 281.
Saint-Alban-du Rhône. I. 319.
Saint-Amour. II. 64.
Saint-Andéol. II. 32.
Saint-André. II. 113.
Saint-André-le-Puy. II. 54.
Saint-Antonin. I. 116, 228, 274; II. 154-156.
Saint-Avre et Saint-Aupre. I. 282 335, 352.
Saint-Benoît. I. 119, 160, 186, 282, 290.
Saint-Bon. I. 127, 186.
Saint-Bonnet-en-Champsaur. I. 345.
Saint-Bonnet-le-Courreau. I. 186, 269 ; II. 64.
Saint-Bonnet-le-Froid. II. 29.
Saint-Brieuc. I. 8.
Saint-Chamond. I. 186, 248, 274 ; II. 51, 65.
— *Saint-Pierre* et *Sainte-Barbe*. II. 65.
Saint-Clair-d'Annonay. I. 130, 186, 303.
Saint-Clair-de-la-Tour. I. 114, 186, 187, 218, 228, 269, 303, 306, 308.
Saint-Clair-du-Serre ou Saint-Clair-sur-Galaure. I. 114, 188, 189, 218, 228, 282, 303, 304, 306, 308.
Saint-Clair-sous-Sainte-Foy. I. 188, 229, 270, 301 ; II. 71-75.
Saint-Clair-sur-Rhône ou du Roussillon. I. 43-45, 57-66, 122, 161, 188, 218, 228, 231, 235, 270, 275, 286, 298, 303, 307, 317, 320, 347 ; II. 119, 177, 190, 191.
Saint-Claude. I. 126, 174, 194, 196, 347 ; II. 79, 83, 84.
Saint-Cyr-de-Favières. I 188; II. 76.
Saint-Cyr-de-Provence. II. 115.
Saint-Denis. I. 98.
Saint-Didier-de-Chalaronne. I. 117, 188, 275; II. 24, 77.
Saint-Etienne-la-Varenne. II. 55, 56, 77.
Saint-Etienne-les-Orgues. I. 320.
Saint-Etienne-les-Oullières. II. 56.
Saint-Félix-de-Château. I. 320.
Saint-Galmier. II. 55, 83.
Saint-Genis-Laval. II. 13.
Saint-Geoire. I. 114, 115, 138, 163, 188, 189, 224 ; II. 145-115.
Saint-Georges-des-Hurtières. I. 228.
Saint-Georges-en-Couzan. II. 65.
Saint-Germain-en-Lay. I. 257.
Saint-Haon-le-Châtel. II. 57.
Saint-Jean-d'Arves. I. 93, 94, 127, 140, 188, 191, 202, 223, 229, 275, 283, 296, 325 ; II. 111.
Saint-Jean-de-Garguier. I. 179, 226, 266.
Saint-Jean-de-Maurienne. I. 94, 126, 127, 139-143, 145, 150-154, 170, 172, 180, 182, 184, 186, 188-190, 196, 201, 202, 209, 215, 218, 219, 226-229, 266, 269, 270, 274, 275, 277, 279, 281, 284, 290, 322, 335, 340, 351 ; II. 105-113

TABLE GÉOGRAPHIQUE

Saint-Jean-de-Tholome. I. 116, 188, 208, 228 ; II. 102.
Saint-Jeoire. I. 229.
Saint-Julien. I. 320.
Saint-Julien-sur-Bibost. I. 320 ; II. 86.
Saint-Lager-en-Beaujolais. I. 188, 275 ; II. 78.
Saint-Maime. I. 118, 188, 189, 261, 275, 290, 296, 306, 310, 339.
Saint-Marcellin. I. 303.
Saint-Martin-d'Arc. I. 127, 190, 191, 201, 203, 204, 219, 229, 270, 275, 290 ; II. 112, 113.
Saint-Martin-des-Vignes. I. 71, 72.
Saint-Martin-Lestra. I. 320.
Saint-Maximin. I. 261, 329-334, 339, 343.
Saint-Nizier-le-Désert. II. 52.
Saint-Olive ou Irlide et Saint-Olme-en-Dombes. I. 117. 190 ; II. 78.
Saint-Pierre-de-Chandieu. I. 320 ; II. 21.
Saint-Pons. I. 179.
Saint-Priest. I. 115, 190, 219 ; II. 79.
Saint-Prim. I. 68.
Saint-Rambert-en-Bugey. I. 320 ; II. 86.
Saint-Raphaël. I. 190, 208, 270.
Saint-Rémy. I. 116, 190, 191, 229.
Saint-Rémy-en-Dombes. I. 117, 190 ; II. 79, 80.
Saint-Rirand. I. 109, 229 ; II. 80.
Saint-Romain-en-Gal. I. 24.
Saint-Sigismond. I. 190 ; II. 102.
Saint-Simon. I. 190, 191, 343.
Saint-Sorlin-d'Arves. I. 127, 190, 340.
Saint-Symphorien-de-Lay. II. 37-39, 77, 83.
Saint-Symphorien-d'Ozon. II. 7, 79, 81.
Saint-Thomas-la-Garde. II. 39.
Saint-Triviers-sur-Moignans. II. 79, 85.
Saint-Vincent. I. 309.
Saint-Zacharie. I. 190, 191, 193, 261, 270, 282, 306, 320, 322.
Sainte-Croix-en-Jarez. I. 122, 192.
Sainte-Foy. I. 192, 310.
Salernes. I. 120, 192, 306.
Samans. II. 52.
Samoëns. I. 116, 192, 203, 207, 219, 252 ; II. 102-104, 169-170.
Sanary. I. 192, 207, 219, 261, 270, 282.
Sandrans. II. 82.
Saumane. I. 118, 192, 282.
Sausset. I. 126, 192.
Savigny. II. 11.
Séez. I. 4, 8 ; II. 124.
Seligenstadt. I. 5, 9, 100.
Serre. I. 189.
Sesto. I. 100.

Seyne. I. 253.
Seyssel-Cologny. I. 116, 192, 200, 219, 275, 324 ; II. 89
Sienne. I. 9.
Signes. I. 120, 192, 193, 254, 261, 275, 299.
— *Saint-Clair.* I. 275, 312.
Sillans. I. 320.
Sisteron. I. 309.
Six-Fours. I. 119, 192, 282, 283.
Solaise. I. 115, 194, 276, 283, 350; II. 80.
Soleymieux. II. 52.
Solliès-Pont. I. 119, 194, 195, 261, 270, 283, 290, 306, 311, 331, 342.
Solliès-Ville. I. 119, 194, 261, 270, 276, 306.

Taninges. I. 252 ; II. 103.
Tarentaise. I. 74, 127, 139, 140, 151, 154, 156, 174, 186.
Tausieu, Toisi, Toisieu. I. 68, 104.
Tavernes. I. 194, 223, 261, 320 ; II. 119-121.
Tèche. I. 320.
Theizé. II. 69.
Thizy. II. 51.
Thodure. I. 189, 304.
Thoirette. I. 126, 194, 325.
Thoissey. II. 77.
Thônes. II. 77.
Thueyts. I. 320.
Tibériade. I. 17.
Toulon. I. 91, 119, 158, 181, 202, 246, 284; II. 116, 183.
— *Sainte-Marie.* I. 224, 225, 261.
Tournon. I. 303 ; II. 152.
Tournus. II. 10.
Tours. I. 4, 8, 9, 76.
Tourves. I. 194, 261, 270, 276, 330, 332.
Tramayes. I. 320 ; II. 86.
Trets. I. 116, 194, 199, 219, 261, 270, 271, 276, 283.
Trévoux. I. 117, 196, 271, 320, 341 ; II. 8, 67, 81, 82, 84, 86
Trigance. I. 271, 276, 286, 291, 341.
Tulette. I. 320.
Tulle. I. 8.

Valence. I. 58, 128, 145, 147. 174, 176, 180, 184, 186, 197, 206, 215, 218, 228, 230, 273, 274, 305, 350, 351 ; II. 185, 186.
Valensolles. I. 118, 196, 252.
Valloires. I. 127, 196, 283 ; II. 113.
Vandeins. I. 117, 196 ; II. 82.
Vannes. I. 8.
Vaugneray. II. 29, 30, 60.
Vaux. II. 77, 82.

TABLE GÉOGRAPHIQUE 245

Vauxrenard. II. 23.
Veauche. I. 196, 219; II. 83.
Vendranges. I. 122, 196, 219, 350.
Vernoilles. II. 62.
Versailles. I. 4, 8, 347.
Veyziat. I. 117, 196; II. 83.
Vidauban. I. 196, 261, 271, 284.
Vienne. I. 3, 6, 7, 12-25, 32, 33, 41, 48, 52, 61, 62, 64, 67, 70, 73-83, 92, 97, 98, 100-105, 113-131, 138, 143, 145, 147, 150-153, 160, 161, 171, 173, 177, 183, 187, 189, 196, 197, 218, 222, 223, 230, 233, 234, 255, 256, 261, 264, 272, 276, 290, 293, 303, 319, 323, 347-349 ; II. 7, 26, 27, 35, 36, 50, 59, 68, 71, 74, 75, 77, 81, 100, 124, 145, 146, 150, 154, 155, 158.
— *Fuissin.* I. 19.
— *Heumedium.* I. 70, 71.
— *Mont-Crappum.* I. 21, 70, 71.
— *Mont-Quiriacum.* I. 23, 71.
— *Mont-Quirinal.* I. 28.
— *Mont-Saint-Clair.* I. 255, 256.
— *Pipet.* I. 70, 71.
— *Saint-André-le-Bas.* I. 23 ; II. 50.
— *Saint-André-le-Haut.* I. 22, 23, 123 ; II. 68.
— *Saint-Ferréol.* I. 25, 31, 61. 103, 349.
— *Saint-Gervais-et-Saint-Protais.* I. 23.
— *Saint-Jean-Baptiste.* I. 23.
— *Saint-Just.* I. 21, 70, 71.
— *Saint-Marcel.* I. 3, 6-9, 14, 19, 23, 31-37, 42, 44, 52, 60, 67-71, 98, 100, 102, 119, 124, 126, 131, 153, 195, 250, 252 ; II. 35, 87.
— *Saint-Martin.* I. 23.
— *Saint-Maurice.* I. 13, 19, 20, 61, 62, 64, 113, 123, 163, 197, 219, 220, 271.
— *Saint-Pierre.* I. 19, 21, 22, 55, 71, 103, 220, 221 ; II. 58.
— *Saint-Sévère.* I. 21.
— *Saint-Vincent.* I. 23.
— *Sainte-Blandine.* I. 7, 8, 23, 27, 28, 31, 32, 41, 44, 54, 55, 67, 71, 153, 200, 221.
— *Sainte-Colombe.* I. 22, 23, 255, 256, 309, 349.
Villarembert. I. 127, 196, 197, 284.
Villars-les-Dombes. I. 117, 196, 301 ; II. 84.
Villaz. II. 99.
Villechantria. I. 126, 196.
Villefranche-sur-Saône. I. 196, 301 ; II. 8, 25, 85.
Villeneuve. I. 117, 196 ; II. 85.
Villers-Coterets. I. 257.
Ville-sur-Jarnioust. I. 196, 229 ; II. 65-71.
— *Saint-Clair.* II. 65-71.
Villiers-les-Tournus. II. 78, 79.
Vimy. I. 196, 249, 301 ; II. 56, 85.

Viriville. I. 304.
Viry. I. 116. 181, 220; II. 89.
Viviers. I. 129, 130, 137, 139, 140, 170, 174, 186, 194, 196, 197, 204, 214, 220, 224, 229, 231, 271, 276, 288, 293, 298, 320.
Voiron. I. 114, 234, 235.

Yzeron. II. 30.

EN VENTE

Chez l'auteur : l'abbé M. BLANC, curé de Néoules (Var),
Et aux adresses suivantes :

AIX-EN-PROVENCE : Librairie MAKAIRE, 2, rue Thiers.

ANNECY : M. ABRY, libraire.

BRIGNOLES (Var) : M. Léopold REQUIN, libraire.

DINGY-SAINT-CLAIR (Haute-Savoie) : Au Presbytère.

LYON : M. Paul RICHARD, 10, chemin de Francheville.

Mlle Louise LATHUILLIÈRE, dépôt d'objets de piété, 6, cloître de Fourvières.

M. ROUX, libraire, 2, rue Saint-Dominique.

A la Sacristie de la paroisse Saint-Clair, cours d'Herbouville.

MARSEILLE : M. François DOMENC, Librairie des amateurs.

M. Achille BOSSY, économe aux *Enfants de l'Étoile*, 46, rue Reinard.

A la Sacristie de la paroisse Saint-Cannat.

MONTBRISON (Loire) : M. Eleuthère BRASSARD, éditeur.

SAINT-CLAIR-S/-RHONE, par les Roches-de-Condrieu (Isère) : Au Presbytère.

TOULON (Var) : M. l'abbé DAVIN, vicaire, à la paroisse Saint-Louis.

VIENNE (Isère) : A la Sacristie de la paroisse Saint-Maurice.

www.ingramcontent.com/pod-product-compliance
Lightning Source LLC
Chambersburg PA
CBHW070545160426
43199CB00014B/2382